utb 4780

Eine Arbeitsgemeinschaft der Verlage

Brill | Schöningh – Fink · Paderborn
Brill | Vandenhoeck & Ruprecht · Göttingen – Böhlau Verlag · Wien · Köln
Verlag Barbara Budrich · Opladen · Toronto
facultas · Wien
Haupt Verlag · Bern
Verlag Julius Klinkhardt · Bad Heilbrunn
Mohr Siebeck · Tübingen
Narr Francke Attempto Verlag – expert verlag · Tübingen
Psychiatrie Verlag · Köln
Ernst Reinhardt Verlag · München
transcript Verlag · Bielefeld
Verlag Eugen Ulmer · Stuttgart
UVK Verlag · München
Waxmann · Münster · New York
wbv Publikation · Bielefeld
Wochenschau Verlag · Frankfurt am Main

Soziale Arbeit – Grundlagen

herausgegeben von
Fabian Kessl
Elke Kruse
Sabine Stövesand
Werner Thole

Band 3

Jens Pothmann
Holger Schmidt

Soziale Arbeit – die Organisationen und Institutionen

Verlag Barbara Budrich
Opladen & Toronto 2022

Die Autoren:

Dr. Jens Pothmann,
Leiter der Abteilung Jugend und Jugendhilfe im Deutschen Jugendinstitut e. V.

Prof. Dr. Holger Schmidt,
Professor für die Wissenschaft Sozialer Arbeit, Fachhochschule Dortmund

Bibliografische Information der Deutschen Nationalbibliothek
Die Deutsche Nationalbibliothek verzeichnet diese Publikation in der Deutschen Nationalbibliografie; detaillierte bibliografische Daten sind im Internet über
http://dnb.d-nb.de abrufbar.

Gedruckt auf säurefreiem und alterungsbeständigem Papier.

Alle Rechte vorbehalten.
© 2022 Verlag Barbara Budrich GmbH, Opladen & Toronto
www.budrich.de

utb-Bandnr.	**4780**
utb-ISBN	**978-3-8252-4780-5**
utb-e-ISBN	**978-3-8385-4780-0**

Das Werk einschließlich aller seiner Teile ist urheberrechtlich geschützt. Jede Verwertung außerhalb der engen Grenzen des Urheberrechtsgesetzes ist ohne Zustimmung des Verlages unzulässig und strafbar. Das gilt insbesondere für Vervielfältigungen, Übersetzungen, Mikroverfilmungen und die Einspeicherung und Verarbeitung in elektronischen Systemen.

Online-Angebote oder elektronische Ausgaben sind erhältlich unter www.utb shop.de.

Satz: Ulrike Weingärtner, Gründau – info@textakzente.de
Umschlaggestaltung: Atelier Reichert, Stuttgart
Druck: Pustet GmbH & Co KG, Regensburg
Printed in Germany

Inhaltsverzeichnis

Soziale Arbeit – Grundlagen: Vorwort zur Intention und Struktur der Reihe

Werner Thole, Fabian Kessl, Elke Kruse und Sabine Stövesand

Lehr- und Studienbücher erfahren im Feld der Human-, Sozial- und Kulturwissenschaften seit einigen Jahren in unterschiedlichsten Formaten und Zuschnitten einen deutlichen Anerkennungsgewinn. Die damit verbundene Aufwertung, die sich sicherlich auch den veränderten, tendenziell eher standardisierten Studienprogrammen verdankt, dokumentiert sich auch in einer Vermehrung der als Einführungen oder Übersichten konzipierten Publikationen. Insofern ließe sich die Frage nach dem Sinn einer weiteren Buchreihe stellen, die für das Feld der Sozialen Arbeit den Anspruch einer Grundlegung hat. Mit Blick auf die vorliegende Buchreihe „Soziale Arbeit: Grundlagen" kann die aufgeworfene Frage mit einem Hinweis auf den besonderen Fokus der Reihe beantwortet werden. Studierenden der Sozialen Arbeit respektive Studierenden der Erziehungswissenschaft mit sozialpädagogischem Studienschwerpunkt und allen weiteren an der Sozialen Arbeit interessierten Leser*innen soll ein grundlegender und systematischer Einstieg in die Auseinandersetzung mit der Sozialen Arbeit eröffnet werden. Das soll dadurch gelingen, dass die mit diesem Band eröffnete Lehrbuchreihe auf zehn Bände angelegt ist, deren jeweilige Themenschwerpunkte aufeinander abgestimmt sind.

Konzeptionell ist die Buchreihe entlang der Bestimmung Sozialer Arbeit als professionelle Akteurin im wohlfahrtsstaatlichen Kontext komponiert. Diese Markierung der Sozialen Arbeit wird in den zehn Bänden der Reihe aufgegriffen. Fachkräfte der Sozialen Arbeit sollten über methodische wie konzeptionelle Fähigkeiten verfügen sowie die damit verbundene Herausforderung zur Selbstreflexion realisieren können. Rita Braches-Chyrek stellt sich der Aufgabe, die damit verbundenen Themen und Zusammenhänge in dem von ihr verfassten Band darzustellen. Jens Pothmann und Holger Schmidt referieren in dem von ihnen verantworteten Band die institutionellen und organisationalen Logiken und Strukturen in den Feldern Sozialer Arbeit. Die damit bereits markierte öffentliche Verfasstheit Sozialer Arbeit, die sich nicht zuletzt in ihrer rechtlichen Bestimmung und Verortung materialisiert, wird im Rahmen der Buchreihe von Knut Hinrichs und Daniela Öndül erörtert. Die sozialpolitischen und wohlfahrtsstaatlichen Bedingungsfaktoren, denen Soziale Arbeit als eines der quantitativ größten und bedeutendsten Dienstleistungsfelder einerseits unterworfen ist und die sie andererseits permanent mit (re-)produziert, diskutieren Fabian Kessl und Sigrid Leitner in dem von ihnen verfassten Band der Buchreihe. Die Herausgeber*innen der Reihe gehen davon aus, dass für das professionelle Tun die wissenschaftliche Analyse konstitutiv ist. Damit ist neben der empirischen immer auch die theoretische Betrachtung und Diskussion Sozialer Arbeit grundlegend. Harald Ansen und Sabine Stövesand schlagen in Bezug auf zentrale vorliegende Theorientwürfe eine Systematisierung der Theorien Sozialer Arbeit vor. Neben dem wissenschaftlichen Wissen markiert die kritische Reflexion ihrer normativen Bezugspunkte, z.B. in Form einer professionellen Ethik, einen weiteren grundlegenden Bestandteil Sozialer Arbeit als professioneller Instanz. Andreas Polutta und Alexandra Retkowski präsentieren die damit aufgerufenen Fragen in dem von ihnen verfassten Band. Die Heterogenität der Handlungs- und Arbeitsfelder, die als Soziale Arbeit zusammengefasst werden, markiert den Ausgangspunkt der Systematisierung und Diskussion, die Alexandra Klein, Sandra Landhäußer und Martina Richter in Bezug auf die sozialpädagogischen Handlungs- und Arbeitsfelder vorstellen. Jede systematische Reflexion – als Teil des professionellen wie des wissenschaftlichen Alltagsgeschäfts – benötigt eine historische Sensibilität, ein Wissen um die Entstehung, Entwicklung und Formierung Sozialer Arbeit. Peter Hammerschmidt, Bernd Seidenstücker und Sascha Weber machen in dem von ihnen verantworteten Band mit zentralen Aspekten der Geschichte Sozialer Arbeit bekannt. Die Perspektive, dass Soziale Arbeit nur dann adäquat professionell realisiert werden kann, wenn die Sicht der Nutzer*innen und Adressat*innen durchgehend vergegenwärtigt wird, stellt inzwischen eine weithin geteilte Einsicht dar. Maria Bitzan und Eberhard Bolay nehmen in ihrem Band einen systematischen Blick auf die Adressat*innen Sozialer Arbeit ein und erläutern damit die Perspektive einer sozialpädagogischen Adressat*innenforschung.

Die inhaltlichen Ausführungen in allen zehn Bänden der Buchreihe „Soziale Arbeit: Grundlagen“ basieren auf dem gegenwärtigen Stand der fachwissenschaftlichen Debatte im deutschsprachigen und partiell auch im internationalen Raum. Den Leser*innen werden in den einzelnen Bänden systematische Bestimmungen und theoretische Einordnungen, praxisrelevante Reflexionsangebote und empirische Befunde zugänglich gemacht. Alle Autor*innen waren aufgefordert, ihre Überlegungen didaktisch auszugestalten und zentrale Definitionen oder weiterführende Literaturhinweise nachvollziehbar anzugeben. Zudem waren sie gebeten, sich der Anforderung einer intersektionalen Perspektive im Kontext der Praxis Sozialer Arbeit und der darauf bezogenen Forschung und Theoriebildung zu stellen – also die existierenden Geschlechter- und Klassenverhältnisse, ethnischen und religiösen Differenzen, körperlichen Besonderheiten und Möglichkeiten sowie die jeweils subjektiv zugänglichen Bildungsressourcen in ihrer Verschränkung als relevante Strukturkategorien zu beachten. In diesem Bemühen artikuliert sich die Position, bestehende gesellschaftliche Herrschaftsverhältnisse als strukturierende Prinzipien sozialarbeiterischer/sozialpädagogischer Handlungsvollzüge, Organisations- und Institutionalisierungsformen wie auch empirischer und theoretischer Konzeptualisierungen anzusehen.

In diesem Zusammenhang war uns als Reihenherausgeber*innen die Verwendung einer inklusiven Schreibweise wichtig, jedoch haben wir den jeweiligen Autor*innen die Entscheidung überlassen, welche Schreibweise sie im Einzelnen verwenden.

In den Bänden der Reihe bildet sich die Heterogenität der Sozialen Arbeit mit ihren vielfältigen Traditionen und Bestimmungen ab. Das drückt sich nicht zuletzt in der Verwendung unterschiedlicher Begrifflichkeiten wie Sozialarbeit und Sozialpädagogik, sozialpädagogisch respektive sozialarbeiterisch, sozialpädagogische Disziplin, Wissenschaft Sozialer Arbeit oder der Verwendung von Sozialer Arbeit als Sammelbegriff durch die einzelnen Autor*innen aus. Die Herausgeber*innen gehen davon aus, dass die sozialpädagogische respektive sozialarbeiterische Theorie und Praxis am sinnvollsten mit dem mittlerweile weitgehend akzeptierten Begriff „Soziale Arbeit" gefasst werden kann, der die zunehmend obsolete Trennung in Sozialarbeit und Sozialpädagogik begrifflich überwindet, da der Terminus die unterschiedlichen Traditionen und Zugänge jeweils mit meint. Allerdings wurde darauf verzichtet, den Autor*innen eine bestimmte Verwendung der Begriffe vorzugeben. Die Autor*innen der einzelnen Bände waren lediglich gebeten, sich zur Frage der begrifflichen Markierung explizit in ihrem Band zu äußern. Die Begriffswahl in den einzelnen Bänden und Beiträgen spiegelt so die derzeit existierende Breite in der Verwendung von Begriffen.

Bei der Fertigstellung der einzelnen Beiträge und des Bandes insgesamt unterstützten jeweils unterschiedliche Personen. Ihnen sei hiermit allen recht herzlich gedankt. Insbesondere möchten die Herausgeber*innen Barbara Budrich und den Mitarbeiter*innen des Verlages Barbara Budrich für ihre Geduld und ihre Unterstützung bei der Buchproduktion und der Etablierung der Buchreihe insgesamt recht herzlich danken. Nicht zuletzt geht der ausdrückliche Dank an alle Autor*innen der einzelnen Bände. Ohne ihr Engagement hätten weder der Herausgeber*innenband noch die neun Monografien der Buchreihe entstehen können.

Die Herausgeber*innen wünschen allen Leser*innen neben spannenden Leseerlebnissen aufklärenden Erkenntnisgewinn und viel Freude beim Lesen.

Einleitung

Bei den Institutionen und Organisationen handelt es sich nach wie vor um eine nicht ausreichend beachtete sowie bei angehenden und tätigen Praktikerinnen und Praktikern mitunter auch nur wenig geschätzte Dimension der Sozialen Arbeit. Soziale Arbeit findet immer in Organisationen und Institutionen statt. Folglich liegt es auf der Hand, dass eine gegenseitige Bezugnahme stattfindet. Die Soziale Arbeit, wie wir sie heute als gesellschaftliche Institution kennen (Kap. 3), ist schon längst nicht mehr nur eine reine Notfallhilfe. Vielmehr sind Institutionen und Organisationen der Sozialen Arbeit zum „Normalfall" der Lebensbewältigung und -führung geworden. Das heißt, Aufgaben der Sozialen Arbeit liegen keineswegs mehr nur darin, Adressatinnen und Adressaten bei der Bewältigung von Notlagen und Krisen zu helfen, sondern die Institutionen und Organisationen der Sozialen Arbeit und deren Fachkräfte sind vielmehr zu lebenslangen Begleiterinnen und Begleitern potenziell aller Menschen geworden. Dieser Institutionalisierungsprozess ist Teil des gesellschaftlichen bzw. sozialen Wandels und wird auch als „Sozialpädagogisierung der Lebensphasen und Lebenswelten" (Knuth und Pothmann 2009: 677) beschrieben. Der vorliegende Einführungsband hat vor diesem Hintergrund zum Ziel, einerseits niedrigschwellig und illustrativ in das Thema einzuführen sowie andererseits Lesarten und Deutungsangebote zur Bedeutung von Organisationen und Institutionen für professionelle Soziale Arbeit anzubieten. Dazu wird insbesondere auf Beispiele aus der Kinder- und Jugendhilfe, jedoch auch aus anderen Arbeitsfeldern zurückgegriffen.

Die vorliegende Einführung unterteilt sich in fünf Abschnitte:

- Kapitel 1 und 2 umfassen notwendige soziologische Einführungen zum Institutions- und Organisationsbegriff. Hier werden wichtige Grundlagen für das weitere Verständnis der institutionellen Seite der Sozialen Arbeit gelegt. Diese Einführung beschränkt sich jedoch nicht auf soziologische Bedeutungen der Begrifflichkeiten, vielmehr werden sie anschaulich mit der Sozialen Arbeit verknüpft.

- Kapitel 3, 4 und 5 befassen sich mit typischen Merkmalen und Strukturen der Sozialen Arbeit im Allgemeinen sowie der Kinder- und Jugendhilfe als wichtigem Teilbereich im Besonderen. Es wird in die Organisationen der Sozialen Arbeit eingeführt und zentrale Strukturelemente werden dargestellt (Kap. 3). Vertiefend wird in einem weiteren Kapitel auf die Träger und Verbände der Sozialen Arbeit als die zentralen Organisationen eingegangen (Kap. 4). Darüber hinaus wird das Subsidiaritätsprinzip erläutert sowie der korporatistische Rahmen dargestellt, in dem Soziale Arbeit organisiert ist (Kap. 5).

- Kapitel 6 und 7 fokussieren das sozialarbeiterische bzw. sozialpädagogische Handeln in institutionalisierten Kontexten und Organisationen. Hierzu wird zunächst herausgestellt, dass Organisationen neben Adressatinnen und Adressaten sowie der Profession eine zentrale Dimension der Sozialen Arbeit darstellen und Wechselwirkungen zwischen diesen Ebenen bestehen. Dies prägt die Qualität Sozialer Arbeit maßgeblich und bringt sowohl Vor- als auch Nachteile für die Soziale Arbeit mit sich. So haben bürokratische Strukturen einen Nutzen für sozialarbeiterisches/-pädagogisches Handeln, aber anhand von Wechselwirkungen zwischen diesem Handeln und bürokratischen Strukturen werden auch Paradoxien deutlich bis hin zu mitunter virulenten Konflikten und Widersprüchen zwischen Organisations- und Handlungslogiken. Vor diesem Hintergrund werden zunächst Einrichtungen und Dienste als „Organisationen der Sozialen Arbeit" näher betrachtet (Kap. 6) und anschließend das Handeln der Fachkräfte (Kap. 7).

- Organisationen der Sozialen Arbeit sowie ihre Adressatinnen und Adressaten stehen im Fokus der Kapitel 8, 9 und 10. Dies umfasst ein Angebot zur Sortierung der von Begrifflichkeiten wie Adressatinnen und Adressaten, Nutzerinnen und Nutzer oder auch Klientinnen und Klienten (Kap. 8). Davon ausgehend werden in einem weiteren Kapitel Handlungsmöglichkeiten von Adressatinnen und Adressaten in Organisationen herausgearbeitet, und es wird gesondert auf Ein- und Austritte in eine Organisation der Sozialen Arbeit eingegangen (Kap. 9). In einem weiteren Kapitel werden Organisationen und ihre Strukturen als „gefährliche Orte" für Adressatinnen und Adressaten analysiert, indem auf sozialarbeiterisch bzw. sozialpädagogisch nicht erwünschte oder zumindest kritisch zu diskutierende Wirkungen der Organisationen auf Adressatinnen und Adressaten eingegangen wird (Kap. 10).

- Die Kapitel 11 und 12 befassen sich schließlich mit Organisationsgestaltung und entwicklung sowie mit den gesellschaftlichen Einflüssen auf die „Organisationslandschaft" in der Sozialen Arbeit. Dabei wird von der Tatsache ausgegangen, dass Organisationen im Allgemeinen sowie die für die Soziale Arbeit im Besonderen keine starren Gebilde darstellen, sondern vielmehr zeigt sich diesbezüglich eine beachtliche Veränderungsdynamik. Vor diesem Hintergrund werden einerseits Veränderungen von Organisationen und Prozesse der Organisationsentwicklung (Kap. 11) und andererseits Bezüge und Wechselwirkungen zwischen Organisationen und Gesellschaft betrachtet (Kap. 12).

Für den vorliegenden Einführungsband zu Institution und Organisation der Sozialen Arbeit wurde bewusst eine Einteilung in zwölf Kapitel gewählt. Dies ermöglicht Lehrenden, den Band als Lehrbuch zu verwenden und jedes Kapitel als Grundlage einer Seminarsitzung heranzuziehen. Gleichzeitig wird in Anbetracht eines 15- oder sogar 16-wöchigen Semesters Freiraum für weitere Schwerpunktsetzungen und Reflexion gelassen. Die Kapitel können jedoch auch einzeln und damit in der Regel unabhängig vom restlichen Text als Lehrtext Verwendung finden, da sie als eigenständige Einführungen in einzelne Themenbereiche verwendet werden können. Für den Einsatz in der Lehre dienen zudem zwei weitere didaktische Bestandteile des Bandes. Jedes Kapitel wird zunächst mit den wichtigsten zu vermittelnden Aussagen des Abschnitts eingeleitet. Am Ende jedes Kapitels finden sich Fragen, die nach der Lektüre beantwortet bzw. diskutiert werden können. Dabei richten sich einige Fragen auf eine Wissensreproduktion, andere wiederum sollen zur Reflexion und Verknüpfung mit anderen Themen anregen. Schließlich wird nach jedem Kapitel auf weiterführende Literatur zur Vertiefung der jeweiligen Themen hingewiesen.

Bei der Erstellung des vorliegenden Bandes zeigte sich den Verfassern recht schnell, dass diese Einführung nicht allein durch eine Reproduktion bereits bestehenden und aufbereiteten Wissens erstellt werden konnte. Die mehrfach überarbeitete Konzeptionierung des Bandes zeigt vielmehr, dass es notwendig war, unterschiedliches Wissen aus aktueller Theorie und Empirie zusammenzuführen. Dadurch ergaben sich durchaus neue, wenn auch verhaltene Ansätze für die Theoriebildung der Sozialen Arbeit. Die Verfasser gehen daher davon aus, dass der vorliegende Band mehr als eine Einführung für Studierende der Sozialen Arbeit darstellt, sondern auch für Vertreterinnen und Vertreter der Wissenschaft einen Ausgangspunkt ihrer theoretischen und empirischen Arbeiten darstellen kann.

Während der Endphase der Erstellung des Bandes ergab sich seit Beginn des Jahres 2020 global eine besondere Situation, die das gesellschaftliche Leben insgesamt und den Alltag tiefgreifend verändert hat und von der man bis heute nicht weiß, wie lange sie anhalten wird. Gemeint sind die vielfältigen Einschränkungen sozialer Kontakte, das Herunterfahren des „öffentlichen Lebens“ sowie starke Einschränkungen der Grundrechte aufgrund von Corona- bzw. der Covid-19-Pandemie. Die Bewältigung dieser auch zum Zeitpunkt der Manuskriptabgabe noch längst nicht abgeschlossenen Entwicklung stellt auch die Institutionen und Organisationen der Sozialen Arbeit vor erhebliche Herausforderungen (z.B. Mairhofer et al. 2020). Zwar haben wir aus unterschiedlichen Gründen auf eine Berücksichtigung der Pandemiebedingungen verzichtet, aber Folgen für die Institutionen und Organisationen der Sozialen Arbeit können unserer Einschätzung nach mit den in diesem Band grundlegenden Theorieansätzen erklärt werden. Diese These bedarf zweifelsohne genauso einer empirischen Überprüfung wie auch generell die Notwendigkeit besteht, den durch die Maßnahmen gegen die Ausbreitung des Coronavirus ausgelösten Krisenmodus mit seinen Folgen für die Institutionen und Organisationen der Sozialen Arbeit empirisch weiter zu beforschen.

Abschließend seien einige Hinweise zu Schreibweisen des Bandes genannt. Zunächst werden die Begriffe Soziale Arbeit als Substantiv und mit wenigen Ausnahmen sozialpädagogisch bzw. sozialarbeiterisch als Adjektiv oder Adverb synonym verwendet bzw. verwenden wir auf Wunsch der Herausgeberinnen und Herausgeber der Reihe an vielen Stellen die Begriffe „sozialarbeiterisch/-pädagogisch" oder ähnliche Formulierungen. Mit diesen gewählten Begrifflichkeiten verweisen wir auf die u.a. von Cornelia Füssenhäuser und Hans Thiersch (2018) beobachteten Annäherungen von Sozialarbeit und Sozialpädagogik bzw. deren Synthese zur Sozialen Arbeit. Des Weiteren haben wir uns darauf verständigt, die Begriffe der „Öffentlichen" und „Freien Träger" als feststehende Begriffe respektive Fachbegriffe zu nutzen und folglich durchgehend großzuschreiben. Dies wird in der sonstigen Fachliteratur nicht einheitlich gehandhabt, wie auch die Zitate in dem Band verdeutlichen, in denen oftmals die Bezeichnungen „öffentliche" bzw. „freie" Träger gewählt wird.

Ohne die Geduld der Reihenherausgeberinnen und -herausgeber könnten wir diesen Band nach mehrjähriger Arbeit und immer wieder unvermeidlichen Unterbrechungen nicht vorlegen. Dafür einen ganz herzlichen Dank. In besonderer Weise ist aus dem Herausgeberteam Elke Kruse für ihre Rückmeldungen und Hinweise zu danken. An dieser Stelle möchten wir uns auch bei unserem Kollegen Thomas Mühlmann herzlich bedanken, der uns nicht nur in der Konzeptionsphase ein Stück des Weges begleitet hat und dem wir aus dieser Zeit viele wertvolle Anregungen zu verdanken haben, sondern der sich auch in der Endphase noch einmal intensiv mit dem Manuskript auseinandergesetzt und uns viele wertvolle Überarbeitungshinweise gegeben hat. Schließlich danken wir für gewissenhafte Arbeiten an Literaturlisten und -verweisen sowie fürs Korrekturlesen Janina Kuhnert, Josephine Bergelt, Tabea Hampel und Sina-Marie Levenig. Holger Schmidt möchte an dieser Stelle seiner Mutter danken, die während der Arbeiten an diesem Buch durchgehend positiven Anteil genommen hat und die vor Vollendung verstorben ist.

1. Institutionen

Zielsetzungen des Kapitels

- Sie besitzen Grundkenntnisse über die Begriffe der Routinisierung, der Habitualisierung, der Rolle, der Institution und des Neoinstitutionalismus.
- Sie können erklären, wie Institutionen entstehen und welche Bedeutung sie für das Soziale haben.
- Sie können erklären, inwiefern die Soziale Arbeit eine Institution darstellt.

Die Begriffe Institution und Organisation werden im alltäglichen Sprachgebrauch häufig synonym verwendet. Im sozialwissenschaftlichen Kontext und damit auch im Rahmen der Sozialen Arbeit müssen diese beiden Begriffe differenziert verwendet werden, auch wenn eine inhaltliche Verwandtschaft zwischen ihnen besteht, wie im folgenden Kapitel zu Organisationen noch dargestellt wird. An dieser Stelle soll es zunächst einmal ausreichen, darauf hinzuweisen, dass der Begriff der Institution ein deutlich weiteres Phänomen kennzeichnet als der der Organisation. Organisationen sind lediglich ein Teilbereich von Institutionen. Oder anders: Jede Organisation ist auch eine besondere Form einer Institution bzw. Formation unterschiedlicher Institutionen, aber nicht jede Institution ist auch gleichzeitig eine Organisation.

Der Begriff der Institution nimmt in der Soziologie eine prominente Stellung ein. Wie die meisten sozialwissenschaftlichen Begriffe existiert auch für den der Institution keine einheitliche Definition, die verschiedenen vorherrschenden Theorierichtungen der Soziologie verwenden ihn vielmehr aus der jeweils eigenen Theorieperspektive. Da es sich bei dem vorliegenden Buch nicht um eine Einführung in die Soziologie oder um eine soziologische Abhandlung zu Institutionen handelt, beschränken sich die Verfasser auf ein vor allem wissenssoziologisch geprägtes Verständnis von Institutionen durch Berger und Luckmann (2004).

Unter Institutionen können routinierte Handlungskoordinationen mindestens zweier Menschen im Rahmen wiederkehrender Situationen verstanden werden, die an Dritte weitergegeben werden. Zur Ausübung koordinierter Handlungen führen die Beteiligten typisierte Handlungen aus, die aufeinander abgestimmt sind und aus denen sich Rollen für die spezifische Situation ergeben (Berger und Luckmann 2004: 58; Hillmann 2007: 381 f.; Knoblauch 2009: 311).

Eine Institution ist also demnach kein Gebäude oder etwas anderes Statisches. Institutionen entstehen vielmehr durch Kommunikation, Interaktion oder auch allgemein durch Handeln, dies geschieht niedrigschwellig sowie im Kleinen und kann sich von dort aus vergrößern und vergesellschaften. Wie das genau funktioniert, damit beschäftigt sich der erste Teil dieses Kapitels (Kap. 1.1). Im anschließenden Teil (Kap. 1.2) wird gezeigt, dass die Soziale Arbeit eine Institution ist, in der den Fachkräften und den Adressatinnen und Adressaten bestimmte Rollen zugeschrieben und von diesen eingenommen werden. Der dritte Teil (Kap. 1.3) beschäftigt sich mit der Möglichkeit der Veränderung von Institutionen, die nicht starr, jedoch träge sind. Veränderungen in Institutionen hängen immer, so auch in der Sozialen Arbeit, mit der jeweiligen Verteilung institutioneller Macht zusammen. Dass Institutionen und deren Entwicklung auch immer in einem gesellschaftlichen Zusammenhang zu verstehen sind, damit beschäftigt sich die im abschließenden Teil eingeführte Richtung des Neoinstitutionalismus (Kap. 1.4).

1.1 Entstehung von Institutionen

Menschen routinisieren oder habitualisieren ihre wiederkehrenden Handlungen. Wenn Sie beispielsweise in eine neue Stadt ziehen und als neu eingeschriebene Studentin oder Student zum ersten Mal den Weg von Ihrem neuen Wohnort zur Hochschule einschlagen wollen, müssen Sie sich zunächst orientieren. Das heißt, Sie überlegen, ob Sie den Weg zu Fuß, mit dem Fahrrad, mit dem Auto, mit den öffentlichen Verkehrsmitteln oder in einer Kombination daraus zurücklegen wollen. Entscheiden Sie sich für öffentliche Verkehrsmittel, suchen Sie die nächstgelegenen Abfahrtsmöglichkeiten von Bussen und Bahnen und die schnellstmöglichen Verbindungen zur Hochschule. Vor der ersten Fahrt studieren Sie den Ticketautomaten und suchen den für die Fahrt notwendigen Fahrschein. Bevor Sie in den Bus oder Zug einsteigen, vergewissern Sie sich noch einmal, dass es sich um die richtige Fahrt handelt. Auf dem Weg verfolgen Sie aufmerksam die Fahrt und Haltestationen, um Ihre Zielstation nicht zu verpassen. Kommen Sie an der Hochschule an, orientieren Sie sich hinsichtlich Ihres Standpunkts und suchen den geeigneten Weg zu dem Gebäude, in dem Sie zukünftig studieren werden.

Dieses kurze Beispiel zeigt anschaulich, dass die erste Fahrt zu einem Ziel aus einer Reihe unterschiedlicher aufeinanderfolgender Handlungen besteht, die jeweils einzeln und wohl überlegt durchgeführt werden müssen. Dies wird als polythetisch durchgeführte Handlungen bezeichnet (Knoblauch 2009: 306). Da Sie die Fahrt zur Hochschule zukünftig häufig durchführen werden, gewöhnen Sie sich an die einzelnen Handlungen und deren Abfolge. Sie routinisieren oder habitualisieren[1] die Fahrt zur Hochschule. Sie führen diese Fahrt nun monothetisch durch, da Sie sich nicht mehr auf die einzelnen Handlungsschritte konzentrieren müssen. Die Fahrt zur Universität erfolgt nahezu automatisch. Dies merken Sie u.a. daran, dass Sie beispielsweise während der Fahrt im Bus oder in der Bahn Ihre Aufmerksamkeit nicht mehr auf das Erreichen Ihres Ziels richten müssen, sondern diese mit anderen Handlungen, beispielsweise dem Lesen eines Buches, ausfüllen können.

Die so habitualisierte Handlung ist für Sie sinnvoll, wenn Sie sich in der Situation befinden, zur Hochschule fahren zu wollen. Für andere Situationen ist sie hingegen nicht sinnvoll, für diese werden Sie andere Handlungsabfolgen habitualisieren. Auf habitualisierte Handlungen werden Sie in den entsprechenden Situationen zurückgreifen. Habitualisierte Handlungen entheben Sie von der Notwendigkeit, jeden kleinen Schritt in Ihrem Leben überdenken zu müssen. In Routinesituationen sind Sie damit schnell handlungsfähig.

Institutionen beginnen dann zu entstehen, wenn für bestimmte Situationen das Zusammenspiel von Handlungen von zwei oder mehr Menschen auf eine solche Weise habitualisiert wird. Wenn zwei Personen sich in freundschaftlicher Weise kennenlernen, können sie diese Interaktion durch eine bestimmte Handlung einleiten. Die beiden Personen können sich z.B. die Hand reichen. Sehen sich die beiden Personen in Zukunft regelmäßig wieder und reichen sie sich jedes Mal erneut zum Beginn der Interaktion die Hände, routinisieren sie ihre Handlungen. Zukünftig erwartet jede dieser beiden Personen von der jeweils anderen, dass sie ihr die Hand zur Begrüßung entgegenhält. Die Situation, in der die beiden Personen aufeinandertreffen und sich begrüßen, wird von ihnen nun mit einer bestimmten habitualisierten Handlung verbunden.

Der Handschlag zur Begrüßung wird dann zu einer Institution, wenn diese Handlung verknüpft mit der entsprechenden Situation auf andere Personen übertragen wird.

> „Das Auftauchen Dritter verwandelt den Charakter der ständigen gesellschaftlichen Interaktion zwischen A und B, der sich noch weiter wandeln wird, je mehr Personen dazukommen. Die institutionale Welt, in der ursprünglichen Situation von A und B noch in statu nascendi, wird nun an andere weitergereicht. Mit diesem Vorgang vollendet die Institutionalisierung sich selbst. Die gemeinsamen Habitualisierungen und Typisierungen von A und B, die bislang noch den Charakter von ad hoc-Konzeptionen zweier Individuen hatten, sind von nun an historische Institutionen. Durch die erreichte Historizität ergibt sich – oder genauer gesagt: vollendet sich – noch eine andere entscheidende

1 Die Begriffe der Routinisierung und der Habitualisierung werden in verschiedenen soziologischen Theorietraditionen verwendet (hier aus der verwandten Phänomenologie und Wissenssoziologie), beide beziehen sich auf durch Wiederholung zur Gewohnheit werdende Handlungen.

> Qualität, welche von Anfang an da war, seit A und B mit der reziproken Typisierung ihres Verhaltens begonnen hatten: Objektivität. Die Institutionen nämlich, welche sich nun herauskristallisiert haben – Vaterschaft z.B. –, die die ersten Kinder bereits vorfinden, werden als über und jenseits der Personen, welche sie „zufällig" im Augenblick verkörpern, daseiend erlebt. Mit anderen Worten: Institutionen sind nun etwas, das seine eigene Wirklichkeit hat, eine Wirklichkeit, die dem Menschen als äußeres, zwingendes Faktum gegenübersteht" (Berger und Luckmann 2004: 62).

Der Handschlag zur Begrüßung verselbstständigt sich im Folgenden und kann für Menschen einer bestimmten Personengruppe (z.B. eine regionale Gemeinschaft oder auch für eine ganze Gesellschaft) zum Begrüßungsritual werden. Der Handschlag zur Begrüßung ist nun eine Institution und löst sich von den zunächst involvierten Personen. Dabei kann ein ursprünglich vorhandener Sinn solcher Handlungen verloren gehen. Man reicht sich nun die Hände, weil es einfach zu einer Begrüßung dazugehört. Die militärische Begrüßung, das Heben der rechten Hand an den Rand der Kopfbedeckung, diente beispielsweise ursprünglich dazu, dass Visier eines Ritterhelmes hochzuklappen, damit sich zwei begegnende Ritter in ihre Gesichter sehen und sich damit erkennen konnten. Diese Bewegung hat sich für Begrüßungssituationen im militärischen Kontext institutionalisiert, die ursprüngliche Bedeutung dürfte hingegen nur noch den wenigsten bekannt sein.

Institutionen sind nicht nur routinisierte Handlungskoordinationen, mit ihnen sind auch immer Normalitätserwartungen verbunden, da die beteiligten Personen im Rahmen institutionalisierter Handlungen die jeweils „richtigen" situationsangemessenen Handlungen von den jeweils anderen erwarten. Durch die Institutionalisierung von Handlungserwartungen und damit verbundenen Normalitätserwartungen entsteht gesellschaftliche Ordnung. Mit solchen Normalitätsvorstellungen können Rollen verbunden sein. In immer wiederkehrenden Situationen handeln die beteiligten Personen gemäß den Erwartungen an die Rolle, in die sie für diese Situation schlüpfen. In dem obigen Beispiel der Begrüßung gibt es noch keine verschiedenen Rollen. Denkbar wären jedoch andere Begrüßungsroutinen, die unterschiedliche Rollen konstituieren. Ein Mann müsste bei einer Begrüßung beispielsweise eine Verbeugung machen, eine Frau hingegen einen Knicks. Mit diesen Rollen und den einhergehenden Erwartungen würde im Rahmen einer Begrüßungssituation zwischen den Geschlechtern unterschieden werden, ein Mann würde die Rolle eines Mannes einnehmen, die Frau die Rolle der Frau. Entsprechen Mann und Frau den Erwartungen und handeln sie entsprechend, reproduzieren sie dadurch die zuvor bekannten Rollen und halten damit die Konstruktion dieser Rollen und die damit konstruierte Differenz zwischen den Geschlechtern aufrecht.

Durch unsere Interaktionen[2] institutionalisieren wir also Handlungskoordinationen; die institutionalisierten Handlungskoordinationen wiederum geben uns vor, wie wir uns in entsprechenden Situationen zu verhalten haben. Hieraus entsteht das, was man soziologisch als *Rollen* (Berger und Luckmann 2004; Mead 2005; Parsons 1964: 204 ff.) oder Rollenbilder bezeichnet. Entscheidend ist, dass sich über die kollektiv geteilten Handlungskoordinationen sowie die damit verbundenen Rollen und Rollenerwartungen die Ebene der direkten Interaktionen von Menschen, die Mikroebene, mit über diese Menschen hinaus gültig werdenden institutionalisierten Handlungskoordinationen, die von einer Vielzahl von Menschen einer Gesellschaft in immer wiederkehrenden Situationen erwartet werden, der Makroebene, verbindet. Das aber wiederum bedeutet:

> „Gesellschaft ist ein menschliches Produkt. Gesellschaft ist eine objektive Wirklichkeit. Der Mensch ist ein gesellschaftliches Produkt" (Berger und Luckmann 2004: 65).

Daraus ergibt sich auch der Schluss, dass eine Gemeinschaft oder Gesellschaft ohne Institutionen gar nicht auskommt, da sie auf eine Vielzahl geteilter Handlungskoordinationen aufbaut.

1.2 Soziale Arbeit als Institution

In unserer Gesellschaft werden für viele wiederkehrende Situationen institutionalisierte Handlungsweisen herangezogen, um die Situationen möglichst gelingend zu bewältigen (Berger und Luckmann 2004: 74). Dabei übernehmen wir eine Vielzahl von unterschiedlichen Rollen immer wieder abhängig von der jeweiligen Situation. Wollen wir z.B. Brötchen beim Bäcker kaufen, übernehmen wir in der entsprechenden Situation die Rolle einer Kundin oder eines Kunden in der Bäckerei, während die Verkäuferin oder der Verkäufer eben diese Rolle einnimmt. Wir kämen üblicherweise nicht auf die Idee, beim Betreten der Bäckerei selbst die Rolle der Verkäuferin oder des Verkäufers zu übernehmen, ebenso wie wir in der Bäckerei kein neues Fernsehgerät zu kaufen versuchen und damit nicht den Erwartungen an eine rollenkonforme Käuferin oder einen rollenkonformen Käufer entsprechen würden.

Die Ehe und/oder die Familie, die Schule, das Gericht, der Arztbesuch oder Wahlen sind beliebige Beispiele für gesellschaftliche Institutionen, in denen die beteiligten Personen unterschiedliche Rollen einnehmen. Anhand dieser allgemein bekannten Beispiele lässt sich nachvollziehbar erkennen,

2 Sehr einfach ausgedrückt sind Interaktionen wechselseitige Orientierungen mindestens zweier Menschen in „Face-to-Face-Situationen" (Mead 2005).

dass Institutionen sowohl einen formalen Charakter annehmen können in Form von Organisationen (Schule und Gericht) (Kap. 2) oder von rechtlichen Bestimmungen und damit verdinglicht sind, als auch einen informellen Charakter in Form von sozialen Normen, Handlungserwartungen und Regeln, die qua Sozialisation weitergegeben werden, jedoch nur im Wissen der Akteurinnen und Akteure existieren (das Rollenhandeln in der Familie oder beim Arzt/bei der Ärztin).

Damit Menschen sich in den unterschiedlichen Institutionen einer Gesellschaft zurechtfinden, müssen sie sich das dafür notwendige Wissen aneignen. Institutionelles Wissen bezieht sich auf die Kenntnis der Handlungserwartungen an die verschiedenen Rollen innerhalb der Institutionen sowie auf spezifisches Fachwissen spezialisierter Institutionen, beispielsweise hinsichtlich Methoden und Kommunikation (z.B. Fachsprache). Im Rahmen eines Arztbesuches müssen die Patientinnen und Patienten über das Wissen verfügen, wie sie sich für die Konsultation anmelden und im Wartezimmer sowie während des Gespräches mit der Ärztin oder dem Arzt zu verhalten haben. Für Ärztinnen und Ärzte hingegen ist ein deutlich umfangreicheres Wissen für die Interaktion zwischen ihnen und Patientinnen oder Patienten notwendig. Sie benötigen für die Behandlung medizinisches Fach- und Methodenwissen, welches sie während ihres Studiums und anschließendem weiteren Wissenserwerb durch Fachbücher und -zeitschriften sowie Fortbildungen erwerben (Berger und Luckmann 2004: 71 f.).

Auch die Soziale Arbeit kann als Institution bezeichnet werden. Im Rahmen der Sozialen Arbeit agieren Personen, die anderen Menschen bei bestimmten Problemlagen helfen (Soziale Arbeit als helfende Profession). Als institutionalisiert erweisen sich als konkrete Auslöser für den Beginn sozialarbeiterischer bzw. -pädagogischer Hilfe bestimmte Lebenslagen, die als Probleme bei einer gelingenden Lebensführung definiert werden und damit die Soziale Arbeit zuständig machen (Bommes und Scherr 2012: 31; Böhnisch et al. 2005: 103 f.). Institutionalisiert sind somit auch die Fachkräfte der Sozialen Arbeit, die in ihrer Rolle als Helferinnen und Helfer auftreten und für diesen Hilfeprozess institutionalisiertes Wissen mit sich bringen. Dieses Fach- und Methodenwissen haben die Fachkräfte der Sozialen Arbeit, ähnlich wie oben beschrieben für den medizinischen Bereich, während ihres Studiums und daran anschließend durch den wissenschaftlichen und fachlichen Diskurs erworben. Gleichwohl ist den Fachkräften bereits vor der Aufnahme des Studiums bekannt gewesen, dass die Institution der Sozialen Arbeit für die Hilfe gegenüber Menschen in bestimmten Lebenssituationen zuständig ist. Die Aufnahme des Studiums geschieht also mit einem alltäglichen Wissen über die Institution der Sozialen Arbeit und die damit verbundenen Handlungserwartungen der Hilfeerbringung aber auch der Kontrolle (beispielsweise im Rahmen einer Kindeswohlgefährdung) gegenüber den Adressatinnen und Adressaten (zur Paradoxie der Sozialen Arbeit zwischen Hilfe und Kontrolle siehe Kap. 7).

Auch die Adressatinnen und Adressaten der Sozialen Arbeit besitzen ein gewisses Wissen über diese Institution. Definieren sie ihre Problemlage als ein Problem, welches zur Bearbeitung der Sozialen Arbeit zugeschrieben wird und diese damit institutionell beauftragt ist, nehmen sie die Soziale Arbeit in Anspruch. Gleichwohl kann mit ihrem Wissen über die Institution der Sozialen Arbeit auch die Kenntnis der Kontrollfunktion der Sozialen Arbeit verbunden sein (Kap. 7.3), was wiederum dazu führen kann, dass die Institution nicht in Anspruch genommen wird.

Ebenso wie in anderen Institutionen existieren im Rahmen der Sozialen Arbeit informell und formell institutionalisierte Handlungserwartungen und Rahmenbedingungen. Die oben beschriebene Haltung der Professionellen in Bezug auf Hilfeleistungen gegenüber Menschen oder philosophisch abgeleitete ethische Grundhaltungen der Profession stellen beispielsweise informelle Handlungserwartungen an die Fachkräfte dar[3]. Diese können im Rahmen der Sozialen Arbeit als selbstverständlich angesehen werden, ohne in jedem Fall explizit genannt zu werden. Formell institutionalisiert und damit explizit formuliert sind hingegen rechtliche Rahmenbedingungen für die Soziale Arbeit (beispielsweise das SGB VIII) (siehe z.B. Kap. 3.1), die damit verbundene Organisation der Sozialen Arbeit oder die verschiedenen Zuständigkeiten verschiedener Organisationen der Sozialen Arbeit (Kap. 4).

Zusammenfassend zeigt sich also, dass die Soziale Arbeit eine gesellschaftliche Institution ist. Institutionalisiert sind sowohl die Situationen der Adressatinnen und Adressaten, die zur Aufnahme der sozialarbeiterischen/-pädagogischen Tätigkeit führen, als auch die Arbeit der Fachkräfte der Sozialen Arbeit selbst, die auf institutionalisiertem fachspezifischem Wissen, Handeln (sozialarbeiterische/-pädagogische Methoden) und Kommunizieren basiert.

1.3 Entwicklung von Institutionen

Institutionen sind keine starren Gebilde. Sie sind einzig und allein durch Menschen konstruiert worden und können durch menschliches Handeln verändert oder beseitigt werden. Institutionen entstehen durch die Interaktion von Menschen und durch die Verbreitung von Handlungsregelmäßigkeiten, die sich aus diesen Interaktionen ergeben. Je mehr Menschen diese Handlungsregelmäßigkeiten übernehmen, umso fester werden sie in der jeweiligen Gesellschaft institutionalisiert.

3 Der „Deutsche Berufsverband für Soziale Arbeit e.V." (DBSH) vertritt beispielsweise eine schriftlich fixierte Berufsethik der Sozialen Arbeit, diese dürfte jedoch nicht jeder Fachkraft bekannt sein und ist zudem nicht bindend (Deutscher Berufsverband für Soziale Arbeit e.V. 2014).

> „Die Institutionen stehen dem Individuum als objektive Faktizitäten unabweisbar gegenüber. Sie sind da, außerhalb der Person, und beharren in ihrer Wirklichkeit, ob wir sie leiden mögen oder nicht. Der einzelne kann sie nicht wegwünschen. Sie widersetzen sich seinen Versuchen, sie zu verändern oder ihnen zu entschlüpfen. Sie haben durch ihre bloße Faktizität zwingende Macht über ihn, sowie auch durch die Kontrollmechanismen, die mindestens den wichtigsten Institutionen beigegeben sind. Wenn der Mensch den Sinn oder die objektive Wirkung nicht begreift, wird ihre objektive Wirklichkeit nicht geringer" (Berger und Luckmann 2004: 64).

Für einzelne Menschen ist es also schwierig, Institutionen zu verändern. Handeln sie selbst abweichend von den Handlungserwartungen, die institutionell an sie herangetragen werden, wird ihr Handeln als normabweichend definiert und diesem zumeist mit einer Sanktion begegnet wird. Ist die Sanktionsbereitschaft gegenüber normabweichendem Handeln jedoch gering und handeln mehr und mehr Menschen abweichend von dem institutionell erwarteten Handeln, können sich Institutionen verändern. Das zunächst normabweichende Handeln kann nun das erwartete Handeln darstellen, welches jetzt in der Institution als normal angesehen wird. Das institutionelle Handeln, die Handlungserwartungen und die damit verbundenen Rollen im Rahmen der Institution haben sich geändert (Mead 2005: 210 f.). Als beispielhaft hierfür können die Formen des Zusammenlebens von Paaren angesehen werden. War in den 1950er-Jahren in Deutschland noch undenkbar, dass Mann und Frau ohne Heirat zusammenlebten und eine Familie gründeten, hat sich diese Form des institutionalisierten Zusammenlebens insbesondere aufgrund der Studentenbewegung in den 1960er- und 1970er-Jahren verändert. So wurde z.B. in den 1970er-Jahren das Sexualstrafrecht geändert und fortan durften auch unverheiratete Paare ein Hotelzimmer buchen und auch Homosexualität wurde nicht mehr strafrechtlich verfolgt. In der heutigen Gesellschaft ist es zunehmend normal, dass Männer und Frauen in hetero- und homosexuellen Partnerschaften ohne Ehebündnis gemeinsam leben. Solche Veränderungen können jedoch auch dazu führen, dass nur in gewissen Teilen einer Gesellschaft Handlungserwartungen institutionalisiert sind, in anderen Teilen der Gesellschaft werden hingegen wiederum differente Handlungserwartungen institutionalisiert. Dies kann zu milieuspezifischen Institutionen und sozialen Normen führen, z.B. können sich die Tischsitten verschiedener Milieus unterscheiden (Elias 2007). Im Falle von kriminellem Verhalten, welches in bestimmten Gruppierungen institutionalisiert wurde, wird dann von *Subkulturen* gesprochen (Lamnek 2007: 147 ff.; Dollinger und Schabdach 2013: 61 ff.).

Ähnliche Änderungen können auch für die Institution der Sozialen Arbeit konstatiert werden. So ergeben sich einerseits immer wieder andere und neue Lebenssituationen, die die Tätigkeit der Sozialen Arbeit auslösen und die damit die zuvor institutionalisierten Auslöser verändern, erweitern oder einschränken. Ebenso verändert sich das institutionalisierte Wissen, Handeln und Kommunizieren.

Da Institutionen, wie oben beschrieben, relativ träge sind und sich aufgrund verändernder Impulse nur langsam verändern, können sie auch kritisch betrachtet werden, da Institutionen auch immer mit Macht und Machtverhältnissen verbunden sind. Auf der einen Seite erleichtern Institutionen das Leben, indem sie Handeln von Menschen voraussagbar machen und den Einzelnen davon entheben, jede Situation immer wieder erneut reflexiv zu betrachten und sich zwischen unterschiedlichen Handlungsmöglichkeiten zu entscheiden. Auf der anderen Seite setzt genau an diesem Punkt die Kritik an, da Institutionen die Menschen dazu verleiten, sehr unreflektiert mit ihrem alltäglichen Leben und den sich daraus ergebenden alltäglichen Situationen umzugehen. Der Status quo wird dadurch aufrechterhalten und Institutionen werden selten dahingehend überprüft, ob ihr ursprünglicher Sinn in der Gegenwart noch gegeben ist (Häussling und Lipp 2006: 114). Das Konzept der Alltagsorientierung in der Sozialen Arbeit setzt an solchen unreflektierten Alltagsroutinen der Adressatinnen und Adressaten an, die eine gelingendere Alltagsbewältigung verhindern (Thiersch 2009). Durch Institutionen werden einige institutionsspezifische Rollen mit Macht ausgestattet, andere hingegen nicht. Damit wird ein Machtungleichgewicht konstituiert (Searle 2009: 94; Searle 2012: 180). In der Schule haben beispielsweise Lehrerinnen und Lehrer Macht über Schülerinnen und Schüler, in der Familie haben die Eltern Macht über die Kinder. Gleichzeitig ergibt sich aus Institutionen eine strukturelle Macht gegenüber Menschen, da die von Ihnen ausgehenden Erwartungen von den einzelnen Menschen als unveränderlich angesehen und erlebt werden und dies in vielen Fällen auch so ist. Verwaltungen erfordern z. B. von ihnen eine Anpassung an deren institutionalisierten Verfahren, andernfalls wird ihr Anliegen nicht bearbeitet oder abgelehnt. Eine gewohnheitsmäßige unreflektierte Anpassung an institutionelle Erwartungen hält traditionelle Machtverhältnisse in einer Gesellschaft somit aufrecht, die in der Gegenwart durchaus kritisch hinterfragt werden können.

Auch im Rahmen der Institution der Sozialen Arbeit werden Machtverhältnisse konstruiert. Macht besitzen in diesem Kontext die Fachkräfte der Sozialen Arbeit über ihre Adressatinnen und Adressaten. So können die Fachkräfte darüber entscheiden, ob den Adressatinnen und Adressaten Hilfeleistungen zukommen oder verweigert werden. Ebenso können sie im Rahmen ihrer Kontrollfunktion Adressatinnen und Adressaten für normabweichendes Handeln sanktionieren. Ein unreflektierter Umgang mit den Machtverhältnissen in der Sozialen Arbeit kann zum Missbrauch der übertragenen Macht führen (Willems und Ferring 2014; Kotthaus 2012). In jüngster Vergangenheit wurde zum Beispiel der Machtmissbrauch im Rahmen der Heimerziehung aufgearbeitet (Schrapper 2014; Wolf 2010; Höhler 2009).[4]

4 Siehe dazu auch die Ausführungen in Kapitel 10.2 zum Phänomen der „Totalen Institution".

1.4 Neoinstitutionalismus

Die bisher eingenommene wissenssoziologische Perspektive erklärt die Entstehung von Institutionen auf einer mikrosozialen Ebene, d.h., der Ausgangspunkt der Überlegungen sind die konkreten Interaktionen von Menschen. Der Neoinstitutionalismus hingegen nimmt eine makrosoziologische Perspektive ein und fragt nach gesellschaftlichen, politischen und ökonomischen Bedingungen, die Institutionen hervorbringen (Hillmann 2007: 615; Matys 2014: 93; Drepper 2010: 131). Damit verbindet die Perspektive den wissenssoziologischen Ansatz mit einer makrosozialen Ebene (Drepper 2010: 133). Unter einer solchen Perspektive ist die Entstehung der Sozialen Arbeit unter den gesellschaftlichen, politischen und ökonomischen Bedingungen der Moderne zu betrachten, welche einerseits die Probleme der Lebensführung der Menschen produzierten und fortwährend produzieren, die von der Sozialen Arbeit bearbeitet werden, andererseits im Zuge der Etablierung von Wohlfahrtsstaaten den Weg für die Institutionalisierung der Sozialen Arbeit ebneten (Böhnisch et al. 2005: 103). Insbesondere die Funktion und die Zielsetzungen der Sozialen Arbeit enthalten folglich immer einen gesellschaftlichen, sozialpolitischen und ökonomischen Einfluss, während deren Diskurse freilich wiederum durch sozialpolitische Aktivitäten aus der Sozialen Arbeit selbst beeinflusst werden.

Aus der Perspektive des Neoinstitutionalismus sind nicht nur die Entstehungskontexte der Sozialen Arbeit interessant, vielmehr interessieren makrosoziale Einflüsse auf die Veränderung der Institution der Sozialen Arbeit in der Gegenwart. So fragt beispielsweise das von Groenemeyer entworfene Forschungsparadigma des „Doing Social Problems" nach gesellschaftlichen Prozessen der Konstruktion sozialer Probleme und der damit verbundenen Zuweisung dieser Probleme an bestimmte Professionen, z.B. der Sozialen Arbeit, zur Bearbeitung (Groenemeyer 2010). In diesem Rahmen wird z.B. der Frage nachgegangen, unter welchen Umständen Phänomene, die bereits zuvor auftraten, als soziale Probleme einer Gesellschaft definiert werden und die Soziale Arbeit als die Institution angesehen wird, die diese Probleme lösen kann. Als ein Beispiel dient die öffentliche Problematisierung des Alkoholkonsums Jugendlicher. Obwohl Jugendliche bereits seit vielen Generationen Alkohol konsumieren, wurde dieses Phänomen in den 2000er-Jahren in öffentlichen Diskursen thematisiert („Komasaufen"; „binge drinking") und zu einem sozialen Problem[5]. Für die Bearbeitung dieses Problems können verschiedene Professionen herangezogen werden, beispielsweise kann im Rahmen des Rechts

5 Dieses Beispiel ist passend, da Jugendliche nicht nur seit vielen Generationen Alkohol konsumieren, sondern empirisch nachgewiesen ist, dass sie gegenwärtig nicht mehr Alkohol als zuvor konsumieren bzw. der Alkoholkonsum in vorhergehenden Generationen deutlich über dem gegenwärtigen lag. Das Phänomen existiert also seit geraumer Zeit, wird jedoch aufgrund gesellschaftlicher Umstände im öffentlichen Diskurs zu einem bestimmten Zeitpunkt problematisiert (Werse 2011; Schierz 2010).

die Polizei ordnungsrechtlich einschreiten, im Rahmen der Medizin können Alkoholentzüge und Therapien, im Rahmen der Sozialen Arbeit hingegen kann Prävention stattfinden (Duerdoth und Freund 2009; Szafranski 2009).

In der Öffentlichkeit wird bestimmtes Handeln, welches zuvor als (relativ) unproblematisch angesehen wurde, nun zunehmend als normabweichend angesehen. Die Bearbeitung dieser Abweichung durch die Soziale Arbeit kann in diesem Zuge institutionalisiert werden. Für die Profession der Sozialen Arbeit können einige soziale Probleme zur Bearbeitung insofern interessant sein, da aus einem professionellen Selbstverständnis heraus diese Problematiken zur Aufgabe der Sozialen Arbeit gehören. Andere Probleme hingegen kann die Profession der Sozialen Arbeit von sich weisen, da sie aus professioneller Sicht nicht in das Aufgabenspektrum der Sozialen Arbeit passt. Gleichwohl können ihr durch den gesellschaftlichen Prozess Aufgaben zugeschrieben werden, die nicht zu ihrem eigenen professionellen Selbstverständnis passen, ebenso können soziale Probleme anderen Institutionen zur Bearbeitung übertragen werden, obwohl auch die Soziale Arbeit diese für sich beansprucht. Konkrete Aufgaben und Herangehensweisen der Sozialen Arbeit werden folglich nicht nur durch die damit zusammenhängende wissenschaftliche Disziplin und das damit verbundene professionelle Selbstverständnis heraus entwickelt und festgelegt, sondern unterliegen immer dem jeweiligen sozialpolitischen Machtgefüge in einer Gesellschaft. Kritisch ist insbesondere zu bemerken, dass sozialpolitische Strömungen und Machtverhältnisse auch in die Profession und Disziplin der Sozialen Arbeit hineindiffundieren können, sodass eine Wissenschaft, die objektiv bleiben sollte, sowie professionelles Handeln, welches auf eben objektive Wissensbestände zurückgreifen sollte, zunehmend normativ geprägt sein können.

Nachgefragt und zur Diskussion gestellt

1. Warum ist die Soziale Arbeit eine Institution?
2. Welche Vor- und Nachteile bringen Institutionen mit sich?
3. Überlegen Sie, welche Nachteile es mit sich bringen kann, wenn Adressatinnen und Adressaten die Soziale Arbeit als eine Institution kennen.
4. Welche Problematiken werden durch die Perspektive einer Neoinstitutionalisierung für die Soziale Arbeit deutlich?

Weiterführende Literatur

Berger, Peter L./Luckmann, Thomas (2004): Die gesellschaftliche Konstruktion der Wirklichkeit. Eine Theorie der Wissenssoziologie. 20. Aufl. Frankfurt am Main: Fischer.

2. Organisation

Zielsetzungen des Kapitels

— Sie besitzen grundlegende Kenntnisse darüber, was eine Organisation ist.
— Sie kennen verschiedene theoretische Ansätze, die Organisationen und das Geschehen in ihnen erklären.
— Das Verhältnis zwischen Institution und Organisation ist Ihnen bekannt.

Nach der Lektüre des ersten Kapitels dieses Buches müsste deutlich geworden sein, dass sich der Begriff der Institution in dessen sozialwissenschaftlichem Verständnis nicht eignet, um damit eine einzelne Organisation zu bezeichnen. In diesem Kapitel wird nun erklärt, was unter dem Begriff der Organisation in einem sozialwissenschaftlichen Kontext zu verstehen ist. Dabei wird sich zeigen, dass sich dieses Verständnis im Laufe der Zeit gewandelt hat. Es wurden unterschiedliche Theorien entwickelt, die sich speziell mit dem Phänomen der Organisation beschäftigt haben. Diese verschiedenen Theorien ermöglichen uns, wie durch einen Blick durch unterschiedlich farbig getönte Brillen, auf Organisationen zu blicken und damit unterschiedliche Dinge entdecken und erklären zu können (Kieser und Walgenbach 2007: 31). Um sich dem Verständnis von Organisationen zu nähern, wird in einem ersten Teil dieses Kapitels zunächst kurz eine allgemeine Beschreibung und Definition dargestellt (Kap. 2.1). In einem zweiten Teil werden einige Organisationstheorien angeführt, um damit ein tieferes Verständnis für Organisationen zu ermöglichen (Kap. 2.2). In einem abschließenden dritten Teil werden Organisationen wieder mit Institutionen verknüpft, wodurch das Verhältnis dieser beiden Phänomene angedeutet wird (Kap. 2.3).

2.1 Ein simples Verständnis von Organisationen

Unter dem Begriff „Organisation" können zunächst drei unterschiedliche Inhalte verstanden werden (Häussling und Zimmermann 2006: 218): Zunächst lässt sich darunter einmal das „Organisieren" als Tätigkeit verstehen, durch die geordnet und koordiniert wird. Die verschiedenen Aufgabengebiete und

Tätigkeiten der Sozialen Arbeit sind z.B. auf unterschiedlichen Ebenen (Bund, Land, Kommunen) organisiert (Kap. 3). Die zweite Inhaltsebene ist die der Organisiertheit. Hier geht es um Fragen nach dem Aufbau eines Gebildes, wie es beispielsweise in einem Organigramm dargestellt werden kann. Und schließlich geht es um Organisationen als Produkt des Organisierens (ebd.), die diesem Kapitel zugrunde liegen.

Organisationen sind im Rahmen der menschlichen Geschichte ein relativ neues Phänomen. Sie sind im Zuge des Kapitalismus und der Industrialisierung entstanden (Scott 1986: 24) und damit ein Kind der Moderne, auch wenn sicherlich Vorläufer im Rahmen militärischer Organisationen oder von Gilden existierten. Obwohl dieses Phänomen relativ neu ist, hat es einen eindrucksvollen Siegeszug hinter sich gebracht. Unsere heutige Gesellschaft ist durchwoben von Organisationen und jeder Mensch ist im Laufe seines Lebens Mitglied in verschiedenen Organisationen. So gehört oder gehörte jede und jeder von Ihnen möglicherweise einem Verein oder einem Jugendverband an, hat ein Bankkonto, ist krankenversichert, war Schülerin bzw. Schüler an einer Schule und wird in dem Moment, in dem Sie dies lesen, wahrscheinlich ein Studium an einer Hochschule absolvieren, womit Sie ein Mitglied dieser Organisation sind. Ebenso wird die Soziale Arbeit nahezu ausschließlich durch Organisationen und deren Mitglieder angeboten und ausgeführt (Kap. 3 und 4) (Grunwald 2018: 1105). Sind Sie nach Ihrem Studium als Fachkräfte der Sozialen Arbeit tätig, werden Sie also im Rahmen einer Organisation arbeiten. Hierüber werden Organisationen maßgeblich mitgestaltet, aber die Organisation übt, wie man sich denken kann, auch Einfluss auf die Tätigkeiten und das fachliche Handeln sowie nicht zuletzt auch auf die Fachkraft selber aus. Allein diese Zusammenhänge machen die Notwendigkeit deutlich, sich mit Organisationen zu beschäftigen.

In einem sehr einfachen Verständnis sind Organisationen Orte und Gelegenheiten, an denen sich Menschen treffen, um gemeinsam Ziele zu verwirklichen. Dies machen sie nicht nur einmal, sondern vielmehr regelmäßig. Organisationen sind folglich soziale Gebilde (Häussling und Zimmermann 2006: 218). Um die Ziele zu erreichen, werden unter den teilnehmenden Menschen Aufgaben verteilt, die sie arbeitsteilig erledigen. Die Tätigkeiten in einer Organisation werden also koordiniert. Dies geschieht zumeist durch Regeln, die die Organisation strukturieren. Aufgrund dieses einfachen Verständnisses soll an dieser Stelle, angelehnt an Kieser und Walgenbach (2007: 3), Häussling und Zimmermann (2006: 218) und Scott (1986: 45 ff.), zunächst folgende Definition getroffen werden:

> Organisationen sind soziale Orte, an denen Menschen regelmäßig arbeitsteilig, koordiniert und regelgeleitet strukturiert durch das Einbringen ihrer Ressourcen Ziele anstreben und erreichen.

Anhand der im Folgenden dargestellten Organisationtheorien wird sich zeigen, dass diese hier aufgeführten Teile der Definition (Koordination, Regeln, Struktur) sehr unterschiedlich gedeutet und betrachtet werden können.

2.2 Organisationstheorien

Ähnlich wie im vorhergehenden Kapitel zu Institutionen angemerkt, existieren auch in Bezug zu Organisationen eine Reihe von Theorien, insbesondere aus den Bereichen der Soziologie, Ökonomie und Politikwissenschaft. Für dieses Lehrbuch erscheint es wenig sinnvoll, diese Theorien hintereinander aufzuzählen und zu erklären, da dies einerseits zu umfangreich sein würde, andererseits thematisch weg von der eigentlichen Intention dieses Kapitels führen würde, eine Einführung von Organisationen im Rahmen der Sozialen Arbeit vorzulegen. Daher verzichten wir auf eine umfangreiche Darstellung dieser Theorien und beschränken uns auf einige Ansätze, die für die Betrachtung von Organisationen in der Sozialen Arbeit sinnvoll und fruchtbar sind. Auch diese werden im Rahmen dieser Einführung nur verkürzt dargestellt, um wesentliche Punkte herauszustellen und ein grundlegendes Verständnis von Organisationen herbeizuführen. Für umfangreichere Darstellungen und Auseinandersetzungen mit Organisationstheorien sei an dieser Stelle auf die am Ende dieses Kapitel angeführten weiterführenden Werke verwiesen.

Zusammenfassend sei jedoch überblicksartig die Entwicklung der Organisationstheorien skizziert. Heute bestehen viele unterschiedliche Organisationstheorien nebeneinander, sodass verschiedene Aspekte und Phänomene von Organisationen betrachtet, bewertet und eingeschätzt werden können. Die ersten Organisationstheorien, geprägt insbesondere von Taylor als Begründer der klassischen Organisationstheorie und Max Weber, waren hingegen durch die Idee eines „one best way" (Boecker 2015: 60) bestimmt. Ausgangspunkt der Überlegungen war die Organisation als ein rationales Gebilde, dessen Effizienz und Effektivität es zu steigern galt, indem Organisationsstrukturen und -abläufe optimiert werden sollten (ebd.). Erst mit der Analyse von Entscheidungen und sozialer Strukturen in Organisationen wird deutlich, dass persönliche Interessen(konflikte), informelle Kommunikationskanäle und Machtkämpfe der Organisationsmitglieder untereinander einen irrationalen Einfluss auf Organisationen haben können (ebd.: 59). Darüber hinaus berücksichtigen aktuellere Theorieansätze auch die Umwelt und betrachten Organisationen im Kontext von Gesellschaften bzw. sie umgebenden sozialen Systemen, richten den Blick also über die Organisation hinaus (ebd.: 79). Zusammenfassend werden die direkten und indirekten Einflüsse auf Organisationsstrukturen heute neben der Organisation selbst auch im Kontext von Umwelt und Organisation und dem Verhalten von Organisationsmitgliedern innerhalb der Organisation betrachtet (ebd.: 81; auch Abb. 1).

Wie bereits oben angemerkt, sind Organisationen im Zuge der Industrialisierung in großer Anzahl entstanden. Daher ist es nicht verwunderlich, dass die ersten theoretischen Beschäftigungen mit dem Phänomen der Organisation darauf abzielten, diese rationaler zu gestalten, um z.B. eine möglichst hohe und dabei kostengünstige Produktion zu erreichen. Organisationen werden hier also zunächst im Rahmen der Wirtschaft und einer Betriebswirtschaftslehre betrachtet. Der sogenannte *Taylorismus* führte Ende des 19. und Anfang des 20. Jahrhunderts in die bereits zuvor bestehende Managementlehre, die sich vorwiegend damit beschäftigte, gute und bewährte Praxis zu identifizieren und in Regeln zu fassen, um anhand von Leitfäden solche ‚best practices' auf andere Unternehmen zu übertragen und Arbeitsabläufe und die Organisation effizienter zu gestalten, das sogenannte ‚wissenschaftliche Experiment' ein. Für Unternehmerinnen und Unternehmer entstand so ein Mittel zur Optimierung der Organisation, das zu Steigerungen der Effizienz führte (Kieser und Walgenbach 2007: 32 f.). Nach den Ideen Taylors sollten nicht nur die Arbeitsabläufe und -koordination der Arbeiterinnen und Arbeiter geändert und damit rationalisiert werden, sondern auch das Management sollte seine Entscheidungen und Aktivitäten verwissenschaftlichen (Scott 1986: 100). Hinter Taylors Ideen stand ein Menschenbild, das davon ausging, dass Menschen lediglich durch ökonomische Anreize motiviert werden können. Durch die Optimierung der Produktion sollte gleichzeitig ein größtmöglicher Gewinn für die Eigentümer der Produktionsstätten als auch für die Arbeiterinnen und Arbeiter erreicht werden, da letztere durch wissenschaftliches Wissen ausgewählt und eingesetzt werden sollten. Daraus sollten Auseinandersetzungen zwischen Eigentümerinnen und Eigentümern einerseits sowie Arbeiterinnen und Arbeitern andererseits weitestgehend vermieden werden können (Scott 1986: 100 f.; Kieser und Walgenbach 2007: 35).

Zwar gelang durch die theoretischen Ansätze von Taylor eine gewisse Disziplinierung der Arbeiterinnen und Arbeiter gerade in den USA, in denen der Taylorismus seine weiteste Verbreitung fand (Kieser und Walgenbach 2007: 34). Die Kritik an dem zugrunde liegenden Menschenbild, welches sich so nicht halten ließ und in der Praxis nicht bewahrheitete, sowie die Tatsache, dass seine wissenschaftliche Betriebsführung eine Wissenschaft ohne Theorie war und wissenschaftlichen Standards nicht entsprach, führte jedoch dazu, dass dieser Rationalisierungsansatz wieder in den Hintergrund geriet, auch wenn er die Strukturen der Arbeitskoordination nachhaltig beeinflusst hat (Scott 1986: 101; Kieser und Walgenbach 2007: 35). Der sogenannte

Fordismus führte noch stärker als der Taylorismus zur Rationalisierung der Produktion. Dies gelang, indem die Koordination und Kontrolle der arbeitsteiligen Verrichtungen in die Konstruktion des Fließbandes hineinprogrammiert wurden, also durch Fließbandeinsatz. Der Fordismus geht somit wesentlich über den Taylorismus hinaus, da der technisch effiziente Bewegungsablauf, der technisch effiziente Arbeitsrhythmus und das Pensum durch das Fließband vorgegeben sind (Kieser und Walgenbach 2007: 36).

Eine Grundidee von Taylor lebt jedoch in heutigen Managementkonzepten weiter. Eine Grundfunktion von Organisationen neben der Rationalisierung von Arbeits- und Produktionsprozessen, die auch heute eine der wichtigsten Aufgaben der Organisationsentwicklung ist, hatte bereits Taylor herausgearbeitet. Dabei geht es im Kern darum, das Fachwissen der Beschäftigten für die Organisation zu sammeln und jederzeit verfügbar zu machen. Die Beschäftigten sollten also ihr je spezifisches Wissen über die Produktion von Gütern zur Verfügung stellen, damit dies personenunabhängig der Organisation zu Verfügung steht. Die Menschen sollten somit nicht mehr durch ihr Wissen für die Organisation unentbehrlich sein, sondern vielmehr einfach ersetzbar (Kieser und Walgenbach 2007: 34). In heutigen Ideen der Organisations- und Qualitätsentwicklung finden sich sehr ähnliche Vorstellungen, wenn es z.B. darum geht, im Rahmen von lernenden Organisationen oder Wissensmanagement Handbücher zu erschaffen, in denen das gesammelte Wissen der Fachkräfte festgehalten wird, um personenunabhängig darauf zugreifen und es nutzbar machen zu können (auch Kap. 11).

Bei der Betrachtung der Ideen des Taylorismus und des Fordismus wird neben diesem Kernelement, der Enteignung und Kollektivierung des Wissens der Fachkräfte, außerdem deutlich, dass die theoretischen Ansätze von einer sehr klaren Hierarchie in einer Organisation ausgehen, die einem Dreieck gleicht: An der Spitze eine schmale Führungsebene, an der Basis eine breite Menge an einfachen Mitarbeiterinnen und Mitarbeitern. Die Führungsebene strukturiert das Handeln der Mitglieder der Organisation durch die Vorgabe von Regeln, deren Einhaltung überwacht wird. Dies eignet sich einerseits wenig, um Organisationen zu betrachten, die weniger hierarchische Strukturen aufweisen. Andererseits werden die im Folgenden noch darzustellenden Organisationstheorien zeigen, dass eine solch angenommene einfache hierarchische Struktur von Organisationen der Komplexität der Realität nicht entspricht und damit nicht haltbar ist.

Wie oben (Kap. 2.1) in der Definition von Organisationen ablesbar ist, weisen Organisationen bestimmte Merkmale auf, die sie strukturieren. Die *Verhaltenswissenschaftliche Entscheidungstheorie* (oder auch *Rational Choice*) kann diese Strukturiertheit zum Einstieg in die Thematik recht plausibel erklären. Diese theoretische Perspektive geht davon aus, dass Organisationen in einer komplexen und unsicheren Umwelt existieren (Kieser und Walgenbach 2007: 41). Damit ist sehr einfach ausgedrückt gemeint, dass die Welt sehr vielfältig ist und deren vielfältige Teile irgendwie miteinander verbunden und voneinander abhängig sind. Gleichzeitig ist sie insofern unsicher, als dass wir keine konkreten bzw. gesicherten Aussagen darüber treffen können, was in jedem Moment in ihr geschehen wird bzw. wie sie sich in naher und ferner Zukunft entwickeln wird. Mit dieser Situation müssen die Menschen als Individuen umgehen – in dem sie im Übrigen beispielsweise Mitglied in Organisationen werden –, ebenso jedoch auch Organisationen. In Organisationen haben sich daher bestimmte Mechanismen gebildet, durch die Unsicherheiten bearbeitet werden können (Berger et al. 2014: 128 f.). Die Strukturen von Organisationen ergeben sich also auch aus Anforderungen an sie, die aus dieser Komplexität und Unsicherheit heraus entstehen. Organisationen sind daher zunächst *arbeitsteilig* strukturiert. Dadurch können Organisationen mit komplexen Problemen umgehen, mit denen eine einzelne Person überfordert wäre. Einzelne Mitglieder einer Organisation beschäftigen sich im Rahmen ihrer Tätigkeit mit einzelnen Aspekten oder Teilproblemen, für die sie Entscheidungen hinsichtlich deren Bearbeitung treffen können. Dadurch, dass sie lediglich in einem Teilbereich arbeiten, sind die Folgen ihrer Handlungen überschaubar (Kieser und Walgenbach 2007: 41).

Für die Soziale Arbeit zeigt ein Blick auf ein Jugendamt, dass die einzelnen Mitarbeiterinnen und Mitarbeiter dort nicht für die Bearbeitung aller sozialen Probleme und Aufgabenstellungen zuständig sind, die in das Spektrum des Jugendamtes fallen. Vielmehr ist das Jugendamt so strukturiert, dass die Mitarbeiterinnen und Mitarbeiter immer nur einzelne Teile bearbeiten. So nimmt eine Mitarbeiterin oder ein Mitarbeiter im Allgemeinen Sozialen Dienst (ASD), einer Abteilung des Jugendamtes, zwar Erziehungsprobleme in einer Familie wahr und bearbeitet diesen Fall, die konkrete Hilfe zur Erziehung, z.B. sozialpädagogische Familienhilfe (SPFH), leisten hingegen wiederum andere Personen. Muss ein Kind auf Anregung der Mitarbeiterin bzw. des Mitarbeiters des ASD in einer Pflegefamilie untergebracht werden, kann die konkrete Vermittlung durch eine Fachkraft der Abteilung Pflegekindervermittlung vollzogen werden. Die Mitarbeiterin bzw. der Mitarbeiter des ASD wird damit den Entscheidungen enthoben, geeignete Personen als Pflegeeltern auszuwählen und von der konkreten Arbeit als SPFH entlastet. Sie/Er kann sich somit auf den Ausschnitt der Sozialen Arbeit konzentrieren, der sich auf die ihr oder ihm zugewiesenen Aufgaben des ASD beschränkt. Die Komplexität und Unsicherheit der Aufgaben der Sozialen Arbeit werden durch diese Arbeitsteilung soweit reduziert, dass sie für die einzelnen Fachkräfte in der Organisation des Jugendamtes besser zu bewältigen sind.

Um die Komplexität der Aufgaben weiter zu reduzieren, wird in Organisationen auf *standardisierte Verfahren und Programme* zurückgegriffen bzw. werden diese in den Organisationen entwickelt (Kieser und Walgenbach 2007: 41 f.). Die Fachkräfte sollen durch eine solche Vorgehensweise ebenfalls in ihrem Arbeitsalltag entlastet werden, da sie bei der Bearbeitung von

Problemen auf bereits bekannte Lösungsstrategien zurückgreifen können. Standardisierungen zur Bearbeitung von Problemen sind für die Soziale Arbeit zwar nicht grundsätzlich zu verurteilen bzw. können durchaus unterstützend für das sozialarbeiterische/sozialpädagogische Handeln der Fachkräfte wirken, allerdings sollten Standardisierungen angesichts ihrer möglichen negativen Effekte hinsichtlich der Qualität eines einzelfallorientierten Vorgehens stets kritisch reflektiert werden. Die Problematiken, die durch die Soziale Arbeit bearbeitet werden, sind hochkomplex und sehr individuell für die davon betroffenen Personen. Eine zu starke Standardisierung von Problemlösungen würde darauf hinauslaufen, dass einerseits die komplexen Zusammenhänge der Problemlagen nicht in ihrer Gesamtheit erfasst und damit auch nicht bearbeitet werden und andererseits Probleme, für die keine standardisierten Programme existieren, einfach nicht bearbeitet werden. Standardisierte Lösungen für Probleme können damit an der Wirklichkeit vorbeilaufen und somit keine oder nur eine geringe Wirkung für einzelne Personen oder auch Familien zeigen. Gleichzeitig werden bei der Anwendung standardisierter Programme ein notwendiges Einverständnis der Nutzung, der damit zu erreichenden Ziele und die Perspektive der Adressatinnen und Adressaten ausgeblendet (zur Problematik der Standardisierung siehe Kap. 10). Die Entwicklung und Durchführung von sozialarbeiterischen/sozialpädagogischen Methoden muss jedoch genau diese Problematiken immer berücksichtigen und daher jede Methode auf den jeweiligen Fall bezogen individualisiert anwenden (Galuske 2013). Gleichwohl werden auch in der Sozialen Arbeit standardisierte Verfahren angewandt (dazu auch Kap. 10). So dürften mittlerweile nahezu in allen Jugendämtern standardisierte Erfassungsbögen zur Einschätzung zu Kindeswohlgefährdungen existieren. Sehr viele standardisierte Verfahren beziehen sich auch auf Verwaltungsvorgänge. Die Tätigkeit im Jugendamt ist geprägt durch deren bürokratische Organisation, d.h., die dort tätigen Fachkräfte müssen die bürokratischen Techniken wie das Führen von Akten oder das Schreiben von Vermerken und Verfügungen ebenso beherrschen wie den speziellen Umgang mit öffentlichen Geldern.

Organisationen sind in der Regel *hierarchisch* geordnet[6]. Durch diese Ordnung wird der Entscheidungsspielraum für die niedrigen hierarchischen Ebenen verkleinert, die jeweiligen Mitarbeiterinnen und Mitarbeiter werden dadurch der Anforderung enthoben, die Wirklichkeit in ihrer gesamten Komplexität in ihre jeweilige Tätigkeit miteinzubeziehen (Kieser und Walgenbach

6 In einigen Organisationen der Sozialen Arbeit existieren auf unteren hierarchischen Ebenen auch flache Hierarchiestrukturen: In Teams wird ohne organisierte hierarchische Unterschiede miteinander gearbeitet. Mit Blick auf die Elemente von Organisationen nach Scott 1986 (siehe unten), insbesondere auf die Sozialstruktur von Organisationen, wird jedoch deutlich, dass sich in solchen Teams durch die Interaktionen zwischen den einzelnen Teammitgliedern durchaus hierarchische Positionierungen ergeben können und somit eine Hierarchie entstehen kann, die organisatorisch nicht vorgesehen ist.

2007: 42). Die Mitarbeiterinnen und Mitarbeiter in der Funktion von Sachbearbeiterinnen und Sachbearbeitern im ASD eines kommunalen Jugendamtes haben dementsprechend ihre jeweiligen Fälle im Blick und versuchen Entscheidungen zu treffen, die dem Wohl der jeweiligen Adressatinnen und Adressaten dienen. Sie müssen sich über die Finanzierung der Hilfe, die diesen zugutekommt, zunächst keine Gedanken machen. Personen, die in der Hierarchie über diesen Sachbearbeiterinnen und -arbeitern stehen, müssen diese Perspektive bei der Verteilung von sozialarbeiterischen/sozialpädagogischen Dienstleistungen sehr wohl im Blick haben.

Das Merkmal der Hierarchie in Organisationen führt auch zu den beiden nächsten Merkmalen, die von der Verhaltenswissenschaftlichen Entscheidungstheorie in den Blick genommen werden, der *Kommunikation* und der *Indoktrination*. Anhand der Kommunikation in einer Organisation werden Informationen, die für das Treffen von Entscheidungen in Organisationen relevant sind, in alle Richtungen der Hierarchie weitergegeben (Berger et al. 2014: 131). Dies geschieht über formalisierte Kommunikationskanäle (beispielsweise Dienstbesprechungen oder schriftliche Dienstanweisungen und Vermerke), die den Informationsgehalt soweit einschränken, dass die Komplexität in dem Maße reduziert wird, dass Entscheidungen getroffen werden können. Im Rahmen der Indoktrination ist davon auszugehen, dass Personen, die in der Hierarchie einer Organisation auf höherer Ebene stehen, nicht über alle detaillierten Informationen über bestimmte Sachverhalte verfügen, wie es die nachgeordneten Personen können. Letztere müssen also im Sinne der Organisation (und nicht im Sinne privater Interessen) Entscheidungen aufgrund der ihnen zur Verfügung stehenden Informationen treffen (Kieser und Walgenbach 2007: 42). Mit dem Begriff der Indoktrination ist hier also keine Manipulation gemeint, sondern dass klar umrissene Ziele und damit verknüpfte Vorgehensformen der Organisation existieren, die den Personen auf unteren hierarchischen Ebenen bekannt sind, mit denen sie sich identifizieren und nach denen sie handeln.

Ähnlich wie im Taylorismus und Fordismus geht die Verhaltenswissenschaftliche Entscheidungstheorie von einer eindeutigen Hierarchie in Organisationen aus, die mit einem Machtverhältnis verbunden ist. Macht bedeutet nach Weber, dass Menschen ihren eigenen Willen auch gegen den Widerstand anderer durchsetzen können (Popitz 1986)[7]. In einer hierarchischen Ordnung bedeutet dies, dass hierarchisch übergeordnete Menschen ihren Willen gegenüber den nachgeordneten durchsetzen. Der letzte hier dargestellte

7 Dieses auf Weber beruhende Verständnis bezieht sich auf interpersonale Macht, die insbesondere in Interaktionen zwischen Menschen zu tragen kommt und damit für die interne Betrachtung von Organisationen besonders brauchbar ist. Als Erweiterung sind in einer Gesellschaft weitere Machtverhältnisse und -wirkungen anzutreffen, beispielsweise können öffentliche Diskurse Macht entwickeln (Foucault 2007).

Mechanismus der Indoktrination weist gegenüber den zuvor dargestellten Theorien deutlicher darauf hin, dass Macht nicht nur entlang der formalen Hierarchie von oben nach unten verteilt ist. Personen auf den unteren hierarchischen Ebenen einer Organisation können über Informationen verfügen, die für Entscheidungen der Organisation wichtig sind. Mit diesem Wissen und der Kanalisation der Weitergabe an Vorgesetzte verfügen sie gleichzeitig über Macht in der Organisation, da sie damit Entscheidungen nach ihren Vorstellungen beeinflussen können.

Der Verhaltenswissenschaftlichen Entscheidungstheorie verdanken wir also den Hinweis auf eine Machtverteilung in Organisationen, die nicht nur an formale Strukturen gebunden ist. Ebenfalls kann ihr auch entnommen werden, dass das Geschehen in Organisationen nicht nur durch eine Betrachtung der Organisation selbst, sondern immer auch der Umwelt erklärt werden muss.

Der Organisationssoziologe Scott greift die Themen „Machtverteilung" und „Umwelt" in seiner Beschreibung und Diagnose von Organisationen auf und benennt fünf Elemente für Organisationen (Abb. 1): Sozialstruktur, Ziele, Beteiligte, Technologie und Umwelt. Die ersten vier stehen in einem wechselseitigen Zusammenhang, alle vier wiederum in einem Zusammenhang mit der Organisationsumwelt (Scott 1986: 35–42). Durch diese Elemente können u.a. die Hinweise auf die Verteilung der Macht in Organisationen und der Einfluss der Umwelt auf eine Organisation deutlich gemacht werden.

Abbildung 1: Kernelemente von Organisationen nach Scott

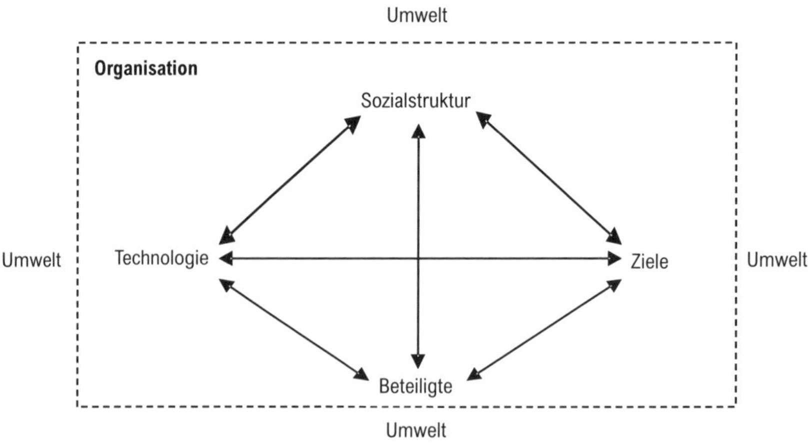

Quelle: eigene Darstellung nach Scott (1986: 36)

Wer ein *Beteiligter bzw. eine Beteiligte*, also ein Mitglied einer Organisation ist, kann recht unterschiedlich gedeutet werden (Kieser und Walgenbach 2007: 12 f.). Scott definiert Mitglieder als diejenigen, die „in Reaktion auf eine Vielzahl von Anreizen einen Beitrag zu ihrem Fortbestand" leisten (Scott 1986: 39). Je nach Organisation können dies recht unterschiedliche Personengruppen sein. In einer sehr engen Deutung können dies lediglich die Mitarbeiterinnen und Mitarbeiter z.B. einer Stadtverwaltung sein. In einer viel weiteren Deutung können auch Adressatinnen und Adressaten der Sozialen Arbeit Mitglieder bzw. Beteiligte von Organisationen der Stadtverwaltung sein, da sie Entscheidungen dieser Organisation beeinflussen (Kieser und Walgenbach 2007: 12). Dieser Einfluss von Adressatinnen und Adressaten kann sicherlich sehr unterschiedlich ausfallen (Kap. 9). Bei einer Beratung durch eine Erziehungsberatungseinrichtung einer Stadtverwaltung beispielsweise könnte der Einfluss als relativ gering angesehen werden; bei Kindern und Jugendlichen, die in einem Heim untergebracht wurden, ist der Einfluss auf das Alltagsgeschehen in dieser Organisation relativ hoch. Und bei Vereinen und Verbänden im Arbeitsfeld Kinder- und Jugendarbeit stellt sich das Verhältnis von Beteiligten bzw. Mitgliedern zu den anderen Strukturelementen der jeweiligen Organisation noch einmal anders dar, denkt man beispielsweise einmal nur an die besonderen Konstellationen in Jugendverbänden mit Hauptamtlichen, Ehrenamtlichen und Mitgliedern. Diese Beispiele deuten darauf hin, dass die „Sozialstruktur" in Organisationen unterschiedlich ist. Hierauf wird noch zurückzukommen sein, verallgemeinernd kann man jedoch festhalten: Inwiefern die einzelnen Beteiligten eine Organisation beeinflussen, ist bedingt durch ihre jeweilige Position innerhalb der Organisation, aber auch durch die Art der Organisation selbst und durch die Identitäten, durch die Fähigkeiten und Fertigkeiten, welche die Beteiligten mit- und einbringen (Scott 1986: 39).

Die *Technologie* einer Organisation können Werkzeuge und Knowhow sein, welche zur Bewältigung der Arbeitsprozesse und zur Zielerreichung eingesetzt werden (Scott 1986: 40). Die Soziale Arbeit kann als eine personenbezogene soziale Dienstleistung angesehen werden, d.h., sie vollbringt ihre Arbeit in Koproduktion mit Adressatinnen und Adressaten. Diese Arbeit wird üblicherweise nicht mit Werkzeugen im engeren Sinne erbracht, vielmehr greifen Fachkräfte der Sozialen Arbeit auf sozialarbeiterische/-pädagogische Methoden und Techniken zurück, also auf ihr Methodenwissen bzw. ihr Knowhow, welche dem Eigensinn und der Situation des jeweiligen Falls angepasst werden müssen. Der Begriff des Werkzeugs kann für die Soziale Arbeit also in Methoden der Sozialen Arbeit im Sinne von „Handwerkzeug" der Fachkräfte übersetzt werden. Gleichwohl nutzen diese Fachkräfte auch eine Vielzahl an Werkzeugen im herkömmlichen Sinne für ihre Arbeit. Dies reicht je nach Arbeitsbereich beispielsweise von Sportgeräten über PCs zur Aktenführung bis zu modernen Kommunikationsgeräten. Folglich wird das Geschehen in einer Organisation der Sozialen Arbeit sowohl durch das Vorhandensein und die Qualität von notwendigen Arbeitsgeräten, der fachlichen Expertise der Fachkräfte und dem Vermögen deren praktischer Ein- und Umsetzung mitbestimmt. Daraus ergibt sich auch der in Abbildung 1 dargestellte Zusammenhang zwischen den Beteiligten und der Technologie einer Organisation.

Ein drittes Element neben den beteiligten und der Technologie sind *Ziele*, die innerhalb einer oder mithilfe einer Organisation erreicht werden sollen. Darüber, wie Ziele von Organisationen festgelegt werden, geben die unterschiedlichen Organisationstheorien verschiedene Erklärungsansätze. Ältere Organisationstheorien wie der Taylorismus gehen mit einer stark hierarchisch geprägten Organisationsstruktur davon aus, dass die Organisationsziele ausschließlich von der Organisationsleitung bestimmt werden. In einer Fabrik könnte das Organisationsziel festgelegt durch die Firmenleitung also maximaler Gewinn durch möglichst effiziente Produktion sein. Ausgehend davon sollte die gesamte Organisation dieses Ziel verfolgen, also auch die Mitarbeiterinnen und Mitarbeiter auf den untersten Ebenen der Hierarchie. Spätestens mit dem *Human-Relations-Ansatz* (Kieser 2014: 99 ff.) und vor allem durch den *konstruktivistischen Ansatz*, der weiter unten dargestellt wird, wird jedoch die Rolle der Beteiligten von Organisationen berücksichtigt. Diese können jeweils eigene Ziele im Rahmen ihrer Tätigkeit in einer Organisation verfolgen. Beispielsweise geht es vielen u.a. auch darum, selbst möglichst ausreichend Geld zu verdienen mit einem Arbeitseinsatz, der dem eigenen Einsatzwillen entspricht. Dies entspricht nicht unbedingt der Idee einer Firmenleitung, möglichst effizient zu produzieren. Fachkräfte der Sozialen Arbeit mit einem ausgeprägten professionellen Selbstverständnis können im Rahmen ihrer Tätigkeit die jeweils beste Hilfe für ihre Adressatinnen und Adressaten anstreben. Die Amtsleitung des Jugendamtes kann jedoch im Versuch, auch wirtschaftliche Aspekte zu berücksichtigen, zu kostengünstigen und damit nicht notwendigerweise den besten Hilfen tendieren, da sie eine effiziente Bereitstellung von Hilfen als Ziel hat. Die Ziele für eine Organisation ergeben sich also nicht nur aus den Vorgaben der Organisationsleitung, sondern ebenfalls aus den Zielen der Organisationsmitglieder und aus den Möglichkeiten der vorhandenen Technologien (Abb. 1). Kieser und Walgenbach definieren die Zielfindung von Organisationen als einen Aushandlungsprozess zwischen den Mitgliedern einer Organisation:

> „Organisationsziele sind teilweise konfligierende Vorstellungen über die Zwecke der Organisation, über die daraus abzuleitenden Unterziele sowie über die strukturellen Regelungen zur Erreichung der Organisationsziele. Organisationsziele reflektieren die Vorstellungen, die eine Gruppe von Organisationsmitgliedern u. U. gegen die Vorstellungen anderer Organisationsmitglieder durchgesetzt hat. Welche Interessengruppen dabei welche Ziele durchsetzen können, hängt weitgehend von den gesellschaftlich vorbestimmten Machtpositionen der Gruppen, von den rechtlichen Vorschriften und der Verfassung der Organisation sowie von den wirtschaftlich und gesellschaft-

lich vorgegebenen Anforderungen an die Organisation ab" (Kieser und Walgenbach 2007: 19).

Begreift man die Zielfindung in und für Organisationen als Aushandlungsprozess zwischen den Organisationsmitgliedern, wird deutlich, dass Mitarbeiterinnen und Mitarbeiter auf unteren Hierarchieebenen durch das Zurverfügungstellen oder Zurückhalten von Informationen, wie unter dem Mechanismus der „Indoktrination" in der oben beschriebenen Verhaltenswissenschaftlichen Entscheidungstheorie, Macht in diesem Aushandlungsprozess gewinnen können. Auch Adressatinnen und Adressaten können in Organisationen der Sozialen Arbeit an solchen Aushandlungsprozessen beteiligt werden und bestimmen dann die Organisationsziele mit. Unter dem Gesichtspunkt der Partizipation als eine Strukturmaxime ist eine solche Beteiligung sogar als grundlegender Bestandteil der Sozialen Arbeit anzusehen (Thiersch 2014: 30).

In der Verhaltenswissenschaftlichen Entscheidungstheorie wurde bereits der Einfluss der *Umwelt* auf Organisationen aufgegriffen. Scott sieht dieses Element als ebenso relevant wie die anderen vier Elemente von Organisationen (Scott 1986: 42). Argumentiert wird, dass Organisationen nicht losgelöst vom Rest der Gesellschaft existieren und dass die Beteiligten einer Organisation in den seltensten Fällen lediglich einer einzigen Organisation angehören.[8] So vollzieht sich beispielsweise eine Sozialisation der Organisationsmitglieder vor dem Eintritt in die jeweilige Organisation in der Familie, der Freizeit oder in anderen Organisationen (gesellschaftlich organisierte Sozialisationsinstanzen wie z.B. Schulen und Kindertagesbetreuung). Zudem bewegt sich jedes Organisationsmitglied auch in anderen Organisationen, wie anfangs bereits angemerkt: Sie können Mitglied eines Sportvereins sein, ein Bankkonto bei einer Bank besitzen, in einer Wohltätigkeitsorganisation mitwirken oder in einer Partei politisch aktiv sein und sind dann eben nicht nur Mitglied der Organisation, z.B. des Jugendamtes, für die sie arbeiten. Das Handeln der einzelnen Organisationsmitglieder in der jeweiligen Organisation findet demnach nicht losgelöst von ihren Bezügen außerhalb der Organisation statt. Die Ausbildung für den jeweiligen Beruf, also z.B. Ihr Hochschulstudium, sowie die späteren Fortbildungen beeinflussen sowohl die Aushandlung der Organisationsziele als auch die Nutzungsmöglichkeiten der Technologie. Der in Kapitel 1.4 beschriebene *neoinstitutionalistische Ansatz* ist auch für die Betrachtung von Organisationen im Verhältnis zur jeweiligen Umwelt fruchtbar (Kieser und Walgenbach 2007: 46 ff.). Dieser geht davon aus, dass es eine institutionelle und kulturelle Umwelt von Organisationen gibt, in denen Ideen existieren,

8 Die hier vollzogene Einschränkung bezieht sich insbesondere auf die sogenannten „totalen Institutionen" (Goffman 2014). Diese besondere Form von Organisationen wird in Kapitel 10.2 vorgestellt und diskutiert.

sich entwickeln und verändern, die einen Einfluss auf Organisationen haben bzw. sogar vorgeben, wie Organisationen in der Gegenwart „aussehen“ sollten. Restaurants müssen demnach nach einem bestimmten Design gestaltet sein oder nach einem bestimmten Konzept funktionieren, um „modern“ zu sein. Gesellschaftliche Veränderungen hinsichtlich der Gleichberechtigung von Menschen machen es für bestimmte Organisationen erforderlich, Vertreterinnen und Vertreter beispielsweise für die Belegschaft, für Frauen oder für Menschen mit Behinderung zu benennen und ihnen eine Funktion zuzuweisen.

Die *Sozialstruktur* einer Organisation bezieht sich auf das Verhältnis der Mitglieder einer Organisation untereinander (Scott 1986: 35 ff.). Auf der einen Seite gibt es eine „offizielle“ Sozialstruktur, die geprägt ist durch allgemeine gesellschaftliche Erwartungen und Kenntnisse über Organisationen und deren Rollen. So könnte man beispielsweise davon ausgehen, dass Schülerinnen und Schüler in der Schule im Unterreicht im Großen und Ganzen den Anweisungen der Lehrkräfte folgen und dass beide Gruppen das Ziel haben, dass Bildung stattfindet und die Schülerinnen und Schüler einen möglichst guten Schulabschluss erlangen. Das Verhältnis zwischen den einzelnen Personen wird durch die jeweiligen Rollen, die sie einnehmen, vorgegeben und das Wissen über diese Rollen liegt üblicherweise auch vor bzw. wird tradiert (Kap. 1). Auf der anderen Seite gibt es aber nun eine „tatsächliche“ Sozialstruktur, die durch das Verhalten und die Verhältnisse der Menschen in Organisationen und deren Unterabteilungen bzw. Gruppen gebildet wird und die mehr oder weniger von der „offiziellen“ Struktur abweichen können (Scott 1986: 37). So ist es eben durchaus möglich, dass im Unterricht bei einer bestimmten Lehrkraft die Schülerinnen und Schüler eben nicht den Anweisungen folgen und temporär nicht den Erwartungen an ihre Rolle nachkommen. Das Machtverhältnis in dieser Gruppe und zwischen diesen Rollen entspricht nicht der erwarteten „offiziellen“ Sozialstruktur. Die „tatsächliche“ Sozialstruktur wird durch die in Organisationen jeweiligen Beteiligten gebildet und konstruiert die jeweilige Nutzung von Technologien ebenso wie sie die Aushandlung von Organisationszielen beeinflusst. Dieser Gesichtspunkt von Organisationen wird in den *konstruktivistischen Ansätzen der Organisationstheorie* relevant und verbindet nun dieses Kapitel über Organisationen mit dem vorhergehenden Kapitel 1 über Institutionen.

2.3 Institutionen und Organisationen

Organisationen sind in unserer Gesellschaft, wie bereits eingangs dieses Kapitels erwähnt, selbstverständlich und alltäglich. Ein allgemeines Verständnis darüber, was eine Organisation ist und wie man sich in ihr zu verhalten hat, besitzen die meisten Menschen. Das heißt, dass eine Organisation eine Institution ist, wie sie im ersten Kapitel erklärt wurde. In Organisationen sind das Handeln der einzelnen Organisationsmitglieder und deren (Macht-)Verhältnis zueinander, also die Handlungskoordinationen im Rahmen von Organisationen, routinisiert. Diese routinisierten Handlungskoordinationen geben wiederum vor, wie Menschen innerhalb von Organisationen handeln sollten, bilden folglich Handlungserwartungen an Menschen. Neue Organisationsmitglieder – beispielsweise Berufseinsteigerinnen und -einsteiger beim ASD oder auch Praktikantinnen und Praktikanten in einer Beratungsstelle – bemühen sich üblicherweise bei Eintritt in Organisationen, den ihnen bekannten institutionalisierten allgemeinen Handlungserwartungen von Organisationen nachzukommen, also rollenkonform zu Handeln. Dazu können u.a. solche Ideen gehören, dass eine Vorgesetzte bzw. ein Vorgesetzter weisungsbefugt ist, welche Aufgaben eine Praktikantin oder ein Praktikant zu erledigen hat oder welche Ziele eine Organisation verfolgt. Diese Vorstellungen orientieren sich zumeist an den „offiziellen" Sozialstrukturen einer Organisation.

Wie bereits oben kurz dargestellt, können sich ebenso viele gesellschaftlich institutionalisierte Ideen und Konzepte auf Organisationen übertragen. So wird von vielen Organisationen in der Gegenwart erwartet, dass sie ihre Qualität verbessern oder auf einem hohen Niveau halten und dies auch nachweisen. Aus diesem Grunde führen Organisationen ein Qualitätsmanagement ein (Kap. 11).

Und schließlich führen organisationsspezifische Handlungsweisen zur Bearbeitung ihrer Aufgaben ebenfalls zu Institutionen, die nur im Rahmen dieser jeweiligen Organisation ihre Gültigkeit haben. Das bedeutet, dass z.B. routinierte Handlungsweisen zur Einschätzung einer Kindeswohlgefährdung im ASD von Jugendamt A ganz anders ablaufen als in Jugendamt B. Institutionen können sich nicht nur hinsichtlich der Aufgaben einer Organisation oder einer Organisationsabteilung herausbilden, sondern auch hinsichtlich der Sozialstruktur einer Organisation. So können Arbeitsteilungen routiniert immer gleich vorgenommen werden und Personen, die in der Hierarchie der Sozialstruktur (und eben nicht der offiziellen hierarchischen Struktur) weit unten stehen, stets die unangenehmen Tätigkeiten zugewiesen werden. Ebenso kann das allmorgendliche gemeinsame Kaffeetrinken im Büro von Frau Müller von 8.00 bis 9.00 Uhr institutionell verankert sein.

Organisationen selbst sind also Institutionen, da Menschen eine institutionalisierte Idee von Organisationen besitzen. Gleichzeitig existieren im Rahmen von Organisationen eine Vielzahl von Institutionen und institutionalisierten Abläufen, die von den jeweils beteiligten Personen übernommen und damit gleichzeitig aufrechterhalten werden.

Nachgefragt und zur Diskussion gestellt

1. Was ist eine Organisation?
2. Wozu dienen Organisationstheorien?
3. Welche Mechanismen sind für Organisationen prägend und was bedeuten diese?
4. Welche Elemente konstituieren Organisationen?
5. In welchem Verhältnis stehen Organisation und Institution?
6. Welche Problematiken können durch institutionalisierte Abläufe in Organisationen der Sozialen Arbeit auftreten?

Weiterführende Literatur

Kieser, Alfred (2014): Managementlehren – von Regeln guter Praxis über den Taylorismus zur Human Relations-Bewegung. In: Kieser, A. /Ebers, M. (Hrsg.): Organisationstheorien. 7. Aufl. Stuttgart: Kohlhammer, S. 73–117.

Kieser, Alfred/Walgenbach, Peter (2007): Organisation. 5. Aufl. Stuttgart: Schäffer-Poeschel.

Scott, William Richard (1986): Grundlagen der Organisationstheorie. Frankfurt am Main: Campus-Verlag.

3. Organisation der Sozialen Arbeit

Zielsetzungen des Kapitels

- Sie erlangen Grundkenntnisse hinsichtlich der Organisation der Sozialen Arbeit auf den Ebenen der Bundesrepublik, der Bundesländer und der Kommunen und deren Zusammenhänge.
- Sie kennen das Subsidiaritätsprinzip und können es erklären.
- Sie kennen die Grundzüge der Organisation eines Jugendamtes.
- Sie kennen das sozialrechtliche Dreiecksverhältnis und können es erklären.

In den beiden vorhergehenden Kapiteln wurde ein grundlegendes sozialwissenschaftliches Verständnis von den Phänomenen Institution und Organisation dargelegt. Diese wurden beispielhaft bereits mit der Sozialen Arbeit verknüpft. Ab diesem dritten Kapitel soll nun die Soziale Arbeit im Mittelpunkt der Ausführungen stehen. Soziale Arbeit wird durch verschiedene Organisationen bereitgestellt. Diese agieren jedoch nicht losgelöst voneinander oder von ihrer Umwelt, worauf die neueren Organisationstheorien (Kap. 2) bereits hingewiesen haben. In diesem Kapitel soll die Organisation der Sozialen Arbeit dargestellt werden. Damit ist keine einzelne Organisation gemeint, sondern vielmehr, wie die Soziale Arbeit in Deutschland insgesamt organisiert ist. Es geht also um gewisse äußere Rahmenbedingungen, welche die Soziale Arbeit strukturieren und dadurch eine Umwelt für die einzelnen Organisationen bilden. Gleichzeitig geht es auch um das Verhältnis von Organisationen der Sozialen Arbeit zueinander. Da die Soziale Arbeit mittlerweile in sehr weiten Bereichen des Lebens von Menschen tätig ist, was an der Vielzahl ihrer Handlungsfelder abzulesen ist (Thole 2012a: 25 ff.), soll in diesem Kapitel nicht der Versuch unternommen werden, deren Organisiertheit in Gänze darzustellen. Daher wird beispielhaft zumeist auf die Kinder- und Jugendhilfe zurückgegriffen, dem umfangreichsten Tätigkeitsbereich der Sozialen Arbeit. Einige andere Bereiche, die durchaus auch anders organisiert sein können, da sie z.T. auch an andere gesellschaftliche Aufgaben geknüpft sind (z.B. dem Bereich der Gesundheit), werden hier also nicht abgebildet.

Die Darstellung der Organisation der Sozialen Arbeit in diesem Kapitel gliedert sich in drei Ebenen. Zunächst wird die Bundesebene als weitreichendste in den Blick genommen (Kap. 3.1). Die zweite Ebene ist die der Bundesländer (Kap. 3.2) gefolgt von den Kommunen als dritte Ebene (Kap. 3.3). Bei der folgenden Darstellung dürfte an einigen Stellen auch immer wieder deutlich werden, dass die einzelnen Organe (Bund, Land sowie die kommunale Verwaltung) niemals losgelöst von der jeweiligen Sozialpolitik gedacht werden können. Vielmehr erhalten diese Organe Auftrag und Richtung aus den jeweiligen Diskussionen und Debatten in der Sozialpolitik. Ebenso darf nicht vergessen werden, dass einige Organisationen, die Soziale Arbeit anbieten, gleichfalls Akteure in der Sozialpolitik sind.

3.1 Die Organisation der Sozialen Arbeit auf Bundesebene

Die Bundesregierung und deren einzelne Organe, z.B. die Bundesministerien, stellen selbst keine direkten sozialen Dienstleistungen in Form Sozialer Arbeit zur Verfügung. Dies ergibt sich aus dem Prinzip des Föderalismus, nach dem die Bundesrepublik Deutschland aufgebaut ist. Demnach liegt die Gesamtverantwortung für die Erbringung von Leistungen der Sozialen Arbeit vorwiegend auf kommunaler Ebene (Flösser und Oechler 2010: 61). Der Bund kann daher lediglich Vorhaben fördern, die von den einzelnen Bundesländern nicht ausreichend und selbstständig bearbeitet werden können (Bettmer 2012: 797). Gleichwohl übt die Bundesregierung einen hohen Einfluss darauf aus, in welchem Umfang und in welcher Form Soziale Arbeit in Deutschland angeboten wird. Auf Bundesebene wird Soziale Arbeit *angeregt und gefördert*, es werden *Gesetze* diskutiert und erlassen sowie Informationen gesammelt und bereitgestellt, dies geschieht in Form eines *Kinder- und Jugendberichts*. Außerdem existiert das *Bundesjugendkuratorium*, ein Beratungsgremium für die Bundesregierung (Rätz et al. 2014: 185 ff.).

Anregung und Förderung durch die Bundesregierung

Die Bundesregierung kann durch die Bereitstellung von Mitteln für die Bearbeitung bestimmter Themen oder Phänomene lenkend in die bundesweite Landschaft der Sozialen Arbeit eingreifen, in dem sie dadurch Schwerpunkte für die Soziale Arbeit setzt. Diese Mittel stehen den verschiedenen Anbietern Sozialer Arbeit für Projekte nur zur Verfügung, wenn sie die damit verbundenen Themen und Phänomene bearbeiten wollen. Sie müssen in der Regel mit einer Projektkonzeptionsplanung beantragt werden. Im Rahmen der Kinder- und Jugendhilfe geschieht dies mit dem Kinder- und Jugendplan des Bundes (Rätz et al. 2014: 186 f.). Im Leitbild für den Kinder- und Jugendplan werden sogenannte „Leitziele“ benannt: Persönlichkeitsentwicklung, Chancengerechtigkeit, Beteiligung und Teilhabe, die Förderung demokratischer und rechtsstaatlicher Werte, Schutz von Kindern und Jugendlichen, Unterstützung internationaler Begegnungen, aber auch Qualitätsentwicklung sowie die Entwicklung innovativer Konzepte. Dabei geht es u.a. um politische, soziale und kulturelle Bildung, Kinder- und Jugendverbandsarbeit, Jugendsozialarbeit, Gleichstellung der Geschlechter, Integrationsmaßnahmen und Teilhabeangebote, die Förderung von Kindern in Tageseinrichtungen und Tagespflege sowie Hilfen für junge Menschen und ihre Familien (BMFSFJ 2016). Über die Bereitstellung von Mitteln für vorab bestimmte Zwecke wird der Versuch unternommen, Soziale Arbeit jenseits gesetzlicher Bestimmungen zu steuern.

Zusätzlich zum Kinder- und Jugendplan kann die Bundesregierung weitere Programme, zumeist mit zeitlich begrenzten Laufzeiten, ins Leben rufen, die u.a. auch die Soziale Arbeit ansprechen können; beispielsweise das Programm „Demokratie leben! Aktiv gegen Rechtsextremismus, Gewalt und Menschenfeindlichkeit" (BMFSFJ 2015), welches von 2015 bis 2019 angeboten wurde. Im Jahr 2016 stellte der Bund für dieses Programm insgesamt 50,5 Millionen Euro zur Verfügung. Gefördert werden konnten durch dieses Programm Initiativen und Vereine, lokale „Partnerschaften für Demokratie", Demokratiezentren, innovative Modellprojekte, bundesweite Träger und Radikalisierungsprävention, die sich „für Demokratie und gegen Menschenfeindlichkeit einsetzen" (BMFSFJ 2015).

Gesetzgebung durch die Bundesregierung, den Bundestag und den Bundesrat

Die Bundesregierung kann Gesetze entwerfen und in den Bundestag und den Bundesrat einbringen. Letztere können diese Gesetze erlassen, welche u.a. einen Rahmen für viele Leistungen der Sozialen Arbeit darstellen. So stellt das Achte Sozialgesetzbuch (SGB VIII) den gesetzlichen Rahmen für die Kinder- und Jugendhilfe dar, welches 1990 in den neuen und 1991 in den alten Bundesländern in Kraft trat und das zuvor geltende Jugendwohlfahrtsgesetz ablöste (Struck 2016: 666 f.). Neben dem SGB VIII existieren weitere Sozialgesetzbücher, die sich mehr oder weniger direkt auf die Soziale Arbeit beziehen, insbesondere das SGB IX (Rehabilitation und Teilhabe behinderter Menschen) (für eine Übersicht siehe Kievel und Lehmann-Franßen 2012). Neben den Sozialgesetzbüchern bestehen weitere Gesetze, die Richtlinien für die Soziale Arbeit enthalten können, so z.B. das Bürgerliche Gesetzbuch (BGB), das Gesetz über das Verfahren in Familiensachen und in den Angelegenheiten der freiwilligen Gerichtsbarkeit (FamFG) oder das Jugendgerichtsgesetz (JGG) (Oberloskamp 2012). Diese Gesetze sind nicht statisch, sondern können auf der Bundesebene verändert oder ergänzt werden (Struck 2016: 667).

Alle oben genannten Gesetze bilden einen Rahmen, innerhalb dessen sich die Soziale Arbeit bewegt, wenn sich deren Angebot auf Leistungen bezieht, die in diesen Gesetzesrahmen geregelt werden. Dabei darf nicht vergessen werden, dass Soziale Arbeit durchaus mehr Aufgaben bearbeiten kann, als innerhalb von Gesetzen berücksichtigt werden. Die Gesetze legen u.a. fest, auf welche Leistungen Adressatinnen und Adressaten der Sozialen Arbeit einen rechtlichen Anspruch haben und welche Leistungen bzw. welcher Leistungsumfang im Ermessen der Leistungsträger liegen bzw. liegt. In einigen Fällen regeln die Gesetze auch das genaue Vorgehen von Fachkräften der Sozialen Arbeit, beispielsweise in Bezug auf Kindeswohlgefährdungen, in vielen anderen Bezügen sind die gesetzlichen Vorgaben unbestimmt und lassen damit die Professionalität der Fachkräfte gelten.

Kinder- und Jugendbericht

Das Bundesministerium für Familie, Senioren, Frauen und Jugend (BMFSFJ), welches u.a. für junge Menschen zuständig ist und damit einen direkten Bezug zur Sozialen Arbeit im Bereich der Kinder- und Jugendhilfe hat, lässt in einem Turnus von vier Jahren einen Kinder- und Jugendbericht von einem Gremium aus Expertinnen und Experten – einer unabhängigen Sachverständigenkommission – erstellen. Dieser Bericht wird zunächst dem Deutschen Bundestag vorgelegt und dort erstmalig veröffentlicht. Er dient auch der Bundesregierung als gesicherte Information zur Lage von Kindern und Jugendlichen und deren Familien in Deutschland sowie zur Situation der Kinder- und Jugendhilfe. Die Bundesregierung hat zu diesem Bericht Stellung zu beziehen und ihn mitsamt dieser Stellungnahme dem Bundestag und dem Bundesrat zu übermitteln (Deutscher Bundestag 2013: 4). Inhaltlich bezieht sich jeder dritte Kinder- und Jugendbericht auf die allgemeine Situation (zuletzt der bereits erwähnte 14. Kinder- und Jugendbericht von 2013), die beiden dazwischenliegenden Berichte hingegen auf ausgewählte Thematiken. Der 15. Kinder- und Jugendbericht von 2017 wurde zum Thema „Zwischen Freiräumen, Familie, Ganztagsschule und virtuellen Welten – Persönlichkeitsentwicklung und Bildungsanspruch im Jugendalter" erarbeitet (Deutscher Bundestag 2017). Die Kinder- und Jugendberichte dienen mit ihrem Informationsgehalt und konkreten Entwicklungsvorschlägen der Bundesregierung sowie den politischen Gremien zur Weiterentwicklung der Kinder- und Jugendhilfe (Deutscher Bundestag 2013: 34).

Bundesjugendkuratorium

Das Bundesjugendkuratorium hat gegenüber dem alle vier Jahre erscheinenden Kinder- und Jugendbericht eine fortlaufende beratende Funktion für die Bundesregierung bezüglich der Entwicklung der Kinder- und Jugendhilfe und Kinder- und Jugendpolitik. Das Bundesjugendkuratorium ist ein Sachverständigengremium mit bis zu 15 Vertreterinnen und Vertretern aus Verbänden, Wissenschaft, Politik und Verwaltung. Die Beratung der Regierung erfolgt durch die Bereitstellung von Stellungnahmen oder Positionspapieren (Rätz et al. 2014: 186; Bundesjugendkuratorium 2016).

3.2 Die Organisation der Sozialen Arbeit auf Landesebene

Auf der Ebene der einzelnen Bundesländer existieren oberste Landesjugendbehörden, die z.T. Bestandteil von Landesministerien sind. Diese Behörden haben anregende, fördernde, unterstützende und beratende Funktionen. Ihr Ziel ist eine Weiterentwicklung und ein gleichmäßiger Ausbau der Kinder- und Jugendhilfe. Die oberste Landesjugendbehörde kann Gesetzesentwürfe formulieren und Landesjugendpläne entwerfen, die die finanzielle Förderung der Kinder- und Jugendhilfe ausgestalten. Diese gehen in die jeweiligen politischen Gremien des Landes zur Beratung und Abstimmung ein (Rätz et al. 2014: 188). In den Landtagen der einzelnen Bundesländer können z.B. Ausführungsgesetze zum SGB VIII verabschiedet werden. Diese dürfen die Bestimmungen des SGB VIII nicht verändern oder verletzen, können bestimmte Bereiche jedoch konkretisieren. Ähnlich wie auf Bundesebene werden in einzelnen Bundesländern auch Landesjugendberichte erstellt.

Des Weiteren existieren in fast allen Bundesländern Landesjugendämter als überörtliche Jugendhilfeträger (in NRW sogar zwei), die aus der Verwaltung und einem Landesjugendhilfeausschuss bestehen (Kap. 4.1.1 inkl. weiterer Hinweise zum Jugendhilfeausschuss). Die Aufgabe der Landesjugendämter ist die Beratung der örtlichen Träger, die Förderung der Kooperation verschiedener Träger, die Durchführung und Förderung von Modellvorhaben, die Fortbildung von Fachkräften der Kinder- und Jugendhilfe, die Aufsicht über stationäre und teilstationäre Einrichtungen der Kinder- und Jugendhilfe sowie die Erlaubniserteilung bei Vormundschaften, Pfleg- und Beistandschaften (Rätz et al. 2014: 188 f.; Jordan et al. 2012: 302 ff.; Bettmer 2012: 796 f.).

Auf Landesebene bestehen also ähnlich wie auf der Bundesebene verschiedene Möglichkeiten, steuernd auf die Soziale Arbeit einzuwirken und damit deren Organisation zu beeinflussen: gesetzliche Rahmenbedingungen, finanzielle Schwerpunktsetzung sowie die Bereitstellung von Informationen.

3.3 Die Organisation der Sozialen Arbeit auf kommunaler Ebene

Auf der kommunalen Ebene von Städten und Kreisen ist die Verantwortung für die Ausgestaltung der rechtlich gerahmten Angebote und Dienste der Sozialen Arbeit verankert. Der Öffentliche örtliche Träger[9] ist sowohl für die Finanzierung als auch für die Organisation der Leistungen verantwortlich

9 Zum Begriff „Träger" siehe ausführlich Kapitel 4. Zum kurzfristigen Verständnis an dieser Stelle reicht es aus, unter einem Träger eine Organisation zu verstehen, die Soziale Arbeit anbietet und durchführt. Die Schreibweise „Öffentlicher Träger" soll zum Ausdruck brin-

(Flösser und Oechler 2010: 63). Dies bedeutet jedoch nicht, dass der Öffentliche Träger, also die jeweiligen Stadt- bzw. Kreisverwaltungen, sämtliche Leistungen der Sozialen Arbeit selber anbieten und durchführen müssen. Neben dem örtlichen Träger existieren in jeder Kommune verschiedene Freie Träger (ausführlich dazu Kap. 4), die Angebote der Sozialen Arbeit durchführen. Gemäß sozialstaatlich verankertem Subsidiaritätsprinzip ist es vielmehr die Aufgabe der Kommune, die Leistungen der Sozialen Arbeit zu unterstützen und zu koordinieren und erst dann, wenn keine Freien Träger bestimmte rechtlich vorgegebene Leistungen der Sozialen Arbeit anbieten, ist die Kommune selbst gefordert, diese anzubieten.

Subsidiaritätsprinzip: Gemäß dem Subsidiaritätsprinzip hat die kleinere Einheit Vorrang vor der größeren Einheit. Mit diesem Prinzip wird versucht, ein Gleichgewicht zwischen Individuen und Gesellschaft bzw. Staat herzustellen. Erst, wenn sich Individuen oder kleinere Gruppen wie Familien nicht mehr selbst helfen können, obliegt es der jeweils größeren Einheit, also Trägern der Sozialen Arbeit, darüber Kommunen, Land und schließlich der Bund, helfend einzugreifen. Damit wird einerseits dem Individuum mit seiner Individualität Rechnung getragen, indem es vor überschnellen Eingriffen seitens des Staates geschützt wird, andererseits wird diesem Hilfe gewährt, sobald dies notwendig ist. Mit dem Subsidiaritätsprinzip wird also auch die Pluralität der Lebensformen anerkannt und geschützt (Bettmer 2012: 797; Höfer 2007; Sachße 2005; Flösser und Oechler 2010: 54 ff.; Boecker 2015: 36 ff.; Kap. 4).

Für die Soziale Arbeit wird entlang des Subsidiaritätsprinzips nicht nur das Verhältnis von Adressatinnen und Adressaten zum Staat bzw. den Trägern der Sozialen Arbeit bestimmt, sondern auch das Verhältnis zwischen Bundes-, Landes- und kommunalen Behörden sowie Freien Trägern (hier in einem absteigenden Verhältnis ihrer Einheitengröße). Freie Träger haben mit ihren Angeboten der Sozialen Arbeit somit Vorrang vor Kommunen. Dieses Verhältnis wird im folgenden Kapitel 4 ausführlich dargestellt. Hier wird nun der Blick auf einige zentrale Elemente der Organisation der Sozialen Arbeit bzw. der Kinder- und Jugendhilfe auf der kommunalen Ebene gerichtet. Dies sind das Jugendamt, das sozialrechtliche Dreiecksverhältnis sowie in Form eines Ausblicks auf die nachfolgenden Kapitel 4 und 5 einige erste Hinweise zum Zusammenspiel von Öffentlichen und Freien Trägern.

gen, dass es sich dabei genauso wie bei den „Freien Trägern" hier um einen feststehenden Begriff handelt.

Das Jugendamt

Jede Kommune ist verpflichtet, für die Bearbeitung der Aufgaben im Rahmen der im SGB VIII verankerten Kinder- und Jugendhilfe ein Jugendamt einzurichten (§ 69 ff. SGB VIII). In der Realität können die mit diesen Aufgaben betreuten Organisationseinheiten der kommunalen Verwaltung durchaus unterschiedliche Bezeichnungen tragen, die von dem Begriff „Jugendamt" abweichen können. Ein Teil des Jugendamtes ist Teil der bürokratischen Organisation der kommunalen Verwaltung. Diese Organisation ist hierarchisch aufgebaut. Ein anderer Teil ist der Jugendhilfeausschuss oder auch der Kinder- und Jugendhilfeausschuss. Er ist zwar Teil der zweigliedrigen Behörde Jugendamt, aber nicht in die Verwaltungshierarchie eingegliedert (Abb. 2).

Eine kommunale Verwaltung ist vertikal hierarchisch in verschiedene Abteilungen gegliedert, die inhaltlich in einem Zusammenhang stehen. Horizontal sind sie gleichberechtigt geordnet (mit Ausnahme des Kinder- und Jugendhilfeausschusses im Verhältnis zur Amtsleitung des Jugendamtes, siehe unten) und bearbeiten arbeitsteilig zunächst verschiedene Aufgaben, die jedoch zur Verfolgung gemeinsam geteilter Ziele einer Kommune von den jeweiligen vorgesetzten Einheiten der Organisation koordiniert werden müssen (dazu die Organisationstheorien in Kap. 2). An der Spitze der kommunalen Verwaltung steht der Verwaltungsvorstand in Form einer Oberbürgermeisterin oder eines -bürgermeisters, darunter ist die Verwaltung in verschiedene Dezernate gegliedert, denen jeweils eine Person (Dezernentin oder Dezernent) vorsteht und welches verschiedene Stadtämter bündelt. So kann beispielsweise das Jugendamt gemeinsam mit dem Sozialamt und dem Amt für Integration zu einem Dezernat „Jugend und Soziales" gehören, wie in Abbildung 2 dargestellt.

Wie eine kommunale Verwaltung organisiert ist, d.h., mit welchen anderen Organisationseinheiten beispielsweise das Jugendamt zu einem Dezernat zusammengefasst wird, bleibt einer Kommune selbst überlassen. Ebenso ist die Kommune selbst für die Organisation des Jugendamtes allein verantwortlich. Die Struktur, die in Abbildung 2 unterhalb der Amtsleitung des Jugendamtes abgebildet ist, kann also nur als eine von vielen Möglichkeiten betrachtet werden.[10] Rechtlich ist jedoch jeweils vorgesehen, dass in jedem Jugendamt neben der Verwaltungseinheit mit einer Amtsleitung auch ein Kinder- und Jugendhilfeausschuss existiert (§ 71 SGB VIII), dem aufgrund seiner weitergehenden Aufgaben und Rechte im Vergleich zu anderen Ausschüssen eine Art von „Sonderrolle" zukommt (Marquard und Trede 2018: 121).

10 An dieser Stelle wird gar nicht berücksichtigt, dass viele kommunale Verwaltungen sogenannte Eigenbetriebe aus der Verwaltung und damit aus dem öffentlichen Haushalt ausgliedern, z.B. Energiebetriebe oder eben auch die Kindertagesbetreuung.

Abbildung 2: Zweigliedriges Jugendamt in der Organisation einer kommunalen Verwaltung (Beispiel)

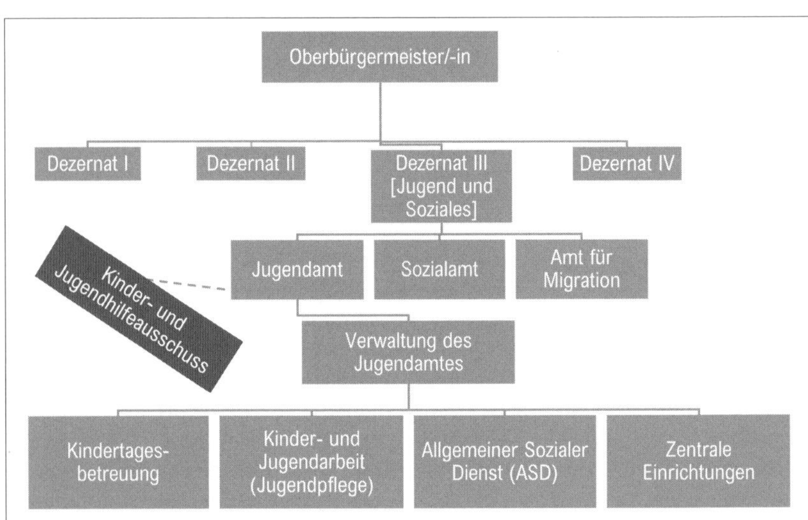

Quelle: eigene Darstellung nach Jordan et al. (2012: 309); Rätz et al. (2014: 192) sowie Landes und Keil (2012: 35)

Zusammen mit dem Kinder- und Jugendhilfeausschuss ist also jedes Jugendamt zweigliedrig aufgebaut. Neben dem Verwaltungsteil des Jugendamtes, dem die Amtsleitung vorsteht, existiert mit dem Kinder- und Jugendhilfeausschuss ein politisches Gremium. Dieses Gremium kann im Rahmen der von der Vertretungskörperschaft (z.B. Stadtrat) erlassenen Satzung Beschlüsse fassen, die für den Verwaltungsteil des Jugendamtes bindend sind (Marquard 2016: 693). Der Kinder- und Jugendhilfeausschuss ist also der Amtsleitung übergeordnet (Jordan et al. 2012: 305 ff.). Drei Fünftel des Kinder- und Jugendhilfeausschusses besteht aus Mitgliedern der Vertretungskörperschaft oder von gewählten Personen, die in der Kinder- und Jugendhilfe erfahren sind. Die restlichen zwei Fünftel sind Personen, die von den Freien Trägern der Sozialen Arbeit (im Rahmen der Kinder- und Jugendhilfe) vorgeschlagen und durch die Vertretungskörperschaft gewählt wurden (§ 71 SGB VIII). Die genaue Anzahl an Mitgliedern im Kinder- und Jugendhilfeausschuss kann die jeweilige Kommune bzw. der Kreis selber festlegen, rechtlich bestimmt ist hingegen das zuvor genannte Verhältnis. Diese Zusammensetzung spiegelt erneut das oben dargelegte Subsidiaritätsprinzip wider (auch Kap. 5.2), indem die Freien Träger an politischen Entscheidungen, die sie betreffen, beteiligt werden und damit die Pluralität der Anbieter der Kinder- und Jugendhilfe in den Entscheidungsprozessen berücksichtigt werden soll. Inhaltlich beschäftigt sich der Kinder- und Jugendhilfeausschuss vorwiegend mit Fragen der Finanzierung der Kinder- und Jugendhilfe, deren Planung und Weiterentwicklung, der Förderung der freien Jugendhilfe und thematisiert die aktuelle Lage von Kindern, Jugend und Familien (Flösser und Oechler 2010: 65).

Der Verwaltungsteil des Jugendamtes ist, wie oben bereits beschrieben, dem Kinder- und Jugendhilfeausschuss untergeordnet. Gleichzeitig wird hier jedoch das Tagesgeschäft bewältigt, welches aktuelle Entscheidungen notwendig macht. Die Amtsleitung kann im Rahmen aktueller Situationen zunächst Entscheidungen treffen, langfristig ist sie jedoch ausführendes Organ des Kinder- und Jugendhilfeausschusses. Zur Verwaltung des Jugendamtes gehören verschiedene Abteilungen, die zumeist entlang der verschiedenen Aufgaben des Amtes organisiert sind (beispielhaft dazu Abb. 2). Da es den jeweiligen kommunalen Verwaltungen überlassen ist, wie sie sich organisieren, existiert eine Vielzahl differenziert organisierter Jugendämter, deren einzelne Abteilungen je unterschiedliche Aufgaben miteinander vereinen oder verschiedene Spezialdienste anbieten, die ausschließlich einer bestimmten Aufgabe nachgehen.

Die klassische Struktur von Jugendämtern entspricht einzelnen Aufgaben, d.h., Abteilungen haben eine spezifische Aufgabe. Jede Abteilung hat wiederum ihre eigene Organisation, die sich beispielsweise aus dem Alphabet bezogen auf die Namen der Adressatinnen und Adressaten oder aus einzelnen Einrichtungen in Stadtteilen, beispielsweise bei Kindertagestätten oder Jugendfreizeiteinrichtungen, ergibt. Im Rahmen einer Sozialraumorientierung der Sozialen Arbeit findet sich jedoch auch gerade in Großstädten eine Aufteilung in Sozialraumteams. In diesen Teams werden verschiedene Aufgaben des Jugendamtes zwar immer noch arbeitsteilig erledigt, jedoch dezentral und mit einer flacheren Hierarchie. Die Abteilungsleitung ist in diesem Fall für die gebündelten Aufgaben der Kinder- und Jugendhilfe in einem bestimmten Sozialraum zuständig und nicht mehr für eine spezifische Aufgabe im gesamten kommunalen Raum (Bettmer 2012; Jordan et al. 2012: 308 ff.; Landes und Keil 2012: 40). Dies soll den Vorteil haben, Hilfe vor Ort leisten zu können und die Belange der Menschen eines ganzen Sozialraums in die Gestaltung der Kinder- und Jugendhilfe einbeziehen zu können. Die einzelnen Aufgaben der Kinder- und Jugendhilfe können so spezifisch auf einen Sozialraum bezogen koordiniert werden.

Das sozialrechtliche Dreiecksverhältnis

Wie oben bereits beschrieben, ist es nicht Aufgabe des Öffentlichen Trägers der Kinder- und Jugendhilfe, alle in diesen Rahmen fallenden Hilfen und Angebote selbst anzubieten und durchzuführen. Freie Träger können diese Aufgaben übernehmen. Dem Jugendamt fällt u.a. auch die Aufgabe zu, Freie Träger diesbezüglich zu unterstützen (Bettmer 2012: 801). Ebenso beauftragt der Öffentliche Träger Freie Träger mit bestimmten Aufgaben. Im Rahmen der Hilfen zur Erziehung beispielsweise gewährt das Jugendamt diese Hilfen und finanziert sie auch, kann aber, sofern vorhanden, auf Angebote Freier Träger zurückgreifen und diese mit der Durchführung der Hilfen beauftragen. Anhand dieser beschriebenen Konstellation lässt sich das sozialrechtliche Dreieck erkennen (Abb. 3).

Abbildung 3: Sozialrechtliches Dreiecksverhältnis oder Sozialrechtliches Leistungsdreieck

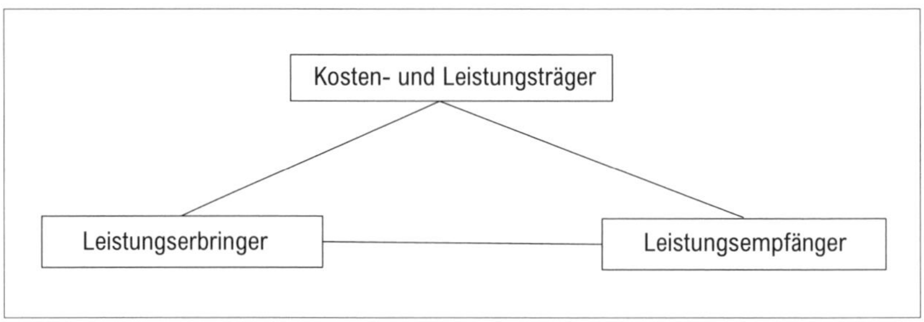

Quelle: eigene Darstellung in Anlehnung an von Boetticher und Münder (2011: 218)

Der Öffentliche Träger als Kosten- und Leistungsträger bezahlt in diesem sozialrechtlichen Dreiecksverhältnis für eine Leistung, die er nicht selber erhält, in unserem Beispiel eine Hilfe zur Erziehung. Leistungsberechtige und -empfänger sind Adressatinnen und Adressaten der Sozialen Arbeit, also junge Menschen bzw. deren Familien, bei denen in unserem Beispiel der Hilfen zur Erziehung „eine dem Wohl des Kindes entsprechende Erziehung nicht gewährleistet ist" (§ 27 SGB VIII). Diesen gegenüber gewährt der Kosten- und Leistungsträger die Hilfe, die vom Leistungserbringer, einem Freien Träger der Sozialen Arbeit, erbracht wird. Zwischen dem Leistungsträger und dem Leistungserbringer besteht eine Vereinbarung über die Erbringung von Leistungen.

Aus diesem Verhältnis können einige Schwierigkeiten hervorgehen. Der Leistungsträger, der die Leistung finanziert, hat möglicherweise wenig Einblick in die tatsächliche Dienstleistung. Daraus ergibt sich, dass viele Freie Träger ihre Leistungen gegenüber den Leistungsträgern mittlerweile dezidiert nachweisen müssen. Die Leistungsempfänger hingegen haben gegenüber dem Leistungserbringer möglicherweise eine schwache Position hinsichtlich der Mitsprache bezüglich der erforderlichen Dienstleistung, da sie entgegen einer üblichen Beauftragung einer Dienstleistung diese eben nicht selber bezahlen. In der Regel bestimmt in anderen Bereichen der bezahlende Auftraggeber in einem Dienstleistungsverhältnis über die Ausgestaltung der Leistung (denken Sie z.B. an einen Friseurbesuch). In dieser Dreieckskonstellation ist das komplizierter, da derjenige, der bezahlt – also der Öffentliche Träger –, nicht Leistungsempfänger ist, und diejenigen, die die Leistung erhalten, nicht dafür zahlen müssen. Vorteile dieses Dreiecksverhältnisses sind hingegen eine plurale Angebotsvielfalt bei den Leistungserbringern, aus denen theoretisch sowohl die Leistungsträger als auch die Leistungsempfänger auswählen können und ein passendes Verhältnis hergestellt werden kann. Zudem können die Kommunen als Leistungsträger Dienstleistungen nur im erforderlichen Falle in Auftrag geben. Sollten zeitweise keine Angebote erforderlich sein, fallen keine laufenden Kosten an.

Zusammenspiel von Öffentlichen und Freien Trägern

Das Verhältnis von Öffentlichen und Freien Trägern wird im folgenden Kapitel 4 näher beschrieben. Grundsätzlich ist es Aufgabe des Jugendamtes, die Kinder- und Jugendhilfe in der jeweiligen Kommune zu koordinieren und das Zusammenspiel von öffentlicher und freier Kinder- und Jugendhilfe zu organisieren. Dazu gehören u.a. die Organisation von Kommunikations-, Austausch- und Kooperationsmöglichkeiten sowie vertragliche Regelungen der Zusammenarbeit zwischen Öffentlichem Träger und Freien Trägern.

Aus der Organisation des Jugendamtes mit dem Kinder- und Jugendhilfeausschuss als dessen Bestandteil, in dem Freie Träger vertreten werden, aus dem sozialrechtlichen Dreiecksverhältnis, in dem Freie Träger als unverzichtbare Leistungserbringer der Sozialen Arbeit erscheinen und dem damit verbundenen Subsidiaritätsprinzip, welches Freien Trägern einen Vorrang einräumt, lässt sich erkennen, dass Freie Träger ein elementarer Bestandteil des deutschen Sozialstaats sind. Dies sind sie sowohl in Bezug auf die Erbringung von Leistungen der Sozialen Arbeit als auch im Rahmen sozialpolitischer Prozesse. Damit sind sie als gesellschaftliche Organisationen in Politik und Staat inkorporiert. Daher wird der Begriff des korporatistischen Wohlfahrtsstaats verwendet (Flösser und Oechler 2010). Hierauf wird auch im Kapitel 5 ausführlicher eingegangen.

Nachgefragt und zur Diskussion gestellt

1. Welche Aufgaben haben Bund, Länder und Kommunen bezüglich der Kinder- und Jugendhilfe?
2. Wie stehen die Ebenen des Bundes, der Länder und der Kommunen im Rahmen der Kinder- und Jugendhilfe zueinander?
3. In welchem Verhältnis stehen sich Öffentliche und Freie Träger gegenüber?
4. Diskutieren Sie, wie mit den Vor- und Nachteilen des sozialrechtlichen Dreiecksverhältnisses in der Praxis umgegangen werden sollte.

Weiterführende Literatur

Boetticher, Arne von/Münder, Johannes (2011): Rechtliche Fragen sozialer Dienste – zentrale Entwicklungen und Eckpunkte der Diskussion. In: Evers, A./Heinze, R.G./Olk, T. (Hrsg.): Handbuch Soziale Dienste. Wiesbaden: VS Verlag für Sozialwissenschaften, S. 206–225.

Bettmer, Franz (2012): Die öffentlichen Träger der Sozialen Arbeit. In: Thole, W. (Hrsg.): Grundriss Soziale Arbeit. Ein einführendes Handbuch. 4. Aufl. Wiesbaden: VS Verlag für Sozialwissenschaften, S. 795–812.

Jordan, Erwin/Maykus, Stephan/Stuckstätte, Eva C. (2012): Kinder- und Jugendhilfe. Einführung in Geschichte und Handlungsfelder, Organisationsformen und gesellschaftliche Problemlagen. 3. Aufl. Weinheim, Basel: Beltz Juventa.

Rätz, Regina/Schröer, Wolfgang/Wolff, Mechthild (2014): Lehrbuch Kinder- und Jugendhilfe. Grundlagen, Handlungsfelder, Strukturen und Perspektiven. 2. Aufl. Weinheim: Beltz.

4. Träger und Verbände

Zielsetzungen des Kapitels

— Die zentrale Bedeutung von Trägern für die Organisation und das Funktionieren der Sozialen Arbeit sind bekannt.

— Die unterschiedlichen Aufgabendimensionen von Trägern – Verantwortung für das Angebot, Finanzierungsverantwortung und Leistungserbringung – können benannt und für Trägergruppen erläutert werden.

— Die unterschiedlichen Strukturen von Öffentlichen und Freien Trägern können – gerne auch anhand von eigenen Beispielen – erläutert werden.

— Die Funktion und Rolle von Verbänden für die Organisation der Sozialen Arbeit können in Abgrenzung zu den Trägern dargestellt werden.

Im Folgenden wird auf Träger und Verbände der Sozialen Arbeit als zentrale Organisationsformen eingegangen. Sie sind in entscheidender Weise für das Funktionieren der Sozialen Arbeit vor dem Hintergrund sich ständig verändernder Bedarfslagen sowie sich im Wandel befindlicher gesellschaftlicher und politischer Rahmenbedingungen mit zuständig. Als Definition können wir für die weitere Lektüre zunächst einmal festhalten:

„Träger" der Sozialen Arbeit erfüllen sozialarbeiterische und sozialpädagogische Aufgaben, erbringen Sozialleistungen und/oder halten entsprechende Angebote vor. Es handelt sich in der Regel um Rechtspersonen. Das können einerseits Gebietskörperschaften – also Gemeinden, Städte oder auch Kreise – oder andererseits auch Vereine, Genossenschaften sowie Kapital- und Personengesellschaften sein. Grundsätzlich tragen sie die Verantwortung für Dienste und Einrichtungen bezogen auf Fachlichkeit, Finanzen und (Fach-)Personal, wenngleich sich das für die Öffentlichen und Freien Träger jeweils etwas anders darstellt. Ein Träger setzt für einen bestimmten Zweck im Kontext der Sozialen Arbeit personelle Ressourcen ein und verantwortet die Finanzen für die Leistungserbringung. Darüber hinaus ist der Träger auch dafür verantwortlich, dass fachliche Standards (z.B. das Fachkräftegebot) eingehalten werden (Nikles 2008: 28 f.; Pluto und Seckinger 2013: 267 f.).

Damit gestalten die Träger und Verbände maßgeblich die institutionalisierte Soziale Arbeit mit und entwickeln sie weiter, wie in Kapitel 5 zum Korporatismus und dem daraus ableitbaren Subsidiaritätsprinzip verdeutlicht wird. Doch auch die Institutionalisierungsprozesse für die Soziale Arbeit haben Auswirkungen auf Träger und Verbände in den einzelnen Praxisfeldern der Sozialen Arbeit. Das allein ist schon Grund genug, sich im Folgenden mit den Trägerstrukturen und den Verbänden in zwei Abschnitten zu beschäftigen. In einem ersten Teil wird die Dualität von Öffentlichen und Freien Trägern in den Blick genommen (Kap. 4.1). In einem knapp bemessenen zweiten Teil wird auf die Sonderstellung und die Aufgaben von Verbänden in der Sozialen Arbeit eingegangen (Kap. 4.2).

4.1 Öffentliche und Freie Träger

Das Spektrum der Träger der Sozialen Arbeit ist nicht nur – wie noch zu zeigen sein wird – vielfältig, sondern auch ständig in Bewegung und in Veränderungsprozesse involviert. Doch es gibt allein aufgrund der Sozialgesetzgebung auch Konstanten in den Strukturen. Hierzu gehört die Unterscheidung zwischen Öffentlichen und Freien Trägern (z.B. Kreft 2013a: 975 ff.) und innerhalb der Freien Träger noch einmal zwischen freigemeinnützigen und privatgewerblichen Trägern (Abb. 4). Hierauf ist in Kapitel 3 bereits eingegangen worden, aber im Folgenden sollen diese beiden Sektoren aufgrund ihrer Bedeutung für die Architektur der Sozialen Arbeit näher betrachtet werden, zunächst die Öffentlichen Träger (Kap. 4.1.1) und im Anschluss daran die Freien Träger (Kap. 4.1.2).

Abbildung 4: Träger von Diensten und Einrichtungen der Sozialen Arbeit

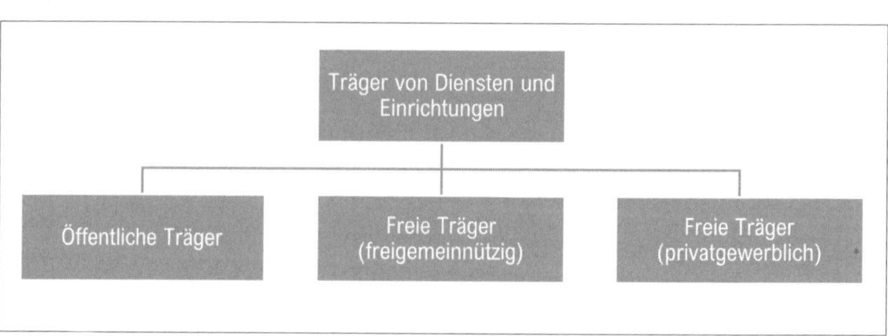

Quelle: eigene Darstellung

4.1.1 *Öffentliche Träger*

Aus der sogenannten „Sozialstaatsklausel" in Artikel 20 des Grundgesetzes lässt sich die besondere Verantwortung der „Öffentlichen Hand" für den Sozialstaat ableiten. Hieraus ergibt sich für den Staat und die Kommunen eine Verpflichtung mit Blick auf die Organisationen der Sozialen Arbeit sowie die Ausgestaltung ihrer Strukturen und Leistungen bis hin zu einer Planungsverantwortung für zentrale Praxisfelder. Der öffentliche Sektor ist darüber hinaus – wenn auch in den einzelnen Praxisfeldern nicht jeweils in gleicher Art und Weise – Leistungserbringer und Kostenträger für die Soziale Arbeit. Zu diesem „Öffentlichen Sektor" gehören die einzelnen Gebietskörperschaften wie Bund, Länder und Gemeinden als kommunale Träger, aber auch die Sozialversicherungen als staatliche Träger sowie sonstige Körperschaften des öffentlichen Rechts.

Drei zentrale Aufgabendimensionen werden somit für die Öffentlichen Träger im Feld der Sozialen Arbeit deutlich, und zwar die Gesamtverantwortung, die Kostenträgerschaft und die Leistungserbringung. Dies soll im Folgenden jeweils veranschaulicht werden. Dabei wird berücksichtigt, dass ein Großteil der Dienste und Einrichtungen der Sozialen Arbeit mit ihren nicht monetären Leistungen auf der kommunalen Ebene organisiert wird (auch Bieker 2011: 19 ff.):

- *Gesamtverantwortung:* Sieht man einmal davon ab, dass in unserem Grundgesetz das „Sozialstaatsgebot" verankert ist und diesem alle staatlichen Ebenen verpflichtet sind, haben die Öffentlichen Träger auf der kommunalen Ebene für die Organisation der Sozialen Arbeit eine besondere Bedeutung. Man kann sie sicherlich in Anlehnung an Bettmer (2012: 795) als ‚lebenswichtige Organe des Sozialstaats' bezeichnen. Sie sind in Bereichen wie der Sozial- sowie der Kinder- und Jugendhilfe für die Umsetzung der Gesetzgebung und deren praktische Ausgestaltung auf der örtlichen Ebene verantwortlich und üben dabei auch hoheitliche Funktionen aus.
  Für die Kinder- und Jugendhilfe lässt sich dies gut illustrieren, denkt man einerseits an das staatliche Wächteramt für das Wohl von Kindern und Jugendlichen sowie andererseits an die Gesamtverantwortung des Öffentlichen Trägers für die Erfüllung der Aufgaben im sogenannten „Kinder- und Jugendhilfegesetz", im Folgenden SGB VIII, und für seine Erfüllung. Dies formuliert Reinhard Wiesner in der Kommentierung zum entsprechenden § 79 SGB VIII folgendermaßen:

  „Die Vorschrift weist den Trägern der öff. JHilfe die Gesamtverantwortung im Sinne einer Letztverantwortung gegenüber den Leistungsberechtigten für die Erfüllung der gesetzlich geregelten Aufgaben der JHilfe zu (...). Sie weist ihnen eine (strukturelle) „Garantenstellung" im Hinblick auf die tatsächliche Verfügbarkeit der notwendigen Einrichtungen, Dienste und Veranstaltungen zu (...) und verpflichtet sie, die für die Erfüllung der Aufgaben (...) zuständigen Organisationseinheiten ausreichend auszustatten“ (Wiesner 2015: 1402).

- *Kostenträgerschaft:* Bleibt man beim Beispiel der Kinder- und Jugendhilfe, so lässt sich an diesem Praxisfeld der Sozialen Arbeit auch die besondere Bedeutung der Öffentlichen Träger als Kostenträger verdeutlichen. Auch hierzu lohnt ein Blick in das SGB VIII und in die Kommentierung zum § 79 SGB VIII. Hier heißt es zum Stichwort „Finanzierungsverantwortung“:

  „Aus der Gesamtverantwortung folgt die Pflicht, die für die Erfüllung der Aufgaben notwendigen Finanzmittel bereit zu stellen. Die Träger der öff. JHilfe müssen ihr im Rahmen ihrer Personal-, Organisations- und Finanzhoheit gerecht werden“ (Wiesner 2015: 1404).

  Für Leistungen und Strukturen der Kinder- und Jugendhilfe bedeutet dies nach Angaben der amtlichen Kinder- und Jugendhilfestatistik mittlerweile immerhin jährliche Ausgaben in Höhe von rund 51,0 Milliarden Euro durch die öffentlichen Gebietskörperschaften – Tendenz seit Ende der 2000er-Jahre kontinuierlich steigend (auch AKJ^{Stat} 2017: 15 ff.; Pothmann 2019). Lediglich 68% dieser finanziellen Aufwendungen müssen seitens der Gemeinden und Gemeindeverbände, also von der kommunalen Ebene getragen werden, etwa 29% entfallen auf die Länder und lediglich 3% auf die Bundesebene inklusive des vom Bund eingesetzten Sondervermögens für den Ausbau der öffentlich organisierten Kindertagesbetreuung für unter 3-Jährige (Schilling 2018: 36). Dies verdeutlicht die besondere Bedeutung der kommunalen Ebene bei der Organisation der Sozialen Arbeit durch die Öffentlichen Träger.

- *Leistungserbringer:* In der Kinder- und Jugendhilfe befinden sich Dienste und Einrichtungen sowohl in Freier als auch in Öffentlicher Trägerschaft. So ist für Deutschland insgesamt zu konstatieren, dass sich das Verhältnis der beiden Trägergruppen insbesondere in den 1990er-Jahren deutlich verschoben hat. Dies zeigt sich sowohl mit Blick auf die Einrichtungen als auch vor allem hinsichtlich der hier tätigen Personen. Der Blick in die Statistik zeigt folgende Verteilungen:

  „So lag der Anteil der Einrichtungen der Kinder- und Jugendhilfe in öffentlicher Trägerschaft 1990/91 noch bei knapp 48% sowie der der freien Träger entsprechend bei etwas mehr als 52%. Zum Zeitpunkt Ende 2010/Anfang 2011 ist der Anteil der Einrichtungen in freier Trägerschaft auf über 70% gestiegen. (...) Am Anfang der 1990er-Jahre sind zwischen 40% und 45% aller Beschäftigten bei freien Trägern angestellt. Dieses Verhältnis hat sich bis 2010/11 grundlegend verändert. Nunmehr arbeiten etwa

> 70% bei freien und ca. 30% bei öffentlichen Trägern, was nicht zuletzt die Relevanz „zivilgesellschaftlicher Akteure" für die Strukturen und Leistungen der Kinder- und Jugendhilfe unterstreicht" (AKJ^{Stat} 2014: 128).[11]

Es lässt sich also bis hierhin festhalten, dass die Öffentlichen Träger sicherlich auch Leistungserbringer sind, aber in der Organisation der Sozialen Arbeit eine besondere Bedeutung bezüglich einer Gesamtverantwortung und als Kostenträger haben. Vor diesem Hintergrund der zentralen Zuständigkeit für vor allem personenbezogene soziale Dienstleistungen in den Praxisfeldern der Kinder- und Jugendhilfe oder auch der Sozialhilfe lohnt ein Blick auf die kommunale Ebene der Öffentlichen Träger und deren Selbstverwaltung:

> „Hier folgt die Organisation (der Aufgaben der Sozialen Arbeit, HS/JP) dem föderalen Prinzip. In diesen beiden Bereichen (Kinder- und Jugendhilfe sowie Sozialhilfe, HS/JP) treten deshalb zunächst die Körperschaften der Kreise und kreisfreien Städte als öffentliche Träger auf. Sie werden auch als „örtliche Träger" bezeichnet und sind für die Organisation und Durchführung der konkreten Leistungen zuständig. Diese Aufgabenzuweisung folgt einer langen Tradition, Sozialleistungen kommunal zu organisieren" (Bettmer 2012: 796).

Auf der kommunalen Ebene sind verschiedene Ämter für die Aufgaben im Bereich der Sozialen Arbeit bei den bereits benannten Kreisen und kreisfreien Städten, aber mitunter auch bei Gemeinden zuständig. Auch sogenannte „höhere Kommunalverbände" müssen in diesem Zusammenhang genauso genannt werden wie kommunale Eigenbetriebe, die als Öffentliche Träger agieren (zusammenfassend Bieker 2011):

- Für die kommunale Ebene sind „Öffentliche Träger" der Sozialen Arbeit – in erster Linie historisch gewachsen – die Jugend- und Sozialämter, aber auch die Gesundheitsämter (z.B. Hammerschmidt 2011). Das sogenannte „Jobcenter" agiert seit 2005 mit der Zusammenlegung von Leistungen der Arbeitslosenhilfe und Sozialhilfe ebenfalls auf der kommunalen Ebene, stellt jedoch als relativ „junge" Organisationsform eine Besonderheit dar, da es in der Regel – Ausnahmen sind die sogenannten „Optionskommunen" – eine Mischform aus kommunalen und staatlichen Trägern darstellt (Kantel 2008: 110 ff., 123 ff.).

11 Dieses Verhältnis bei der Einrichtungsträgerschaft von 70% zu 30% zugunsten der Freien Träger hat sich auch laut des Kinder- und Jugendhilfereport 2018 nicht wesentlich verändert, sondern wird auf 71% beziffert (Schilling 2019: 27 f.). Ferner arbeitet Schilling (ebd.) heraus, dass der quantitative Bedeutungsgewinn der Freien Träger in der Kinder- und Jugendhilfe vor allem auf entsprechende Entwicklung in den ostdeutschen Ländern im Rahmen einer Angleichung an Strukturen in westdeutschen Ländern zurückzuführen ist.

- Für das Angebot von Einrichtungen und Diensten oder auch die Durchführung von Leistungen im Rahmen der Sozialen Arbeit haben Kommunen insbesondere seit den 1990er-Jahren zunehmend kommunale Eigenbetriebe bzw. privatrechtliche kommunale Gesellschaften gegründet, z.B. als GmbH oder auch gGmbH. Eine solche Konstruktion liegt vor, wenn öffentliche Gebietskörperschaften direkt oder auch indirekt mit mehr als der Hälfte am Betrieb oder der Gesellschaft beteiligt sind (Liebig 2011: 48).
- Zur sogenannten „kommunalen Familie" gehören auch Kommunalverbände oberhalb der örtlichen Ebene wie beispielsweise der Kommunalverband Jugend und Soziales für das Land Baden-Württemberg oder die beiden Landschaftsverbände Rheinland und Westfalen-Lippe für Nordrhein-Westfalen. Diese übernehmen ebenfalls Aufgaben im Rahmen der Sozialhilfe oder auch der Kinder- und Jugendhilfe. Als Organisationsformen dienen Landessozialämter bzw. Landesjugendämter. Dabei handelt es sich keineswegs stets um kommunale Träger. So sind die Landesjugendämter zum Teil kommunal, überwiegend aber staatlich verfasst und damit Teil der Landesverwaltung (ausführlicher z.B. Bettmer 2012: 796 f.).

4.1.2 Freie Träger

Bei den Freien Trägern handelt es sich um nicht staatliche oder auch private Organisationsformen. Sie sind gerade für die Bundesrepublik von zentraler Bedeutung für die Praxisfelder der Sozialen Arbeit. Auch die zentrale Stellung der Freien Träger leitet sich aus dem bereits im vorherigen Abschnitt benannten Artikel 20 des Grundgesetzes und dem dort verankerten „Sozialstaatsgebot" ab (1.1), aber darüber hinaus auch aus Regelungen des ebenfalls bereits erwähnten ersten Sozialgesetzbuches (SGB I). Dies besagt, dass Sozialleistungen generell sowie insbesondere für die Kinder- und Jugendhilfe, die Sozialhilfe und die Leistungen zur Rehabilitation und Teilhabe behinderter Menschen (§§ 27 ff. SGB I) von jeweils Öffentlichen und Freien Trägern erbracht werden sollen. Es ist somit für die Soziale Arbeit rechtlich kodifiziert,

> „,dass die öffentlichen Leistungsträger in partnerschaftlicher Zusammenarbeit mit gemeinnützigen und freien Einrichtungen darauf hinwirken, dass sie sich zum Wohle der Leistungsempfänger wirksam ergänzen" (Bauer et al. 2012: 813).

Freie Träger der Behindertenhilfe, Sozialhilfe sowie der Kinder- und Jugendhilfe sind vor diesem Hintergrund beispielsweise in den Bereichen Bildung und Beratung für grundsätzlich alle gesellschaftlichen Schichten, Milieus und Zielgruppen, in der Familienhilfe sowie der Hilfe und Unterstützung für Seniorinnen und Senioren, aber auch in der Hilfe für psychisch kranke Frauen und Männer sowie in der Krankenpflege tätig, auch wenn nicht alle gesellschaftlichen Schichten und Milieus gleichermaßen von den Angeboten angesprochen bzw. erreicht werden. Hinzu kommen u.a. Einrichtungen und Dienste im Bereich der Straffälligenhilfe, der Drogenhilfe oder auch berufsfördernde und -bildende Maßnahmen.

Die Finanzierung dieser Aufgaben erfolgt im Wesentlichen durch die „Öffentliche Hand" (Kap. 1.1) bzw. zu einem Teil auch über die Empfängerinnen und Empfänger von Leistungen, aber auch aus Eigenmitteln der Träger selber. Finanziell möglich gemacht werden die diversen Einrichtungen und Dienste also durch

a) Leistungsentgelte bzw. Pflegesätze, die im Wesentlichen durch die Öffentlichen Träger – beispielsweise im Falle der Hilfen zur Erziehung von den Jugendämtern oder im Falle der Eingliederungshilfen durch einen örtlichen bzw. überörtlichen Sozialhilfeträger – bezahlt werden,
b) staatliche Zuwendungen in Form von beispielsweise Betriebs- oder Investitionskostenzuschüssen,
c) Eigenmittel, die sich wiederum vor allem aus Mitgliederbeiträgen, Versicherungsbeiträgen, Spenden, Vermächtnissen, Bußgeldern, Stiftungsmitteln oder auch Lotterie- und Wohlfahrtsmarkenerlösen speisen.

Die Freien Träger der Sozialen Arbeit befinden sich auch vor dem Hintergrund der hier nur grob angedeuteten und sich in der Praxis auch nicht immer eindeutig zu trennenden Finanzierungsstrukturen in einem Spannungsfeld zwischen Abhängigkeit und Eigenständigkeit. Einerseits sind die Freien Träger mit ihren Diensten und Einrichtungen abhängig von der Finanzierung aus öffentlichen Mitteln. Andererseits sind die Freien Träger allein mit Blick auf die dargestellten rechtlichen Ausgangsbedingungen eine für sich genommen tragende Säule für die Strukturen und das Funktionieren der Sozialen Arbeit. Dies ergibt sich insbesondere aus dem im Kapitel 5 näher zu betrachtenden Subsidiaritätsprinzip und den gültigen korporatistischen Strukturen.

Dieses Spannungsverhältnis zwischen Eigenständigkeit und Abhängigkeit ist für Freie Träger folgenreich. Die von Freien Trägern unterhaltenen bzw. erbrachten Einrichtungen und Dienste werden eben nicht in einem in anderen Bereichen üblichen marktkonformen Verhältnis von Auftragnehmer und Auftraggeber geleistet, sondern vielmehr agieren grundsätzlich die Freien Träger subsidiär in einem korporatistischen Ordnungsrahmen (Kap. 5). Freie Träger sollten daher stets als eigenständige Organisationen und zivilgesellschaftliche Akteure einer pluralistischen Gesellschaft betrachtet werden. Sie stehen jeweils für bestimmte Wertvorstellungen, Weltanschauungen oder auch Religionen und ihren Konfessionen. Die Freien Träger halten diese Spannungen zwischen Abhängigkeit und Autonomie strukturell aus und gleichen sie im Rahmen ihrer Möglichkeiten aus. Reinhard Wiesner hat dies für die Freien

Träger in seinem Rechtskommentar zum SGB VIII für die Kinder- und Jugendhilfe auch als

> „Selbstständigkeit nach außen und nach innen (bezeichnet, HS/JP). Zu achten ist sowohl die Selbständigkeit des Trägers der freien JHilfe in der Betätigung nach außen (Zielsetzung und Durchführung der Aufgabe) wie nach innen (Gestaltung der Organisationsstruktur)" (Wiesner 2015: 114).

Dabei sind die Träger von Einrichtungen und Diensten der Sozialen Arbeit vielfach Mitglieder in Verbänden (Kap. 4.2). Davon wiederum lässt sich eine große Anzahl der Freien Träger den sogenannten „Wohlfahrtsverbänden" zuordnen, die wiederum in der sogenannten „Bundesarbeitsgemeinschaft der Freien Wohlfahrtspflege" (BAGFW) zusammengeschlossen sind (ausführlich Boeßenecker und Vilain 2013: 36). Die Wohlfahrtsverbände verstehen sich nicht – wie schon einmal angedeutet – als reine Leistungserbringer, sondern zumindest auch als Agenturen mit bestimmten unterschiedlichen Werthaltungen, die einen gesellschaftlichen Auftrag haben, einen Beitrag für die Herstellung und die Reproduktion des Gemeinwohls zu leisten (Liebig 2011: 48 f.) und dabei auch verbandliche Aufgaben wahrzunehmen (Kap. 4.2). Gleichwohl agieren unter dem Dach der diversen Wohlfahrtsverbände zahlreiche unterschiedliche Träger mit ihren Einrichtungen und Diensten der Sozialen Arbeit (Abb. 5).

Abbildung 5: Schematische Darstellung von Diensten und Einrichtungen der Sozialen Arbeit bei Trägern und Verbänden

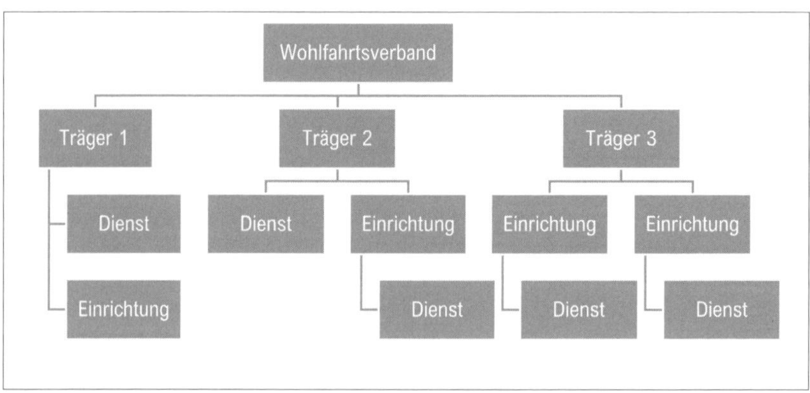

Quelle: eigene Darstellung in Anlehnung an Nikles (2008)

Doch Einrichtungen und Dienste werden auch von Trägern jenseits der wohlfahrtsverbandlichen Strukturen vorgehalten. Gemeint sind damit beispielsweise die Selbsthilfeorganisationen in den verschiedenen Praxisfeldern der Sozialen Arbeit. Sie sind für ihren Bereich jeweils wichtige Akteure dieses Teils des Trägerspektrums der Sozialen Arbeit. Dass ein Teil dieser Initiativen sich nach und nach einem Wohlfahrtsverband, insbesondere dem Paritätischen, angeschlossen hat, zeigt, wie auch die Hinweise zu den Kirchen und den Jugendverbänden, dass die Trägerstrukturen in der Sozialen Arbeit keineswegs als statisch bezeichnet werden können. Vielmehr sind neben einigen mehr oder weniger „stabilen Säulen" in der Grundarchitektur der Trägerstrukturen auch zahlreiche Änderungen und Modifikationen in den Mikrostrukturen und Spannungsfeldern zu beobachten, beispielsweise mit Blick auf den tatsächlichen Freiheitsgrad Freier Träger und ihrer tatsächlichen Abhängigkeit vom öffentlichen Sektor (z.B. Struck 2015).

Damit Organisationen der Sozialen Arbeit als Freie Träger agieren können, benötigen sie eine Rechtsform, genauer in Abgrenzung zu öffentlich-rechtlichen Rechtsformen (Kap. 4.1.1) eine sogenannte „Privatrechtsform", die Strukturmerkmale und einen Ordnungsrahmen für den Träger vorgibt. Nach wie vor und historisch gewachsen hat das „Gemeinnützigkeitsprinzip" diesbezüglich eine zentrale Bedeutung. Damit grenzen sich diese Organisationsformen nicht nur vom Staat, sondern auch vom Markt ab und man spricht für diesen gesellschaftlichen Bereich auch vom „Dritten Sektor".

Die Dualität von Öffentlichen und Freien Trägern im Korporatismus und dem damit verbundenen Subsidiaritätsprinzip (Kap. 5) geht historisch auch auf die Gemeinnützigkeit vor allem der Wohlfahrtsorganisationen und verbände zurück. Somit sind auch heute noch Freie Träger zu einem großen Teil eingetragene Vereine und haben sich damit der Gemeinnützigkeit verpflichtet. Eine mittlerweile ebenfalls gängige Rechtsform bei Freien Trägern in diesem „Dritten Sektor" neben Staat und Markt ist die gemeinnützige Gesellschaft mit beschränkter Haftung, die sogenannte „gGmbH" – eine Variante der Gesellschaft mit beschränkter Haftung, der „GmbH" (siehe Kasten). Weitere Privatrechtsformen für Freie Träger sind insbesondere Genossenschaften, privatrechtliche Stiftungen oder auch Personengesellschaften.

Vereine und Gesellschaften – unterschiedliche Rechtsformen für Träger der Sozialen Arbeit

Wenn sich die Freien Träger eine Vereinsstruktur geben, sind sie an das sogenannte „Vereinsrecht" gebunden. In der Regel handelt es sich um eingetragene gemeinnützige Vereine, also um einen e.V. Die zwei wichtigsten Vereinsorgane sind erstens die Mitgliederversammlung und zweitens der Vorstand des Vereins. Der Vorstand wird stets von der Mitgliederversammlung gewählt. Dieser ist gegenüber den Mitgliedern rechenschaftspflichtig. Ein Verein muss dies in einer Satzung genauso festhalten wie den Vereinsnamen und den Vereinssitz. Es muss ferner der Vereinszweck benannt werden sowie die Regularien zum Aus- und Eintritt von Mitgliedern sowie zu den Mitgliedsbeiträgen. Der Deutsche Kinderschutzbund (DKSB) z.B. ist als eingetragener Verein nicht nur Interessenvertretung für Kinder und Kinderrechte, sondern auch Träger von Angeboten der Kinder- und Jugendhilfe (http://www.dksb.de).

Der Kinderschutzbund organisiert sich jedoch nicht nur über die Vereinsstruktur. Zum Verband gehört ebenfalls die DKSB-Marketing GmbH (http://www.dksb-marketing.de). Bei den GmbHs (Gesellschaften mit beschränkter Haftung) handelt es sich um sogenannte „Kapitalgesellschaften". Eine GmbH kann von einer oder mehreren Personen durch notariell beglaubigten Abschluss eines Gesellschaftervertrages – das entspricht der Satzung eines Vereins – errichtet werden. Die Verantwortung für die GmbH liegt bei den Gesellschaftern. Die „Gesellschafterversammlung" erfüllt eine ähnliche Funktion wie die Mitgliederversammlung in einem Verein. Eine wichtige Position für die GmbH – allerdings stellt dies kein Alleinstellungsmerkmal dar – ist eine Geschäftsführung. Man könnte dies mit einer bzw. einem Vereinsvorsitzenden vergleichen. Eine gemeinnützige Gesellschaft mit beschränkter Haftung wird mit gGmbH abgekürzt. Im Unterschied zur GmbH werden erzielte Gewinne nicht an Gesellschafter ausgeschüttet, sondern für gemeinnützige Zwecke verwendet. Steuerrechtlich wird die gGmbH anders behandelt als die GmbH (keine Körperschafts- und Gewerbesteuer). Beispiel für eine solche gemeinnützige Gesellschaft ist die Outlaw gGmbH (http://www.outlaw-ggmbh.de), die als großer und überregional agierender Kinder- und Jugendhilfeträger Mitglied beim Paritätischen Wohlfahrtsverband ist.

Wirft man einen Blick in Statistiken, so wird für die Kinder- und Jugendhilfe (ohne die Kindertageseinrichtungen) empirisch deutlich, dass (Stand 31.12.2018) in diesem Praxisfeld der Sozialen Arbeit etwa die Hälfte (48,4%) der Einrichtungen und Dienste Freier Träger Vereine, in der Regel eingetragene Vereine (e.V.), sind. Etwa ein Viertel (25,6%) sind Gesellschaften mit beschränkter Haftung (GmbHs), hierunter werden auch die gGmbHs gefasst. Auf die Kategorie Körperschaft des öffentlichen Rechts entfallen aufgrund des Sonderstatus der Evangelischen Kirche in Deutschland sowie der Bistümer der römisch-katholischen Kirche rund 13% der Einrichtungen Freier Träger. Auf den Bereich der Stiftungen entfallen nicht ganz 6% sowie weitere knapp 4% auf die Rechtsform „Natürliche Personen" – hierbei handelt es sich um unternehmerisch tätige Einzelpersonen.[12] Personengesellschaften wie Ge-

12 Quelle: Statistisches Bundesamt: Statistiken der Kinder- und Jugendhilfe – Einrichtungen und tätige Personen (ohne Tageseinrichtungen für Kinder) zum 31.12.2018; eigene Berechnungen.

sellschaften bürgerlichen Rechts (GbR) oder auch Kommanditgesellschaften, Kapitalgesellschaften jenseits der (g)GmbH oder auch Genossenschaften kommen für den hier betrachteten Ausschnitt der Kinder- und Jugendhilfe auf zusammengenommen einen Prozentanteil rund 1% und sind quantitativ damit jeweils für sich genommen von marginaler Bedeutung.

Die Differenzierung der Organisationen Freier Träger nach deren Rechtsformen führt zu einer zentralen Unterscheidung in den Strukturen der Sozialen Arbeit. So sollten grundsätzlich zwischen zwei Gruppen differenziert werden: einerseits den gemeinnützigen Organisationen sowie andererseits den privatgewerblichen Träger (Abb. 4). Das Gemeinnützigkeitsprinzip als wesentliches Differenzkriterium zwischen den beiden Gruppen leitet sich gesetzlich aus dem Steuerrecht ab und bedingt selbstlose Aktivitäten, also keine eigenwirtschaftlichen oder gewerblichen, zur materiellen, geistigen oder sittlichen Förderung (Pfadenhauer 2011: 115). Die gemeinnützigen Freien Träger sind insbesondere die Kirchen und die bereits genannten wohlfahrtsverbandlichen Strukturen. Diese sind teilweise zurückzuverfolgen bis mindestens in das 19. Jahrhundert hinein. Sie sind vor allem auf den Gebieten der Alten-, Behinderten-, Jugend-, und Sozialhilfe tätig. Man spricht in diesem Zusammenhang für den „Dritten Sektor" auch von zivilgesellschaftlichen Organisationen bzw. „Non-Profit-Organisationen" (NPO) oder auch „Non-Governmental-Organisationen" (NGO) (auch Weigel 2013).

Privatgewerbliche Träger bzw. „Profit-Organisationen" oder auch „Wirtschaftsunternehmen", wie sie teilweise im Rahmen der Statistik bezeichnet werden, erbringen Leistungen bzw. machen Angebote mit einer Gewinnerzielungsabsicht, sodass ihnen ideelle bzw. gemeinnützige Zwecke nicht zuerkannt werden (Pfadenhauer 2011: 126). Sie haben in der Sozialen Arbeit und ihren Praxisfeldern sowie in hierzu angrenzenden Bereichen personenbezogener sozialer Dienstleistungen eine unterschiedliche Bedeutung. Hier lohnt durchaus ein vergleichender Blick: Während für die Kinder- und Jugendhilfe bis heute eher alles in allem für die privatgewerblichen Träger von einer randständigen Bedeutung gesprochen werden kann, stellt sich das für andere Bereiche des Gesundheits- und Sozialwesens durchaus anders dar (Liebig 2011: 49 f.). Bei einem Blick in diverse Sozialstatistiken zeigt sich, dass der Anteil von Einrichtungen in privatgewerblicher Trägerschaft zwischen den Praxisfeldern stark variiert. Bei ambulanten Pflegediensten und bei Vorsorge- und Rehabilitationseinrichtungen stellen private Einrichtungen sogar mehr als die Hälfte aller Einrichtungen bzw. Dienste. Im Bereich der Pflegeheime und Krankenhäuser stellen gewerbliche Anbieter inzwischen mehr als ein Drittel aller Einrichtungen (Kap. 5.2).

Dieser Blick in die Empirie zeigt, dass die Organisationen der Wohlfahrtspflege – auch außerhalb der Kinder- und Jugendhilfe – politisch, rechtlich und gesellschaftlich vor vielfältigen Herausforderungen stehen. Die Strukturen passen sich den aktuellen, sich im Wandel befindlichen Rahmenbedingungen rechtlicher Vorgaben an, wobei der Einfluss europäischer Ordnungssysteme nicht zu unterschätzen ist. So sollte nach Boeßenecker und Vilain (2013) und ihren Analysen zu den Entwicklungsperspektiven für Spitzenverbände der freien Wohlfahrtspflege die Perspektive für die Erörterung dieses Themas über die nationalstaatlichen Grenzen hinausgehen. Es ist davon auszugehen, dass die Anforderungen nicht nur im nationalstaatlichen Rahmen, sondern auch auf der europäischen Ebene anspruchsvoll und tiefgreifend sind. Kurzum: „Die Wohlfahrtsverbände befinden sich „in einem schwierigen Fahrwasser“ (Boeßenecker und Vilain, 2013: 293). Die Trägerlandschaft ist im Wandel begriffen, wobei frühere Eindeutigkeiten und Selbstverständlichkeiten so ohne Weiteres nicht mehr zu gelten scheinen. Vielmehr sind und werden Privilegien für die Wohlfahrtsverbände bzw. die gemeinnützigen Träger gegenüber den privatgewerblichen nicht nur kritisch hinterfragt, sondern auch abgebaut (z.B. Pfadenhauer 2011: 129ff.; Olk 2018).

4.2 Verbände

Im vorangegangenen Teilkapitel ist sporadisch auch schon der Begriff „Verband“ verwendet worden. So sind beispielsweise die Wohlfahrtsverbände aufgezählt worden, aber es ist im Kontext des Kinderschutzbundes auch von einem konkreten „Verband“ die Rede gewesen. Im Alltagsgebrauch werden die Begriffe „Verband“, „Träger“ oder auch „Verein“ häufig synonym verwendet. Hier muss man jedoch noch einmal genauer hinschauen. Für eine Einführung in die Strukturen der Sozialen Arbeit ist es zur Klärung des „Verbandsbegriffs“ zunächst einmal hilfreich, den „Verein“ vor allem als Rechtsform einer Organisation zu betrachten (Kap. 4.1.2). Diese kann einerseits Leistungserbringer und damit auch Träger von Diensten und Einrichtungen sein, kann aber andererseits auch als Interessenvertretung agieren. Während wir nun im vorangegangenen Abschnitt die Träger und insbesondere die Freien Träger vor allem als Leistungserbringer betrachtet haben, geht es bei den Verbänden um einen anderen Zweck. Verbände sind vor allem Dach- und Interessenorganisationen.

Sowohl bei den Öffentlichen als auch bei den Freien Trägern haben Verbände eine wichtige Bedeutung – nicht zuletzt als politische Akteure. Die Wohlfahrtsverbände und die Bundesarbeitsgemeinschaft der Freien Wohlfahrtspflege wurden bereits im vorherigen Abschnitt als Beispiel für die Seite der Freien Träger benannt. Sie haben nach wie vor bei den Freien Trägern der Sozialen Arbeit eine zentrale Bedeutung (siehe Kasten). Für die Seite der Öffentlichen Träger können die kommunalen Spitzenverbände, also der Deutsche Städtetag, der Städte- und Gemeindebund sowie der Deutsche Landkreistag, exemplarisch aufgeführt werden. Die folgenden Ausführungen zu Verbänden werden sich jedoch auf den zivilgesellschaftlichen Bereich der Sozialen Arbeit konzentrieren und damit die Seite der öffentlichen Träger nicht weiter berücksichtigen.

Wohlfahrtsverbände und die Freie Wohlfahrtspflege

Die Wohlfahrtsverbände sind die staatlich anerkannten Spitzenverbände der Freien Wohlfahrtspflege. Es handelt sich dabei nicht um staatliche bzw. kommunale, sondern um „private" oder auch frei-gemeinnützige Träger – „frei" deshalb, weil die Einrichtungen und Dienste freiwillig Soziale Arbeit erbringen, und „gemeinnützig" bringt zum Ausdruck, dass den Tätigkeiten der Verbände und ihrer Mitglieder keine Gewinnmaximierung zugrunde liegt. Die Wohlfahrtsverbände gehören dem sogenannten „Dritten Sektor" an und werden vor diesem Hintergrund auch mit zu den NGOs, also non-governmental organizations, gezählt.

In der 1924 gegründeten BAGFW (Bundesarbeitsgemeinschaft für Freie Wohlfahrtspflege) bzw. damals noch der „Deutschen Liga der Freien Wohlfahrtsverbände" (Hammerschmidt et al. 2017: 68 ff.) sind heute folgende Wohlfahrtsverbände vertreten: Arbeiterwohlfahrt (AWO), Deutscher Caritasverband (DCV), Paritätischer Gesamtverband (DPW), Deutsches Rotes Kreuz (DRK), Diakonisches Werk der Evangelischen Kirche Deutschland (DW der EKD), Zentralwohlfahrtsstelle der Juden (ZWSt). Die BAGFW selber ist ein eingetragener Verein (e.V.). Die Satzung des Vereins bestimmt u.a. Namen, Charakter sowie die Gremien der Organisation und deren Zusammenwirken, aber auch Zweck und Aufgaben der Bundesarbeitsgemeinschaft und seiner Mitglieder (BAGFW 2012).[13]

Zentrale Merkmale für einen Wohlfahrtsverband sind satzungsgemäß eine bundesweite Tätigkeit im Bereich der Sozialen Arbeit. Der jeweilige Wohlfahrtsverband als Spitzenverband soll die gleichen Zielsetzungen verfolgen wie die ihm angeschlossenen Dienste und Einrichtungen respektive Träger. Er bildet eine Art „Dach" für seine Mitglieder. Diese sind zwar rechtlich eigenständig, aber es bestehen organisatorische Verbindungen und Untergliederungen – z.B. territorial und/oder nach Arbeitsfeldern bzw. Aufgabengebieten. Ferner sollen die Dachverbände Beiträge für ihre Mitglieder leisten „für eine stetige, umfassende und fachlich qualifizierte Arbeit sowie für eine gesicherte Verwaltung" (BAGFW 2012: § 1 Absatz 2).

Für die Freien Träger wird es angesichts dieses ersten Erklärungsversuchs, der Benennung von einigen Beispielen sowie den dabei deutlich werdenden unterschiedlichen Ebenen nicht überraschen, dass eindeutige Abgrenzungen in der ‚Organisationslandschaft' zwischen Trägern und Verbänden nicht immer möglich sind. Vielmehr hat man es mit Blick auf die Organisationen der

13 In dem Einführungsbuch von Boeßenecker und Vilain (2013: 80 ff.) werden die Spitzenverbände der Freien Wohlfahrtspflege systematisch nach Entstehung, Selbstverständnis, Organisationsaufbau, sowie Aufgabenbereiche und Mitarbeitende vorgestellt. Hierauf wird an dieser Stelle verzichtet.

Sozialen Arbeit oftmals mit zahlreichen Überlappungen oder auch Ergänzungen zwischen Leistungserbringung und Interessenvertretung zu tun. Sucht man nach Beispielen dafür, dass ein Verband auch die Rechtsform eines Vereins hat, so könnte man auf den 1994 gegründeten „Deutschen Berufsverband für Soziale Arbeit e.V." (http://www.dbsh.de) oder auch den „AFET – Bundesverband für Erziehungshilfe e.V." (https://afet-ev.de) verweisen.

Ein anderes Beispiel ist der sogenannte „Internationale Bund (IB)", ein großer Träger in unterschiedlichen Praxisfeldern der Sozialen Arbeit mit eigenen Angaben zufolge immerhin etwa 14.000 Mitarbeiterinnen und Mitarbeitern in etwa 700 Einrichtungen an rund 300 Standorten (Internationaler Bund 2015). Dieser Verein ist aber eben nicht nur Träger im Sinne eines Leistungserbringers in der Sozialen Arbeit, sondern auch Verband oder auch Interessenvertretung, wenn es im § 1 der Satzung heißt: „Der Verband trägt den Namen „Internationaler Bund (IB) Freier Träger der Jugend-, Sozial- und Bildungsarbeit e.V." Mitglied im IB selbst sind sowohl Einzelpersonen als auch ganz unterschiedliche Organisationen wie die „Arbeitsgemeinschaft für Kinder- und Jugendhilfe (AGJ)" oder auch der bereits genannte „AFET – Bundesverband für Erziehungshilfe e.V." als eingetragene Vereine (e.V.), aber auch der Kooperationsverbund Jugendsozialarbeit als Zusammenschluss von zentralen Trägern für das Handlungsfeld der Jugendsozialarbeit.[14]

Das Beispiel des Kooperationsverbundes Jugendsozialarbeit zeigt, dass ein Verband weder gleichzeitig ein Verein sein muss noch überhaupt eine Rechtsform benötigt, sondern es auch alternative Organisationsformen gibt (auch Fußnote 14). Jenseits dieses formalen Bestimmungskriteriums ist ein wesentliches Kriterium für einen Verband vielmehr, dass es sich um einen Zusammenschluss von vor allem Organisationen handelt, die häufig als Freie Träger im Sinne eines Leistungserbringers auf der lokalen Ebene operieren. Verbände nehmen dabei Aufgaben der Interessenvertretungen und ein politisches Mandat für ihre jeweiligen Mitglieder wahr. Der Organisationsforscher für den Non-Profit-Bereich Bruno Nikles formuliert dies folgedermaßen:

> „Verbände sind Zusammenschlüsse, die die Mitglieder zur gemeinsamen Wahrnehmung ihrer Belange und Interessen gegenüber der Öffentlichkeit,

14 Zum Kooperationsverbund Jugendsozialarbeit gehören die Arbeiterwohlfahrt, die Bundesarbeitsgemeinschaften Evangelische Jugendsozialarbeit (BAG EJSA) und Katholische Jugendsozialarbeit (BAG KJS), die Bundesarbeitsgemeinschaft örtlich regionaler Träger der Jugendsozialarbeit (BAG ÖRT), der Paritätische Gesamtverband (Paritätischer Wohlfahrtsverband), das Deutsche Rote Kreuz (DRK) und der Internationale Bund (IB). Der Kooperationsverbund ist keine Organisation mit einer eigenen Rechtsform. Bis Ende 2017 gab es eine sogenannte „Stabsstelle" des Kooperationsverbundes bei der „Bundesarbeitsgemeinschaft Katholische Jugendsozialarbeit e. V." Seit Anfang 2018 existiert diese nicht mehr, sondern der Kooperationsverbund organisiert sich über Sprecherinnen bzw. Sprecher, die den Mitgliedsorganisationen angehören (https://jugendsozialarbeit.de/wir-ueber-uns/ [Zugriff: 15.08.2021]).

> dem Staat oder bestimmten anderen Institutionen und Zusammenschlüssen bilden, und die meist auch selbst bestimmte unterstützende Leistungen für ihre Mitglieder erbringen" (Nikles 2008: 30).

Die Aufgaben und Funktionen von Verbänden in puncto Interessenvertretung, Koordination oder auch Öffentlichkeitsarbeit sind auch für das Feld der Sozialen Arbeit nicht zu unterschätzen, wie die Entstehungsgeschichte von großen Verbänden zeigt (Bauer et al. 2012: 815 f.). So zeigen historische Untersuchungen – beispielsweise mit Blick auf die Entstehung des Caritasverbandes im ausgehenden 19. Jahrhundert –, dass es angesichts der damaligen zahlreichen Vereinsaktivitäten eines übergeordneten organisatorischen „Daches" bedurfte, um beispielsweise die notwendigen koordinierenden Aufgaben zu leisten (Pfadenhauer 2009: 56 ff.). Bis heute leisten diese übergreifenden verbandlichen Strukturen wichtige Beiträge, um den einschlägigen zivilgesellschaftlichen Aktivitäten ein größeres Gewicht durch beispielsweise politisches Agieren oder auch durch Fachpublikationen und Formen der Öffentlichkeitsarbeit zu geben.

Diese Publizitäts- und Politisierungsfunktionen, aber auch zu leistende koordinative Aufgaben lassen sich eins zu eins auch auf weitaus „jüngere" verbandliche Strukturen übertragen. Hierzu lohnt beispielsweise ein Blick auf die 2013 gegründete „National Coalition Deutschland – Netzwerk zur Umsetzung der UN-Kinderrechtskonvention e.V." und deren satzungsmäßige Zielsetzungen. Diese beziehen sich einerseits auf die Förderung und Unterstützung einer Verwirklichung der Kinderrechte sowie auf die bessere Beteiligung von Kindern und Jugendlichen. Darüber hinaus ist mit Blick auf koordinative Aufgaben des Verbandes die Kooperation mit dem Institut für Menschenrechte e.V., die Zusammenarbeit mit anderen einschlägigen Organisationen sowie parlamentarischen Gremien genauso in der Satzung verankert, wie die Institutionalisierung einer „Nationalen Konferenz für die Rechte des Kindes" (National Coalition Deutschland 2013).

Nachgefragt und zur Diskussion gestellt

1. Im Zuge einer Expansion und Ausdifferenzierung der Sozialen Arbeit haben sich auch die Trägerstrukturen verändert und sind vielfältiger geworden. Wie würden Sie anhand eigener Beispiele und Erfahrungen die aktuelle Situation beschreiben? Wie schätzen Sie diese Entwicklung ein?
2. Die ideelle Funktion freigemeinnütziger Träger ist nicht mehr gegeben. Tatsächlich bestimmt der Öffentliche Träger aufgrund seiner Finanzierungshoheit die Ausgestaltung des Angebots. Was spricht aus Ihrer Sicht für, was gegen diese These?
3. Verbände übernehmen als „Dachorganisationen" Aufgaben der Interessenvertretung, Koordination oder auch der Öffentlichkeitsarbeit. Wie würden Sie anhand von eigenen Recherchen zu Verbänden der Freien Wohlfahrtspflege deren Aufgaben und möglichen Nutzen beschreiben? Inwiefern können Sie dabei zwischen Trägerorganisationen, Fachkräften und Adressaten unterscheiden?

Weiterführende Literatur

Bauer, Rudolph/Dahme, Heinz-Jürgen/Wohlfahrt, Norbert (2012): Freie Träger. In: Thole, W. (Hrsg.): Grundriss Soziale Arbeit. Ein einführendes Handbuch. 4. Aufl. Wiesbaden: VS Verlag für Sozialwissenschaften, S. 813–829.

Bettmer, Franz (2012): Die öffentlichen Träger der Sozialen Arbeit. In: Thole, W. (Hrsg.): Grundriss Soziale Arbeit. Ein einführendes Handbuch. 4. Aufl. Wiesbaden: VS Verlag für Sozialwissenschaften, S. 795–812.

Boeßenecker, Karl-Heinz/Vilain, Michael (2013): Spitzenverbände der Freien Wohlfahrtspflege. Eine Einführung in Organisationsstrukturen und Handlungsfelder sozialwirtschaftlicher Akteure in Deutschland. 2. überarb. Aufl. Weinheim, Basel: Beltz Juventa.

5. Korporatismus und Subsidiaritätsprinzip

Zielsetzungen des Kapitels

- Der Begriff des Korporatismus und seine Eigenschaften können am Beispiel der Sozialen Arbeit erläutert werden.
- Vor- und Nachteile des Korporatismus können für den sozialen Sektor und seine Akteure diskutiert werden.
- Es besteht ein Verständnis für das Subsidiaritätsprinzip als Ausprägung der korporatistischen Strukturen in den Feldern der Sozialen Arbeit.
- Die wesentlichen Prinzipien des Subsidiaritätsprinzips können hergeleitet und erklärt werden.
- Nachteile und kritische Entwicklungen für das Subsidiaritätsprinzip können diskutiert werden.

Allein das Vorhandensein von Öffentlichen und Freien Trägern der Sozialen Arbeit erklärt nicht, dass – wie im vorherigen Kapitel illustriert – die Öffentlichen Träger auf der einen Seite zwar nicht alleinverantwortlich, aber letztendlich doch gesamtverantwortlich für die Organisation der Sozialen Arbeit sind. Dies schließt auch die Hauptverantwortung für die Finanzierung der Umsetzung der Sozialgesetzgebung und die damit verbundene Aufgabenerfüllung mit ein, während auf der anderen Seite bei den Leistungserbringern im Rahmen der Aufgabenerfüllung die Öffentlichen Träger zurückhaltend agieren. Die Träger der Sozialen Arbeit bewegen sich in einem korporatistischen Ordnungsrahmen. Man kann dabei auch von einer sogenannten „Governancestrategie"[15] sprechen. Für die Soziale Arbeit geht es dabei um eine Art des Zusammenwirkens von staatlichen und nicht staatlichen Akteuren, in dem

15 Der Begriff „Governance" kommt vom französischen Wort „gouverner", was so viel bedeutet wie lenken, regieren, steuern. Die Verwendung des Terminus ist vielfältig und nicht immer eindeutig. So wird „Governance" beispielsweise für die Steuerung und Regelung von Politikfeldern genauso verwendet wie für das Management von Organisationen, aber mit Blick auf „Global Governance" wird „Governance" auch im Kontext von Welthandels-, Weltumwelt-, Weltwährungs-, Weltsozial- oder auch Weltfriedensordnung gebraucht.

„strukturelle, funktionale und instrumentelle Aspekte des Regierens, Steuerns und Koordinierens“ (Eyßell 2015: 52) eine Rolle spielen.

Das liest sich sehr abstrakt und ist schwer zu fassen, aber es kommt auch nicht von ungefähr, dass selbst Expertinnen und Experten mit Blick auf den „Korporatismusbegriff“ eine gewisse Unein- und Vieldeutigkeit einräumen (Große-Kracht und Hagedorn 2014: 252). Gerade deswegen muss genauer hingeschaut werden. Doch dabei wird hier nicht der Anspruch verfolgt, sämtliche Facetten des Korporatismus[16] zu berücksichtigen. In einem ersten Teil dieses Kapitels wird es vielmehr darum gehen, beobachtbare Strukturen und Prozesse der Ausgestaltung Sozialer Arbeit mithilfe des Korporatismusbegriffs einordnen zu können (Kap. 5.1). Damit sind dann die Grundlagen geschaffen, um sich in einem zweiten Teil dieses Kapitels mit einem für die Soziale Arbeit wichtigen Prinzip für das Zusammenwirken von Öffentlichen und Freien Trägern zu befassen, dem „Subsidiaritätsprinzip“ (Kap. 5.2).

5.1 Korporatismus

Bei einem so schillernden Begriff wie dem des „Korporatismus“ hilft zum besseren Verständnis ein erster Blick auf die Herkunft und Bedeutung des Wortes. Bei einer etymologischen Annäherung an den Korporatismusbegriff fällt auf, dass „Korporatismus nicht nur so ähnlich klingt wie „Kooperation“, sondern dass die Bedeutung der Begriffe nahe beieinanderliegen und sich zum Teil auch überschneiden. Aber letztendlich ist doch nicht genau dasselbe gemeint. Während Kooperation vom lateinischen Begriff „cooperatio“ kommt und mit „Mitwirkung“ übersetzt werden kann, geht der Ursprung des Wortes „Korporatismus“ eher auf den lateinischen Begriff „cooperativus“[17] zurück, was auch mit „Genossenschaft“ bzw. „einen Körper bildend“ übersetzt werden kann. Darauf wird bei der zum Korporatismus gehörenden „Inkorporation“ oder „Inkorporierung“ (Eingliederung, Einverleibung) noch zurückzukommen sein. Auch wenn diese Übersetzungen nicht eins zu eins übertragbar

16 So wird im Folgenden beispielsweise nicht näher zwischen Korporatismus und Neokorporatismus unterschieden. Auch der Terminus des „liberalen Korporatismus“ wird hier nicht eingeführt bzw. im Folgenden nur sporadisch verwendet. Gleichwohl entspricht die politische Rolle der Verbände in der heutigen Bundesrepublik dem Modell des „liberalen Korporatismus“. Hiervon abzugrenzen ist der traditionelle Korporatismus, der gerade auch von faschistischen Diktaturen des 20. Jahrhunderts gegen eine moderne und offene Gesellschaft sowie zum eigenen Machterhalt instrumentalisiert worden ist (Glaeßner 2006: 474 ff.). Da sich die folgenden Ausführungen allerdings jeweils auf die liberalen korporatistischen Strukturen der Gegenwart bzw. der letzten Jahrzehnte in Deutschland beziehen, soll es im Folgenden genügen, allgemein von „Korporatismus“ zu sprechen.

17 So spricht man in diesem Zusammenhang auch vom Korporativismus, was aber dasselbe meint wie Korporatismus.

sind, so scheint es beim Korporatismus eben nicht nur ganz allgemein um Beteiligung oder Teilhabe zu gehen, sondern um eine weitaus engere Form der Zusammenarbeit.

Der Fachbegriff „Korporatismus“ kommt aus der Politikwissenschaft und steht hier für verschiedene Formen der Beteiligung bestimmter gesellschaftlicher Gruppen an politischen Entscheidungsprozessen. Er bezeichnet in diesen Zusammenhängen ferner einen Modus des Interessenausgleichs, aber auch der Politikgestaltung von Regierung, Parlament und die hier vertretenen Parteien sowie diverser Interessengruppen. Korporatismus steht somit für einen Politikstil. Es geht um eine bestimmte Art und Weise (Modus), wie Akteure mit unterschiedlichen Interessen nicht nur beteiligt werden, sondern wie mit diesen zusammen Politik gemacht oder auch gestaltet werden kann (Schubert und Klein 2016).

Es gibt zahlreiche Beispiele für korporatistische Modelle in Deutschland aus Feldern wie der Arbeitsmarkt-, Gesundheits- oder auch der Sozialpolitik. Das politische System der Bundesrepublik und die Organisation ganzer gesellschaftlicher Teilbereiche basiert auf korporatistischen Modellen – Korporatismus ist hierzulande ein Politikmuster (Weßels 2000). Hierzu gehört auch die historisch gewachsene Architektur der Sozialen Arbeit (auch Hammerschmidt et al. 2017: 68 ff.).[18] Für die Soziale Arbeit ist hervorzuheben, dass – wie in vielen anderen Politikfeldern auch – der Staat und die Verbände, also hier insbesondere die Wohlfahrtsverbände, bei der Formulierung und Ausführung von Politik („Policy-Making“) zusammenarbeiten. Das bedeutet jedoch mehr als Beteiligung, man spricht in diesem Zusammenhang auch von einer „Inkorporation“. Dieser aus dem Lateinischen stammende Begriff bedeutet übersetzt so viel wie Einverleibung oder auch Eingliederung. Etwas anders und weniger martialisch könnte man es so formulieren: Eine wesentliche Funktion des Korporatismus ist die Einbindung von Interessengruppen in politische Prozesse. Damit erhalten Verbände Möglichkeiten der unmittelbaren Einflussnahme bzw. der Mitgestaltung. Sie tragen die Verantwortung für die erarbeiteten Lösungen mit, was letztendlich mit zu einer Erhöhung der Akzeptanz für politische Entscheidungen führt – nicht bei allen Akteuren, aber zumindest bei denjenigen, deren Interessen durch die Verbände vertreten werden.

Doch die korporatistische Organisation der Sozialen Arbeit bezieht sich nicht nur auf die Einbindung von Verbänden in sozialpolitische Prozesse bzw. die Ausgestaltung der Sozialen Arbeit und ihrer Rahmenbedingungen ein-

---

18 Der Korporatismus ist ein zentraler Untersuchungsgegenstand der Policy- und Verbändeforschung (Rehder et al. 2009). Die Verflechtungen zwischen Staat und Kommune sowie einer begrenzten Anzahl von privilegierten Spitzenverbänden der freien Wohlfahrtspflege – wie in den Feldern der Sozialen Arbeit – wird in Abgrenzung zu Formen eines Makrokorporatismus – z.B. mit Blick auf den Ausgleich des Konflikts zwischen Kapital und Arbeit – auch als Mesokorporatismus bezeichnet (Merchel 2003: 205).

schließlich ihrer Finanzierung. Darüber hinaus gelten auch für die Erfüllung öffentlicher oder auch sozialstaatlicher Aufgaben korporatistische Prinzipien. Vom Subsidiaritätsprinzip wird in diesem Zusammenhang noch die Rede sein (Kap. 5.2). Das jedoch heißt: Es ist mit Blick auf die Soziale Arbeit eben nicht nur eine Aufgabe von Staat und Kommunen, Strukturen zu schaffen, Angebote vorzuhalten und Leistungen durchzuführen. Vielmehr sind die Freien Träger als vor allem zivilgesellschaftliche Organisationen und Verbände hier in besonderer Weise mit einzubeziehen.

Hier im Besonderen zu nennen sind die Wohlfahrtsverbände oder auch für die Kinder- und Jugendhilfe und das hiesige Arbeitsfeld der Kinder- und Jugendarbeit die Jugendverbände.[19] Sie werden mit in die Verantwortung genommen, sodass man auf der einen Seite auch von einer Art „Verantwortungsgemeinschaft" sprechen kann.[20] Gleichzeitig behält sich aber die öffentliche Seite eine Garantenstellung vor. In diesen Konstellationen einer Verantwortungsgemeinschaft entstehen besondere Verflechtungen zwischen den Trägergruppen. Da wären Abhängigkeiten von beispielsweise Freien Trägern gegenüber der Finanzierung durch öffentliche Gebietskörperschaften. Zum Korporatismus gehört also auch, dass verbandliche Strukturen im zivilgesellschaftlichen Bereich auch über finanzielle Förderungen aufgebaut und unterstützt werden.

Diese Abhängigkeiten zeigen sich beispielsweise bei Einblicken in die staatlichen Haushalte des Bundes und der Länder. Eine Evaluation des Deutschen Jugendinstituts zum sogenannten Kinder- und Jugendplan des Bundes (KJP)[21] hat die Infrastrukturförderungen bundeszentraler Referate der Kinder- und Jugendhilfe der sechs Spitzenverbände der Freien Wohlfahrtspflege näher untersucht. Neben einer ganz offensichtlichen finanziellen Angewiesenheit der Wohlfahrtsverbände auf die Fördermittel, um Aufgaben und Funktionen der Organisationen für Ausgestaltung der Kinder- und Jugendhilfe wahrnehmen zu können, ist eine weitere zentrale Erkenntnis:

> „So ermöglicht es die Infrastrukturförderung den bundeszentralen Referaten der Kinder- und Jugendhilfe einerseits Erfahrungen aus den pluralen Strukturen von freien Trägern zu filtern, auch sozialpolitisch zu bewerten und in die Gestaltung der Bundespolitik einzuspeisen. Andererseits tragen sie die fach-

19 Auf die Bedeutung der Jugendverbände für die korporatistischen Strukturen in der Kinder- und Jugendhilfe im Allgemeinen sowie die Kinder- und Jugendarbeit im Besonderen wird hier und im Folgenden nicht näher eingegangen.

20 Dies zeigt sich beispielsweise für die Kinder- und Jugendhilfe bereits bei der Zusammensetzung des Jugendhilfeausschusses. Für jedes der knapp 600 Jugendämter in Deutschland ist nicht nur ein solches Gremium qua Gesetz vorgeschrieben, sondern geregelt ist im SGB VIII auch, dass die Wohlfahrts- und Jugendverbände sowie andere anerkannte Freie Träger mit über die Zusammensetzung des Ausschusses bestimmen sollen (Kap. 3).

21 Der Kinder- und Jugendplan des Bundes (KJP) ist das zentrale Förderinstrument der Bundesregierung für die Kinder- und Jugendhilfe (Kap. 3).

> lichen und trägerrelevanten Implikationen politischer Programme zurück in die Trägerlandschaft, um deren Umsetzung zu ermöglichen" (Berg-Lupper 2013: 51 f.).

Gefördert werden damit Institutionen, die fachliche Impulse sowohl im politischen Raum als auch in diesem Fall der Praxis der Kinder- und Jugendhilfe setzen, sowie den Interessenausgleich zumindest mit im Blick haben. Es handelt sich dabei um so etwas wie intermediäre Instanzen mit einer Art Scharnierfunktion zwischen der Fachpraxis und ihrer Arbeit mit und für die Adressatinnen und Adressaten, den verbandlichen Strukturen, der Politik, aber auch zur Wissenschaft und Forschung.

Das heißt also, die Position der Freien Träger und insbesondere der Wohlfahrtsverbände im Korporatismus der Sozialen Arbeit auf eine bloße finanzielle Abhängigkeit von Staat und Kommune zu reduzieren, greift viel zu kurz. Darüber hinaus geht damit eine privilegierte Stellung der Freien Träger mit Blick auf strukturell verankerte Möglichkeiten der Beteiligung, Einflussnahme oder auch Mitwirkung bei der Ausgestaltung der Sozialen Arbeit und deren Rahmenbedingungen einher. Für Wohlfahrtsverbände als „intermediäre Instanz" setzt dies jedoch auch voraus, dass sie von der Mitgliedsbasis mit einem Mandat auf der Grundlage von Akzeptanz, Legitimität und Loyalität ausgestattet werden. Dies umfasst im Idealfall auch, bei Gesetzgebung und Programmgestaltung die Mitgliedsorganisationen auf „ausgehandelte Politikresultate" verpflichten zu können (Backhaus-Maul und Olk 1994: 109). Die Verbände- und Policyforscher Rehder, von Winter und Willems (2009) verweisen vor dem Hintergrund dieser nach wie vor gültigen Erkenntnis aus den 1990er-Jahren auf den politischen Mitgestaltungsauftrag für die Freien Träger im Korporatismus. Für die Kinder- und Jugendhilfe ist das im sogenannten „Jugendhilfeausschuss" als Teil des kommunalen Jugendamtes institutionalisiert (auch Fußnote 20). Hier haben Träger und Verbände im Gegensatz zu anderen kommunalpolitischen Ausschüssen nicht nur eine beratende Funktion, sondern ein Stimmrecht. Dadurch sind im Jugendhilfeausschuss andere Mehrheitsbildungen möglich als im Rat. Dabei ist eine angemessene Beteiligung von Freien Trägern, sofern es sich dabei um gemeinnützige und anerkannte handelt, durch das SGB VIII (§ 71) garantiert (Wiesner 2015: 1268 ff.).

Prinzipien und Formen des Korporatismus und die besonderen Spielarten für die Soziale Arbeit sollten nunmehr etwas klarer sein als zu Beginn des Kapitels. Hat man es nun beim Korporatismus möglicherweise doch eher mit einer besonders „cleveren" Form des Lobbyismus zu tun? In der Tat sind die Grenzen zwischen Korporatismus und Lobbyismus fließend und Verwechselungen scheinen nicht ausgeschlossen. Folgende Unterscheidung könnte zumindest fürs Erste helfen: Beim Lobbyismus werden politische Prozesse durch Organisationen von außen beeinflusst bzw. wird der Versuch einer politischen Einflussnahme allein zum Wohle der jeweiligen Organisation unternommen.

Im Korporatismus sind die Organisationen allerdings keine externen Einheiten mehr, die Einfluss auf den Gestaltungsprozess nehmen wollen, sondern vielmehr Bestandteile des Prozesses selbst. Korporatismus meint also, dass ein Verband nicht von außen versucht, einen politischen Prozess zu beeinflussen, sondern – wie auch schon die zitierte Evaluation des KJP des Bundes zeigt (Berg-Lupper 2013) – selbst Interessen bündelt und als Institution ein aktiver Part der Politikgestaltung ist. Damit wären wir wieder bei der schon erwähnten „Inkorporation" angelangt. Gerade die stellt für die Soziale Arbeit und das politische Agieren der Wohlfahrtsverbände ein wichtiges Prinzip dar:

> „Diese Inkorporierung von Wohlfahrtsverbänden in die staatliche Sozialpolitik ist weitgehend institutionalisiert: Sei es in Ausschüssen, Anhörungen, Kommissionen oder Arbeitsgemeinschaften; hinzu kommt eine Vielzahl informeller Kooperationen und personeller Verflechtungen zwischen Verbänden und Sozialstaat. Für den Sozialstaat ergibt sich hieraus, dass ihm eine begrenzte Zahl verlässlicher und ressourcenstarker Verhandlungspartner gegenübersteht" (Backhaus-Maul 2000: o.S.).

Es wird schnell deutlich, dass diese Inkorporation Vorteile mit Blick auf die Reproduktion der wohlfahrtsverbandlichen Strukturen als Leistungsanbieter (Zugang zu finanziellen Ressourcen), aber auch hinsichtlich politischer Einflussnahme hat, gleichwohl Korporatismus nicht mit Lobbyismus gleichzusetzen ist. Nachteile des Agierens in einem korporatistischen Ordnungsrahmen bestehen darin, dass Wohlfahrtsverbände gar nicht bzw. erheblich schlechter von einer Konsens- auf eine Konfliktstrategie umschalten können, zumal die Wohlfahrtsverbände sozialstaatliche Aufgaben übertragen bekommen haben. Hieraus resultieren für die Träger und Verbände Verluste interessenpolitischer Handlungsspielräume und damit auch eine Aufgabe von Teilen ihrer Autonomie.

Noch einmal zusammengefasst: **Der „Korporatismus"** ist kein genuiner oder exklusiver Begriff der Sozialen Arbeit. Der Begriff beschreibt das Beziehungsgefüge von Staat und Wohlfahrtsverbänden und ist für die Erläuterung von Strukturen und Prozessen im Trägergefüge der Sozialen Arbeit unverzichtbar. Die Ausgestaltung des Sozialstaats und die Organisation sozialpolitischer Prozesse mit den Ordnungsprinzipien eines liberalen Korporatismus (Fußnote 16) gehen in den Anfängen mindestens zurück bis auf die Weimarer Republik und haben damit mindestens eine einhundertjährige Tradition. Hierbei sind gerade die Wohlfahrtsverbände die zentralen korporativen Akteure, und zwar sowohl in den politischen Arenen als auch bei den Angeboten und der alltäglichen Erbringung der personenbezogenen sozialen Dienstleistungen. Diese und die ihnen angehörenden Träger verfügen nicht nur über eine hervorgehobene Stellung bei der Vertretung ihrer Interessen, sondern sind gleichzeitig auch mitverantwortlich für die Ausgestaltung der Felder der Sozialen Arbeit. Gleichzeitig sind sie ein besonderer Leistungsanbieter im Rahmen ihrer sozialstaatlichen Aufgaben und haben nach wie vor so etwas wie eine Monopolstellung inne. Sie sind als Träger Arbeitgeber, verantwortlich für die Finanzierung von Leistungen und Strukturen, entscheiden letztendlich eigenständig über die Existenz von Einrichtungen und Diensten und haben einen eigenständigen sozialpolitischen Auftrag.

Die korporatistischen Strukturen der Sozialen Arbeit in Deutschland sollten bei allen Vorteilen auch kritisch diskutiert werden. So stehen Träger durchaus in der Gefahr, vor dem Hintergrund der dargestellten Ordnung, eine Subventionsmentalität zu entwickeln. Auch ist anzufragen, ob es sich – demokratietheoretisch betrachtet – beim Korporatismus um eine unzureichend legitimierte Form „privater", im Sinne von nicht staatlicher, Einflussnahme handelt und ob der Korporatismus einen Beitrag zu einer effektiven Erfüllung der sozialstaatlichen Aufgaben leisten kann oder dadurch möglicherweise eine effiziente Gestaltung des Sozialstaats eher verhindert wird.[22] Diese Kritikpunkte scheinen aktuell auch im Kontext von Globalisierung, Europäisierung und Ökonomisierung an Bedeutung zu gewinnen, zumal die Voraussetzungen, zumindest jedoch die Rahmenbedingungen für den Korporatismus sich seit einigen Jahrzehnten nachhaltig zu verändern scheinen. So werden im europäischen Kontext die Auswirkungen der korporatistischen Strukturen in Deutschland zumindest mit Skepsis betrachtet. Immerhin widerspricht der nationalstaatliche Weg des „deutschen Korporatismus" für die Erbringung, die Organisation und die Finanzierung Sozialer Arbeit und ihrer Träger grundsätzlich den Prinzipien des europäischen Binnenmarkts sowie dem europäischen Beihilfe- und Vergaberecht. Vor diesem Hintergrund stellt sich zweifelsohne die Frage nach der Zukunftsfähigkeit eines korporatistischen Ordnungsrahmens für die Soziale Arbeit und ihrer Teilbereiche.

22 Vor dem Hintergrund des letztgenannten Aspekts sind insbesondere in den 1990er-Jahren Wettbewerbselemente in die Sozialgesetzgebung mit eingeflossen. Wettbewerb und die Schaffung von markt- oder marktähnlichen Strukturen sind ein weiteres Prinzip neben den Korporatismus im Rahmen staatlicher Steuerung.

5.2 Subsidiaritätsprinzip

Im Kapitel 3 wird auf die Öffentlichen und Freien Träger und deren besondere Bedeutung für die Ausgestaltung der Sozialen Arbeit hingewiesen. Das sogenannte „Subsidiaritätsprinzip" ist von zentraler Bedeutung für die im Rahmen des Korporatismus gewollte partnerschaftliche Zusammenarbeit von Öffentlichen und Freien Trägern. Das heißt: Das Subsidiaritätsprinzip leitet sich aus dem im vorherigen Unterkapitel eingeführten „Korporatismus" ab (Kap. 5.1). Es gehört mit zu einem zentralen sozialstaatlichen Ordnungsprinzip bzw. stellt ein Organisationsprinzip des Wohlfahrtsstaats dar. Der Begriff „Subsidiarität" bedeutet so viel wie Ersatzmäßigkeit oder auch Nachrangigkeit und ist auch ein Terminus der katholischen Soziallehre.[23] Beim Organisationsforscher Thomas Olk (2001) ist dazu nachzulesen, dass man das Subsidiaritätsprinzip auch als ein Instrument des Korporatismus bezeichnen kann. Anders formuliert heißt das: Das Subsidiaritätsprinzip ist eine konkrete Ausprägung eines liberalen Korporatismus.

Der Soziologe und Hochschullehrer Franz Bettmer beschreibt in einem Artikel zu den Trägerstrukturen der Sozialen Arbeit für den „Grundriss Soziale Arbeit" das Subsidiaritätsprinzip differenziert mit folgenden Sätzen:

> „Das Subsidiaritätsprinzip geht von einer sozialen Struktur der Gesellschaft aus, die durch eine aufsteigende Linie von kleineren zu größeren Einheiten gekennzeichnet ist – d.h. vom Individuum über die Familie, weiter über gesellschaftliche Organisationen als intermediäre Instanzen bis zur staatlichen Organisation. Die verschiedenen Einheiten übernehmen dabei unterschiedliche Funktionen. Das Subsidiaritätsprinzip kann in diesem Zusammenhang als ein Prinzip der gesellschaftlichen Verteilung von Kompetenzen der Funktionsausübung gesehen werden (...). Entscheidend ist dabei, dass größere Einheiten die Funktionen kleinerer Einheiten nur so weit übernehmen sollen, wie es um eine Kompensation von Mängeln der Funktionsausübung geht und soweit damit die Funktion der kleineren Einheit nicht aufgehoben wird (...). Das Subsidiaritätsprinzip bestimmt das Verhältnis von größeren zu kleineren Einheiten nach dem ‚Grundsatz des hilfreichen Beistands' (Nell-Breuning 1990). Das Kriterium des „Hilfreichen" ist dabei die Hilfe zur Selbsthilfe als Entfaltung der Möglichkeiten der kleineren Einheit, ihre genuine Funktion ausüben zu können. Der Grundsatz muss jedoch auch im Sinne eines gegenseitigen Beistands verstanden werden; d.h. auch die größeren Einheiten müssen sich gegebenenfalls auf die Funktionserfüllung der kleineren Einheiten stützen können" (Bettmer 2012: 797).

23 Die katholische Soziallehre basiert neben dem Subsidiaritätsprinzip auf einem Personen-, Gemeinwohl-, und Solidaritätsprinzip. Man bezeichnet diese auch als sogenannte „Sozialprinzipien" der katholischen Soziallehre (ausführlicher Stegmann und Langhorst 2005).

Es lohnt ein zweiter Blick auf diesen Textauszug, da hier weitere wichtige Grundlagen des Subsidiaritätsprinzips benannt werden. Formuliert wird hier ein bestimmtes Verständnis von Gesellschaft. Es wird eine Architektur der sozialen Struktur von Gesellschaft deutlich, die als Voraussetzung für das Funktionieren des Subsidiaritätsprinzips eingelöst werden muss. Es geht dabei nicht nur um den schon benannten Vorrang der kleineren Einheit vor der größeren, sondern auch um eine wechselseitige Unterstützung der Ebenen. Es ist vom „gegenseitigen Beistand" die Rede. Hingewiesen wird für die gesellschaftliche Ebene ferner auf Aufgabenverteilungen und funktionale Differenzierungen, die durch das Subsidiaritätsprinzip geprägt werden. Schließlich wird auch auf die Funktionslogik des Subsidiaritätsprinzips sowie deren Funktionsmodus eingegangen. Hierbei ist die Formel von der „Hilfe zur Selbsthilfe" für die kleinere gesellschaftliche Einheit von zentraler Bedeutung (siehe Kasten).

Das Subsidiaritätsprinzip – der Begriff „Subsidiarität" bezeichnet ein gesellschaftspolitisches Prinzip, nach dem übergeordnete gesellschaftliche Einheiten nur solche Aufgaben übernehmen sollen, zu denen die untergeordneten Einheiten nicht in der Lage sind. „Subsidiarität" bzw. das „Subsidiaritätsprinzip" bezieht sich einerseits auf den Vorrang der Familie gegenüber dem Staat und andererseits auf den Vorrang der Freien Träger gegenüber den Öffentlichen Trägern (Jordan et al. 2012: 66). Das heißt: „Subsidiarität bedeutet also einerseits ‚Vorrang kleinerer Einheiten vor größeren (Familie vor Nachbarschaft, Gemeinde, Staat usw.) bei der Erfüllung bestimmter Aufgaben (‚passive Subsidiarität') und andererseits hilfreichen Beistand für diese kleineren durch die jeweils größeren Gemeinschaften (‚aktive Subsidiarität')'" (Wabnitz 2015: 221 f.).

Rechtlich legitimiert wird das Subsidiaritätsprinzip durch das Grundgesetz sowie für die Felder der Sozialen Arbeit durch Regelungen in den Sozialgesetzbüchern, insbesondere dem SGB XII (§ 5) und dem SGB VIII (§ 4) (Bettmer 2012: 797). Zur besseren Einordnung sollten diese in einer zeitgeschichtlichen Entwicklungslinie betrachtet werden: Vor über 50 Jahren ist diese Position für das Subsidiaritätsprinzip insbesondere für die Kinder- und Jugendhilfe durch das Urteil des Bundesverfassungsgerichts (BVerfG) von 1967 untermauert und gestärkt worden, nachdem Anfang der 1960er-Jahre einige Länder und Kommunen gegen entsprechende Regelungen des damaligen Jugendwohlfahrtsgesetzes sowie des Bundessozialhilfegesetzes geklagt hatten. Das Urteil des BVerfG jedoch hat die Bevorzugung freigemeinnütziger Jugendhilfeorganisationen gegenüber öffentlichen Leistungsanbietern grundsätzlich bestätigt, auch wenn es den Freien Trägern keinen absoluten Vorrang einräumte. Vielmehr wurde darauf hingewiesen, dass Aufgabenabgrenzungen zwischen den Trägern auch vor dem Hintergrund einer effektiven und effizienten Verwendung öffentlicher und privater Mittel vorgenommen werden sollten (Jordan et al. 2012: 66 f.).

Das Subsidiaritätsprinzip ist weder gleichbedeutend mit einem Betätigungsverbot für die Öffentlichen Träger – es umfasst vielmehr einen bedingten Vorrang der Freien Träger vor den Öffentlichen Trägern – noch handelt es sich beim Subsidiaritätsprinzip in dem Sinne um ein verbändezentriertes Subsidiaritätsprinzip, als dass aufseiten der Freien Träger damit nur die gemeinnützigen Träger oder auch nur die einem Wohlfahrtsverband angeschlossenen Trägerorganisationen gemeint sind. Es ist also unerheblich, inwiefern es sich bei den Freien Trägern um solche handelt, die einem Wohlfahrtsverband angeschlossen sind oder ob es sich um gemeinnützige oder nicht gemeinnützige Träger handelt.[24]

Nimmt man allerdings beispielhaft empirische Befunde aus der Kinder- und Jugendhilfe, so zeigt sich Mitte der 2010er-Jahre, dass durch das Subsidiaritätsprinzip fortwährend Aufgaben an die Freien Träger und zwar insbesondere die gemeinnützigen delegiert worden sind. Dies zeigt sich im Bereich der Kinder- und Jugendhilfe hier beispielhaft für stationäre Einrichtungen im Kontext von Hilfen zur Erziehung und angrenzenden Leistungsbereichen (Abb. 6).

Abbildung 6: Tätige Personen in Vollzeitäquivalenten für stationäre Einrichtungen (insbesondere Heimerziehung) nach Art des Trägers (Deutschland; 31.12.2018; Angaben in %)

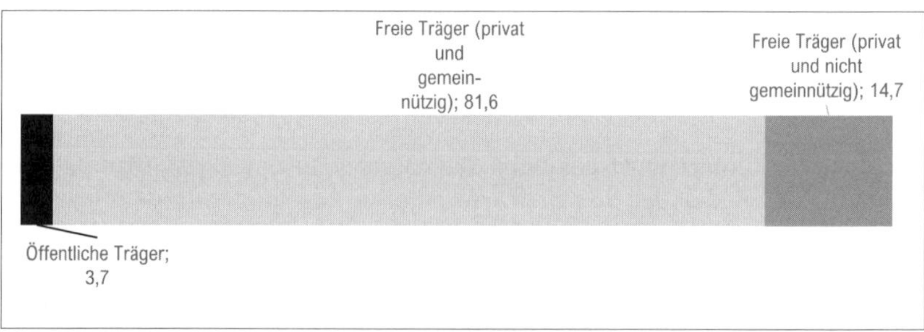

Erläuterung und Lesebeispiel: Die Angaben werden in sogenannten „Vollzeitäquivalenten" dargestellt. Das entspricht der Summe aller pro Woche laut Arbeitsvertrag geleisteten Arbeitsstunden dividiert durch den Beschäftigungsumfang einer Vollzeitstelle. So liegen über 81% der

24 Von Bedeutung kann hingegen für einen Bereich wie die Kinder- und Jugendhilfe sein, ob es sich bei einem sogenannten „gemeinnützigen Träger" um einen mit einer Anerkennung als Träger der freien Jugendhilfe handelt (§ 75 SGB VIII). Hierauf wird im Folgenden allerdings nicht weiter eingegangen (auch Wiesner 2015: 1330 ff.).

personellen Ressourcen in stationären Einrichtungen der Kinder- und Jugendhilfe im Jahr 2018 bei gemeinnützigen Trägern.

Einrichtungen der stationären Erziehungshilfe: Hier mit eingeschlossen sind ausgelagerte Gruppen, betreute Wohnformen und Kleinsteinrichtungen; Erziehungsstellen gem. § 34 SGB VIII; Wochengruppen; Tagesgruppe gem. § 32 SGB VIII; Einrichtungen für geschlossene Unterbringung; Einrichtungen für vorläufige Schutzmaßnahmen; Einrichtungen für integrierte Hilfen sowie Internate (nur Personal für Unterbringung im Rahmen der Heimerziehung), aber auch gemeinsame Wohnformen für Mütter/Väter und ihre Kinder. Die hier dargestellten Kapazitäten werden auch für Hilfen für junge Volljährige (§ 41 SGB VIII) in den oben genannten Settings genutzt. Das Volumen der Vollzeitäquivalente beträgt zum angegebenen Stichtag 79.904.

Nicht gemeinnützig wird hier als Synonym für privatgewerblich verwendet. Die gemeinnützigen und die nicht-gemeinnützigen Träger umfassen zusammen die Freien Träger.

Quellen: Statistisches Bundesamt: Statistiken der Kinder- und Jugendhilfe – Einrichtungen und tätige Personen, 2018; eigene Berechnungen

Die gemeinnützigen Träger machen also für diesen zentralen Bereich der Sozialen Arbeit die meisten Angebote, führen die Mehrzahl der Leistungen durch und sind in der Summe auch weitaus größere Anstellungsträger als etwa die öffentlichen Gebietskörperschaften oder auch privatgewerbliche bzw. freie nicht gemeinnützige Träger. So hat nach den Beobachtungen von Thomas Olk (2001: 1913 f.) in einem Beitrag für das Handbuch Sozialarbeit und Sozialpädagogik um die Jahrhundertwende mit Blick auf die Entwicklung bis zum Ende der 1990er-Jahre das Subsidiaritätsprinzip als zentrale Maxime des Korporatismus von Staat und Freier Wohlfahrtspflege dazu geführt, dass mit dem Ausbau des Wohlfahrtsstaates und eines Wachstums der Sozialen Arbeit nicht nur die Freien Träger im Allgemeinen, sondern insbesondere auch die Wohlfahrtsverbände im Besonderen expandierten. So dominieren also trotz aller politischen Bemühungen in Richtung einer Gleichbehandlung der Träger im Rahmen des Subsidiaritätsprinzips die Verbände der Freien Wohlfahrtspflege (Liebig 2011: 48). Gleichwohl haben immerhin das Anfang der 1990er-Jahre in Kraft getretene SGB VIII und einige der späteren Novellierungen für die Kinder- und Jugendhilfe zu einem Abbau von Privilegien für die Wohlfahrtsverbände bzw. für die frei gemeinnützigen Träger gegenüber den privatgewerblichen Trägern geführt. Trotz allem kritisiert die sogenannte Monopolkommission (2014: 148 f.) das partnerschaftliche, enge Zusammenwirken in den korporatistischen Strukturen am Beispiel der Kinder- und Jugendhilfe auch als „Closed Shop", der es Organisationen, die keinem Wohlfahrtsverband angeschlossen sind oder auch nicht gemeinnützig sind, erschwert, als Träger von Angeboten und Leistungen zu fungieren.

Ausgestaltung, Umsetzung oder auch Gültigkeit des Subsidiaritätsprinzips sind für die Soziale Arbeit und ihre unterschiedlichen Bereiche alles andere als unveränderlich. Das zeigt sich beispielsweise angesichts von sozialen Bewegungen des letzten Jahrhunderts und deren Auswirkungen auf das Trägerspektrum in der Sozialen Arbeit[25], wird jedoch auch mit Blick auf die steigende Bedeutung von wettbewerblichen Instrumenten gegenüber korporatistischen Verfahren deutlich (Eyßell 2015: 2). So sprechen Bauer et al. (2012: 824 f.) vor diesem Hintergrund auch von einem „neuen Subsidiaritätsverständnis" für die Soziale Arbeit. Mit Blick auf die Organisation und Finanzierung der Freien Wohlfahrtspflege zeichnet sich dieses dadurch aus, dass das Verhältnis zwischen Öffentlichen und Freien Trägern sich weniger partnerschaftlich gestaltet. Es zeichnet sich vielmehr stärker durch „Auftraggeber-Auftragnehmer-Beziehungen" aus. Das wiederum wird als ein Merkmal einer sogenannten „Ökonomisierung" des Sozialen bezeichnet. Gemeint ist damit auch, dass in einem Sozialwirtschaftssystem die zivilgesellschaftliche Verankerung sozialer Einrichtungen und Träger an Bedeutung verliert und stattdessen privatgewerbliche Organisations- und Betriebsformen an Bedeutung gewinnen.

Der Wohlfahrtsforscher Karl-Heinz Boeßenecker und der Betriebswirt Michael Vilain gehen in ihrer Einführung in die Organisationsstrukturen und Handlungsfelder sozialwirtschaftlicher Akteure sogar so weit, dass sich (spätestens) mit Beginn der 1990er-Jahre die Grundlagen der bereits im 19. Jahrhundert entwickelten Wohlfahrtspflege verändert haben (auch Hammerschmidt et al. 2017: 68 ff.). Der ordnungspolitische Rahmen – das Subsidiaritätsprinzip gehört hier mit dazu – hat die Dualität von öffentlichen und freigemeinnützigen Trägern im Rahmen der Implementation von Wettbewerbselementen und einer damit verbundenen Gleichbehandlung aller Anbieter von sozialen Dienstleistungen verändert und in Teilen auch aufgelöst, sodass nicht gemeinnützige Träger in einzelnen Bereichen der Sozialen Arbeit an Bedeutung gewonnen haben (Abb. 7).

25 Beispielhaft wird an dieser Stelle auf die sogenannte „Selbsthilfebewegung" in den 1970er- und Anfang der 1980er-Jahre verwiesen, aus der zahlreiche Träger der Sozialen Arbeit entstanden sind, damit die „Landschaft" verändert haben und die im Übrigen seinerzeit auch zu einer Aufwertung des Paritätischen Wohlfahrtsverbandes geführt haben (auch Bauer et al. 2012).

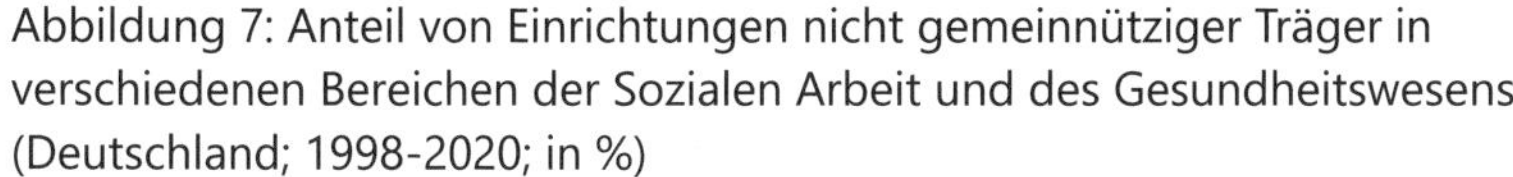

Abbildung 7: Anteil von Einrichtungen nicht gemeinnütziger Träger in verschiedenen Bereichen der Sozialen Arbeit und des Gesundheitswesens (Deutschland; 1998-2020; in %)

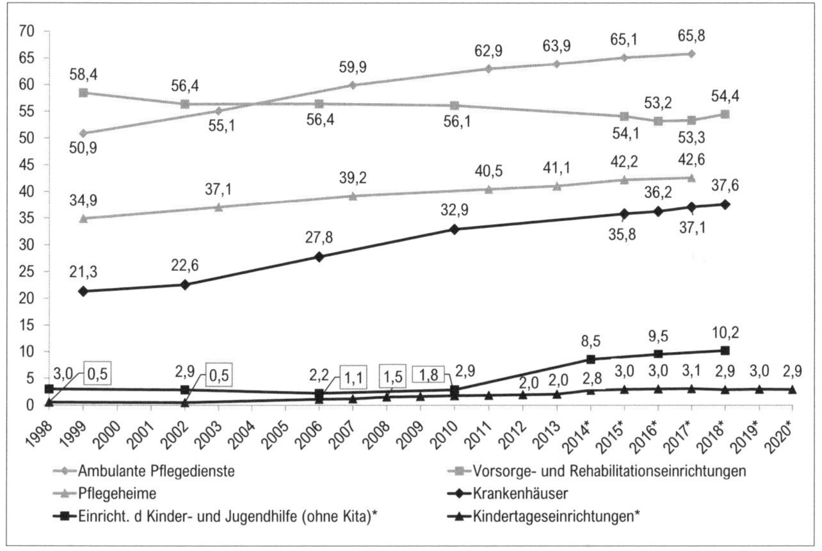

Erläuterungen und Lesebeispiel: Dargestellt wird jeweils der Anteil von Einrichtungen in privatgewerblicher Trägerschaft an allen Einrichtungen im jeweiligen Bereich der Sozialen Arbeit bzw. des Gesundheitswesens.

* Für den Bereich der Kinder- und Jugendhilfe sind die Ergebnisse ab dem Jahr 2014 nur eingeschränkt mit den Vorjahren vergleichbar, da das Merkmal der Nicht-Gemeinnützigkeit ab 2014 in überarbeiteter Form erfasst wird. Bei der Berechnung der Quoten für die Kinder- und Jugendhilfe werden die Jugendbehörden sowie die Geschäftsstellen der Freien Träger und die Arbeitsgemeinschaften von Trägern – sofern diese in der Statistik erfasst werden – nicht mitberücksichtigt.

Quellen: Statistisches Bundesamt: Statistiken der Kinder- und Jugendhilfe – Einrichtungen und tätige Personen, Kinder und tätige Personen in Tageseinrichtungen und in öffentlich geförderter Kindertagespflege; Krankenhausstatistik – Grunddaten der Krankenhäuser; Krankenhausstatistik – Grunddaten der Vorsorge- oder Rehabilitationseinrichtungen; Pflegestatistik – Pflege im Rahmen der Pflegeversicherung – Deutschlandergebnisse, versch. Jahrgänge; Zusammenstellung in Anlehnung an AKJStat (2017) und eigene Berechnungen

Diese Entwicklung geht mitunter einher mit der Aufhebung einer verlässlichen Refinanzierung sozialgesetzlicher Leistungen durch die „Öffentliche Hand" hin zu einer prospektiven und leistungsabhängigen Finanzierung (Boeßenecker und Vilain 2013). Für Einrichtungen und Dienste der Sozialen

Arbeit wird dadurch die Frage nach der Auskömmlichkeit der Finanzierung unter veränderten Rahmenbedingungen neu gestellt.

Diese Veränderungen gelten allerdings noch nicht so sehr für die Kinder- und Jugendhilfe, jedoch für andere Praxisfelder der Sozialen Arbeit sind sie auch empirisch zu beobachten. Das heißt, in anderen Bereichen und auch anderen Rechtskreisen der Sozialen Arbeit jenseits des SGB VIII (Kinder- und Jugendhilfegesetz) haben privatgewerbliche Träger eine deutlich andere quantitative Präsenz als in der Kinder- und Jugendhilfe (Abb. 7). Dies gilt für die Infrastruktur von Einrichtungen und Diensten im Bereich der Pflege mit steigender Tendenz seit Ende der 1990er-Jahre, aber auch für die Krankenhäuser. Nur bei den Vorsorge- und Rehabilitationseinrichtungen ist der Anteil der Einrichtungen in privatgewerblicher Trägerschaft rückläufig, liegt allerdings in der zweiten Hälfte der 2010er-Jahre immer noch bei mehr als der Hälfte.

Diese günstigen Entwicklungen wiederum für die privatgewerblichen Träger als Leistungserbringer in verschiedenen Bereichen der Sozialen Arbeit – durchaus im Sinne der Forderungen der Monopolkommission (2014)[26] für die Kinder- und Jugendhilfe – können mit Blick auf Korporatismus und Subsidiaritätsprinzip durchaus kritisch bewertet werden. Kritiker kommentieren diese Entwicklungen dahingehend, dass

> „an die Stelle des klassischen dualen Systems von öffentlichen und frei-gemeinnützigen Trägern im Sozialsektor [...] so ein Mix von [...] öffentlichen Trägern, frei-gemeinnützigen und privat-kommerziellen Leistungsanbietern [tritt, HS/JP], die in einem Wettbewerb zueinander stehen und um Preise und Qualität konkurrieren. Durch Ausgliederung und Überführung ihrer Einrichtungen in privatrechtliche Organisationsformen des Gesellschaftsrechtes versuchen die Freien Träger und ihre Einrichtungen, die Flexibilität in der Aufgabenerfüllung zu steigern und dem aus der Budgetierung resultierenden Druck zu Rationalisierung und Effektivitätssteigerung zu begegnen" (Bauer et al. 2012: 828).

Die Implementierung von weiteren Wettbewerbselementen, steigende Anforderungen an die Flexibilität der Träger bei der Aufgabenerfüllung oder auch die Herausforderung, effektiver als Träger zu agieren, scheinen möglicherweise für sich genommen – losgelöst vom Ordnungsrahmen des Subsidiaritätsprinzips – nicht sonderlich spektakulär oder bedrohlich zu wirken. Diese möglichen Folgen können aber dann als „Schreckensszenario" für die Soziale Arbeit betrachtet werden, wenn – so die Befürworter der aktuellen

26 Laut Selbstdarstellung ist die Monopolkommission ein „unabhängiges Beratungsgremium, das die Bundesregierung und die gesetzgebenden Körperschaften auf den Gebieten der Wettbewerbspolitik, des Wettbewerbsrechts und der Regulierung berät. Ihre Gutachten werden veröffentlicht" (Monopolkommission 2019, o.S.).

Verhältnisse im Korporatismus wie die Arbeitsgemeinschaft für Jugendhilfe (AGJ) – durch diese Entwicklungen das Prinzip der partnerschaftlichen Zusammenarbeit und der gemeinsamen Verantwortung von Öffentlichen und Freien Trägern gefährdet oder sogar demontiert wird und stattdessen von einer Dominanz des Konkurrenzgedankens abgelöst wird. Ein rein markförmig organisierter, preisgesteuerter Wettbewerb würde sich in diesem Szenario jedoch negativ auf die Qualität der Sozialen Arbeit auswirken (AGJ 2014).

Nachgefragt und zur Diskussion gestellt

1. Was ist das Subsidiaritätsprinzip?
2. Wie bewerten Sie die Trägerstrukturen vor dem Hintergrund des Ausbaus der Sozialen Dienste und der gültigen gesellschaftlichen und politischen Rahmenbedingungen?
3. Wie beurteilen Sie die Privilegien für einzelne Trägergruppen in der Sozialen Arbeit durch Korporatismus und Subsidiaritätsprinzip?
4. Sehen Sie die Notwendigkeit für einen anderen Ordnungsrahmen als einen korporatistischen zwischen Staat, Markt und Zivilgesellschaft?

Weiterführende Literatur

Eyßell, Tim (2015): Vom lokalen Korporatismus zum europaweiten Wohlfahrtsmarkt. Der Wandel der Governance sozialer Dienste und zugrundeliegende Strategien. Wiesbaden: Springer VS.

Jordan, Erwin/Maykus, Stephan/Stuckstätte, Eva C. (2012): Kinder- und Jugendhilfe. Einführung in Geschichte und Handlungsfelder, Organisationsformen und gesellschaftliche Problemlagen. 3. Aufl. Weinheim, Basel: Beltz Juventa (Teil III: Organisation, Finanzierung, Planung).

Wiesner, Reinhard (Hrsg.) (2015): SGB VIII. Kinder- und Jugendhilfe; Kommentar. 5. überarb. Aufl. München: Verlag C. H. Beck, §§ 4, 71, 75 SGB VIII.

6. Organisationen der Sozialen Arbeit – Einrichtungen und Dienste

Zielsetzungen des Kapitels

— Besonderheiten und Merkmale von Organisationen der Sozialen Arbeit als personenbezogene soziale Dienstleistungsorganisationen sind bekannt und können erläutert werden.

— Zielsetzungen, Formen der Arbeitsteilung, Modi der Koordinierung, die Art und Weise von Regulierungen oder auch die Qualität von Strukturen können für Organisationen der Sozialen Arbeit erörtert werden

— Gemeinsamkeiten von Sozialen Diensten und Einrichtungen können als Organisationsformate genauso dargestellt werden wie die Unterschiede.

Soziale Arbeit findet im Kontext von Organisationen wie Beratungsstellen, Kinder- und Jugendheimen, Jugendzentren, Kindertageseinrichtungen und Tagesgruppen, aber auch in Alten- und Pflegeheimen, Betrieben, Justizvollzugsanstalten, Krankenhäusern oder auch Schulen statt. Allerdings handelt es sich bei diesen Beispielen keineswegs in allen Fällen um Organisationen der Sozialen Arbeit.[27] Während beispielsweise Beratungsstellen, Heime, Tagesgruppen oder auch Jugendzentren als Organisationen der Sozialen Arbeit bezeichnet werden können, haben Betriebe, Justizvollzugsanstalten, Krankenhäuser oder auch Schulen Soziale Dienste bzw. wird dort Soziale Arbeit in Form von Angeboten oder Projekten erbracht. Das macht die genannten

27 Bei der Erstellung dieses Bandes haben wir um eine passende Begrifflichkeit gerungen. In ersten Manuskriptfassungen wurde vorgeschlagen, den Terminus „Sozialpädagogische Organisationen" als feststehenden Fachbegriff einzuführen. Dieser Terminus wird in der Literatur und dem Diskurs über und in der Sozialen Arbeit zwar nur sporadisch verwendet (z.B. Rosenbauer 2011), dennoch schien er gut geeignet zu sein, um die hier gemeinten Organisationen mit ihren Gemeinsamkeiten und Unterschieden zu beschreiben. Die Rückmeldungen zu diesen Ausführungen haben uns allerdings vor Augen geführt, dass dies kontraproduktiv sein kann, wenn beabsichtigt wird, die für das 21. Jahrhundert unzeitgemäß erscheinende Trennung von Sozialarbeit und Sozialpädagogik zu überwinden (u.a. Thole 2012a: 19 f.; Füssenhäuser und Thiersch 2018). Vor diesem Hintergrund verwenden wir überwiegend „Organisationen der Sozialen Arbeit" und nur sporadisch „Sozialpädagogische Organisationen". Die Begriffe werden synonym verwendet.

Beispiele jedoch noch nicht zu Organisation der Sozialen Arbeit (Mayrhofer 2009).

Organisationen der Sozialen Arbeit sind vielmehr – so viel sei vorweggenommen – solche Organisationen, deren primäres Handlungsziel auf die Erbringung Sozialer Arbeit ausgerichtet ist. Dies sind vor allem Dienste und Einrichtungen (siehe unten). Bei den Einrichtungen sind beispielsweise die eingangs genannten Beratungsstellen, Jugendzentren, Kindertageseinrichtungen oder auch Kinder- und Jugendheime gemeint. Zu den Diensten gehören Allgemeine Soziale Dienste (ASD), Besuchsdienste im Bereich der „Frühen Hilfen", Kinder- und Jugendnotdienste bis hin zu Angeboten der mobilen Kinder- und Jugendarbeit oder auch solchen im Rahmen der Schulsozialarbeit (Abb. 8). Das Feld der Sozialen Arbeit ist vielfältig. Daher möchten wir uns an dieser Stelle, wie bereits in der Einleitung benannt, auf die bereits sehr komplexe Kinder- und Jugendhilfe beschränken, andere Felder der Sozialen Arbeit, wie der Wohnungslosenhilfe, Existenzsicherung oder der Arbeit in der Psychiatrie, werden in diesem Kapitel nicht spezifisch betrachtet.

Abbildung 8: Beispiele für Soziale Dienste und Einrichtungen als Sozialpädagogische Organisationen aus der Kinder- und Jugendhilfe

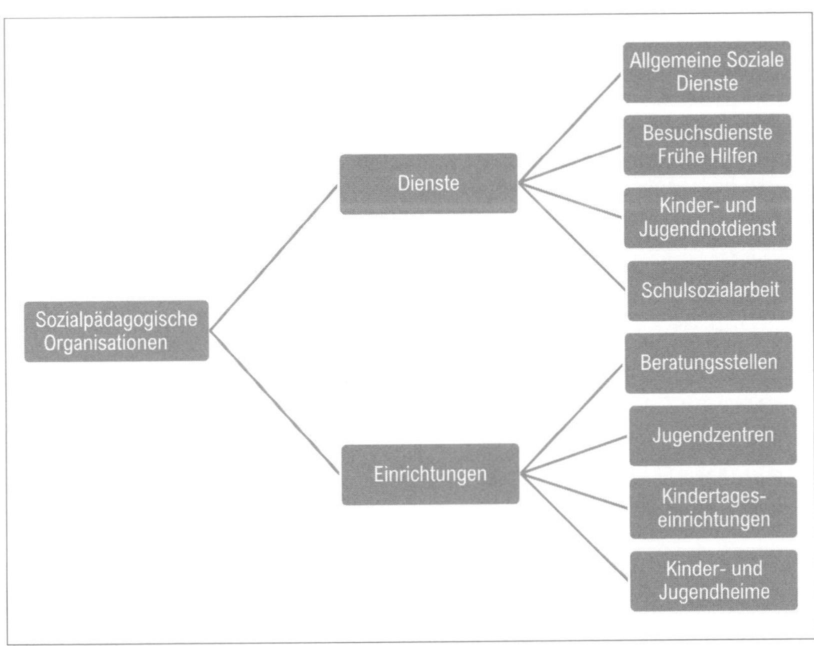

Quelle: eigene Darstellung

Auf diese Unterscheidung von Einrichtungen und Diensten wird im zweiten Teil dieses Kapitels noch zurückzukommen sein (Kap. 6.2). Zunächst werden jedoch in einem ersten Teil Gemeinsamkeiten der Organisationen der Sozialen Arbeit näher beschrieben sowie wesentliche Merkmale herausgearbeitet werden (Kap. 6.1).

6.1 Zum Sozialarbeiterischen/Sozialpädagogischen in Organisationen der Sozialen Arbeit

Der Professor für Organisationssoziologie an der Universität Siegen Thomas Klatetzki prägt in seinen Veröffentlichungen Begriffe wie „soziale personenbezogene Dienstleistungsorganisationen" (ebd. 2010: 8) oder auch „soziale Dienstleistungsorganisationen" (ebd. 2018: 1260).[28] Hierzu gehören auch Einrichtungen und Dienste der Sozialen Arbeit. Diese sozialen Dienstleistungsorganisationen sind bei allen im Folgenden noch herauszuarbeitenden Herausforderungen und Strukturproblemen ein für die Soziale Arbeit unverzichtbares Strukturelement. Die beiden Erziehungswissenschaftler Fabian Kessl und Hans-Uwe Otto (2011) sprechen in diesem Zusammenhang auch von den organisationalen Mustern der Sozialen Arbeit. Nach diesem Verständnis sind die Organisationen der Sozialen Arbeit nicht nur ein solches organisatorisches Muster, sondern stellen eine Art Gradmesser für eine Institutionalisierung personenbezogener sozialer Dienstleistungen dar.[29]

Organisationen der Sozialen Arbeit sind Teil dieser sozialen Infrastruktur. Für diese gelten als Organisationen das, was im Kapitel 2 zum Organisationsbegriff herausgearbeitet wird:

> „Organisationen sind soziale Orte, an denen Menschen regelmäßig arbeitsteilig, koordiniert und regelgeleitet strukturiert durch das Einbringen ihrer Ressourcen Ziele anstreben und erreichen."

28 Einige von diesen genannten Organisationen werden auch in anderen Kapiteln dieses Bandes thematisiert. So wird im Kap. 3 zur Organisation der Sozialen Arbeit beispielsweise das Jugendamt als der für die Kinder- und Jugendhilfe zentrale Öffentliche Träger auf kommunaler Ebene vorgestellt. An anderer Stelle wird beim Thema „Organisationen als gefährliche Orte" auf Heime und betreute Wohnformen exemplarisch Bezug genommen. (Kap. 10). Hier werden jeweils Organisationen der Sozialen Arbeit und damit auch „Sozialpädagogische Organisationen" in den Blick genommen. Beide Begrifflichkeiten meinen im Folgenden dasselbe und werden entsprechend synonym verwendet (auch Fußnote 27).

29 Kessl und Otto (2011) verwenden im Rahmen ihrer Ausführungen zwar den Terminus der „Sozialen Dienste", gemeint ist aber letztendlich das, was hier als „Sozialpädagogische Organisationen" bezeichnet wird. Dieses weite Verständnis von Sozialen Diensten, das mitunter dazu führt, dass Soziale Dienste und Soziale Arbeit nahezu synonym verwenden werden, zeigt sich beispielsweise auch in den Beiträgen des 2011 erschienenen Handbuches Soziale Dienste von Adalbert Evers, Rolf G. Heinze und Thomas Olk.

Bei diesen Organisationen handelt es sich um eine Art der von Klatetzki (2010) beschriebenen sozialen personenbezogenen Dienstleistungsorganisationen. Diese sind spezifische komplexe und mehrdeutige soziale Systeme. Sie unterliegen den verschiedenen Einflusssphären von Markt, Staat und (Zivil-)Gesellschaft, zeichnen sich durch Mehrdeutigkeiten, Unsicherheiten und Widersprüchlichkeiten aus. Diese können sich beispielsweise auch in Konflikten zwischen Bürokratie, Profession und Management niederschlagen, aber hiervon betroffen ist auch die Beziehungsebene zu den Adressatinnen und Adressaten der Angebote und Leistungen der Organisationen.

Hierüber deutet sich an, dass „Sozialpädagogische Organisationen" auf der einen Seite zwar Organisationen sind, aber auf der anderen Seite Besonderheiten mit Blick auf Zielsetzungen, Formen der Arbeitsteilung, Modi der Koordinierung, die Art und Weise von Regulierungen oder auch die Qualität von Strukturen zu beachten sind. Das heißt – um es konkreter zu machen – beispielsweise:

- „Sozialpädagogischen Organisationen" zielen auf die Arbeit mit Menschen im Rahmen eines Co-Produktionsprozesses ab. Thomas Klatetzki (2010) spricht in diesem Zusammenhang auch vom „Menschen als zu bearbeitendes Rohmaterial" (ebd.: 10). Diese Formulierung ist allerdings für die Soziale Arbeit wenig oder zumindest nur bedingt in einem analytischen Zusammenhang geeignet, zumal an mehreren Stellen in diesem Band herausgearbeitet wird – z.B. in Kapitel 2, sowie noch folgend im Kapitel 8 –, dass es sich bei der Erbringung Sozialer Arbeit um einen Koproduktionsprozess handelt. Die Adressatinnen und Adressaten der Sozialen Arbeit sind also kein Werkstoff, aus dem etwas hergestellt werden soll, sondern vielmehr handelt es sich bei der Sozialen Arbeit um eine personenbezogene Dienstleistung, die eben nicht dem Produktionsbereich zuzuordnen ist. Dies verweist auf eine spezifische Arbeitsbeziehung zwischen den Fachkräften der Organisation und den Adressatinnen und Adressaten. Soziale Arbeit kann nur dann erbracht werden, wenn die Adressatinnen und Adressaten mindestens beteiligt bzw. eingebunden sind und kooperieren (Kap. 8).

- Bleibt man bei den Koproduktionsprozessen, so sind die „Sozialpädagogischen Organisationen" dabei durch gleich mehrere strukturelle Ambivalenzen herausgefordert. Zumindest drei sollen an dieser Stelle exemplarisch benannt werden:
  - Da wäre *erstens* mit Blick auf institutionalisierte Hilfen der Gegensatz von Formalisierung auf der einen und Flexibilität auf der anderen Seite. Es besteht ein Widerspruch zwischen einerseits Verlässlichkeit und Verbindlichkeit und damit auch einhergehend einem bestimmten Formalisierungsgrad von Abläufen und Leistungen. Es geht hierbei auch um Transparenz und Berechenbarkeit der „Sozialpädagogischen Orga-

nisationen“ für Adressatinnen und Adressaten. Andererseits gehört es zu einer guten Qualität Sozialer Arbeit, wenn Hilfen individuell, flexibel und am jeweiligen Einzelfall ausgerichtet ausgestaltet werden (Merchel 2018: 105 ff.).

- ◻ Organisationen der Sozialen Arbeit müssen dabei genauso eine Balance finden wie auch *zweitens* beim Austarieren des je nach Institution mehr oder weniger präsenten Spannungsverhältnisses von Hilfe und Kontrolle (Dahme und Wohlfahrt 2018). Diese Ambivalenz ist nicht nur einer Herausforderung für das sozialpädagogische Handeln der Fachkräfte, sondern kann auch auf die jeweiligen Organisationen zurückfallen und führt mitunter zu entsprechenden Wahrnehmungen von Einrichtungen, Diensten oder auch Behörden. Ein Beispiel hierfür ist das immer wieder und seit Jahrzehnten diskutierte Image vom Jugendamt zwischen „Dienstleistungsagentur“ (AGJ 1995) und/oder „Eingriffs- und Kinderklaubehörde“ (Enders 2013: 14).
- ◻ Schließlich stehen in Organisationen der Sozialen Arbeit auch *drittens* fachliche Handlungsprinzipien oftmals im Widerspruch zu vorhandenen finanziellen Ressourcen (Merchel 2018: 107 ff.).

- Die Organisationen der Sozialen Arbeit oder auch die „Sozialpädagogischen Organisationen“ haben bei dieser institutionalisierten Form der Arbeit mit Menschen verbunden mit ihren zumindest weiter oben exemplarisch benannten Widersprüchen eine wichtige Aufgabe, um mit diesem umgehen zu können bzw. um die daraus erwachsenen Spannungsfelder sozialpädagogischen Handelns auch fachlich zu rahmen und auszugestalten. So arbeitet Nicole Rosenbauer (2011) positive Funktionen für „Sozialpädagogische Organisationen“ als Handlungsrahmen für eine sozialpädagogische Professionalität heraus, wenn sie bilanziert:

  „Die entscheidende Leistung der Ordnungsbildung in sozialpädagogischen Organisationen liegt dabei in der Konstitution einer gemeinsam geteilten Fachlichkeit: Bezeichnend ist, dass die Reflexion der Fachkräfte über Professionalität sehr stark auf die eigenen institutionell-organisatorischen Strukturen rekurriert – oder anders formuliert, dass die MitarbeiterInnen professionelles Handeln als in die Organisation eingelassen reflektieren und es jenseits dieser Einbindung als nicht denkbar erscheint“ (ebd.: 123).

  Vor diesem Hintergrund leisten oder bieten organisatorische Kontexte Möglichkeiten für einerseits Distanzierungen und reflexive Schleifen, aber auch andererseits für Vergewisserung, und zwar sowohl zurückschauend – also retrospektiv – als auch nach vorne gerichtet – also prospektiv. Solche Orte oder Gelegenheiten sind in „Sozialpädagogischen Organisationen“ „das Team“ oder auch die sogenannten „Tür- und Angel-Gespräche“. Hierzu gehören jedoch auch Formen einer regelmäßigen Organisations- und Qualitätsreflexion bis hin zu Prozessen der (Selbst-)Evaluation (Merchel 2018: 106 f.). In diesen Kontexten sind zentrale sozialpädagogische Alltagsfragen zu stellen sowie zu diskutieren und sollten – soweit möglich – zumindest für den jeweiligen organisatorischen Kontext beantwortet werden. Zu diesen Fragen gehören beispielsweise die nach der Qualität von Entscheidungen, nach den richtigen Handlungszielen, aber auch die nach den Grenzen professionellen Handelns. Diese Vergewisserungen im Kreis von Kolleginnen und Kollegen sind eine notwendige Voraussetzung für sozialpädagogisch professionelles Handeln und markieren Eckpfeiler für eine in „Sozialpädagogischen Organisationen" gemeinsam geteilte Fachlichkeit (Rosenbauer 2011: 123). Sie sind damit auch notwendige Bestandteile für einen Prozess der kontinuierlichen Organisationsentwicklung (Kap. 11).

- Bei der herausgearbeiteten zentralen Bedeutung von Interaktions- und Kommunikationsprozessen fehlt bislang noch die Verbindung zu einem wichtigen Element von Organisationen, und zwar das der zum Einsatz kommenden Technologien. Nach der Ausgestaltung von Interaktionen und Kommunikationen richtet sich auch der Einsatz der fachlich einschlägigen sogenannten „Technologien" in den Organisationen der Sozialen Arbeit. Hierbei handelt es sich um die Methoden und Techniken der Sozialen Arbeit (ausführlicher Braches-Chyrek 2019). Sie gehören zum Knowhow für die Soziale Arbeit (Kap. 2). Die hier eingesetzten Technologien zeichnen sich zwar nicht durchgängig, jedoch zumindest auch dadurch aus, dass ein Wissen über die Wirkungen der eingesetzten Methoden und Techniken oder auch das sogenannte „Kausalwissen" entweder gar nicht oder allenfalls teilweise bzw. ansatzweise vorhanden ist. Es handelt sich oftmals um vergleichsweise komplexe empirische Zusammenhänge, die mit dem zum Teil vorhandenen Wissen über die Eindeutigkeit vieler naturwissenschaftlicher Zusammenhänge nicht vergleichbar sind. Das methodische Handeln in der Sozialen Arbeit ist also vielfach nicht einfach strukturiert und hinsichtlich des Verhältnisses von eingesetzten Mitteln und erreichten Zielen (Ziel-Mittel-Relation) zumindest undurchsichtig. Thomas Olk (1995: 28) hat in diesem Zusammenhang unter Bezugnahme auf gemeinsame Überlegungen des Soziologen Niklas Luhmann und des Erziehungswissenschaftlers Karl-Eberhard Schorr zum Erziehungssystem (Luhmann und Schorr 1982: 14 f.) im Lichte dieser fehlenden „Ursache-Wirkungs-Beziehungen" ein „strukturelles Technologiedefizit" für die Soziale Arbeit und vor allem für die Kinder- und Jugendhilfe konstatiert. Dieses fehlende belastbare Kausalwissen über die eingesetzten Methoden und Techniken kann dazu führen, dass die Bedeutung oder auch die Auswahl von eingesetzten Methoden und Techniken weniger auf das empirische Wissen über die jeweiligen Wirkungen der Technologie zurückgeht, sondern stattdessen auf Ideologien, Paradigmen bzw. Überzeugungen zurückgegriffen werden muss.

- Die Zielfindung von und in Organisationen ist ohnehin schon voraussetzungsvoll und schwierig genug (Kap. 2), stellt aber für Organisationen der Sozialen Arbeit eine besondere Herausforderung dar. Das herausgearbeitete fehlende Wissen über „Ursache-Wirkungs-Beziehungen" führt mit dazu, dass in der Sozialen Arbeit das Formulieren von Zielsetzungen ausbleibt, zumindest jedoch erheblich erschwert wird, mit der Konsequenz, dass Ziele zu abstrakt ausfallen können und damit zu wenig praktikabel für den Organisationsalltag bzw. die alltägliche Soziale Arbeit im jeweiligen institutionellen Kontext sind. Für die Soziale Arbeit bzw. die sozialpädagogischen Handlungsfelder und ihre Organisationen wird vor diesem Hintergrund eine „Zieldiffusität" beobachtet (Merchel 2004: 139). Diese resultiert zusätzlich aus der Tatsache, dass Zielsetzungen für sozialpädagogisches Handeln im Einzelfall eben genau auf diesen ausgerichtet sein sollten. Erschwerend, aber gleichwohl fachlich unverzichtbar kommt durch die Ausrichtung am Einzelfall auch eine solche an der Lebenswelt und dem Alltag der Adressatinnen und der Adressaten hinzu. Diese Gemengelage erhöht die Anforderungen, Ziele so zu formulieren, dass hierüber Erfolg bzw. Effektivität im Sinn von Zielerreichung einer Sozialpädagogischen Organisation bestimmt werden kann.

Es ist allerdings zu einfach, sich auf die „Zieldiffusität" der Sozialen Arbeit verbunden mit einem Technologiedefizit zurückzuziehen, um damit die Frage nach der Effektivität wegzuschieben oder zu ignorieren. So bestehen auch für Organisationen der Sozialen Arbeit Optionen für die Schaffung einer geeigneten Datengrundlage zur Evaluation von Handlungs- und Organisationszielen, beispielsweise durch das Erfassen eingesetzter Mittel, das Zählen von Outputs oder auch die Befragung von Adressatinnen und Adressaten sowie von Fachkräften. Solche Daten können für „Sozialpädagogische Organisationen" Impulse für Zielformulierungen beinhalten und liefern mitunter auch Hinweise auf die Qualität der Umsetzung bestehender Ziele.

Ein konkretes Beispiel hierzu ist das sogenannte „EVAS-Instrument" im Arbeitsfeld der Hilfen zur Erziehung. Bereits seit 1999 kann in der Kinder- und Jugendhilfe bundesweit und trägerübergreifend dieses Verfahren zur Dokumentation und Evaluation der pädagogischen Arbeit im Bereich der erzieherischen Hilfen eingesetzt werden (Macsenaere und Knab 2004). Mittels EVAS sollen Einrichtungen und Dienste der Hilfen zur Erziehung auf der Basis einer einzelfallbezogenen Leistungs- und Entwicklungsdiagnostik eine mehrstufige Qualitätsanalyse vornehmen können. Hierüber soll ein Beitrag zur Qualitätsentwicklung für die Soziale Arbeit von Diensten und vor allem Einrichtungen der Hilfen zur Erziehung auch mit Blick auf Wirkungsnachweise geleistet werden (Macsenaere 2013).[30]

30 Siehe auch Institut für Kinder- und Jugendhilfe unter https://ikj-mainz.de/angebot/hilfen-zur-erziehung/evas/ [Zugriff 15.08.2021].

6.2 Soziale Dienste und Einrichtungen

Dienste und Einrichtungen sind die typischen Formen „Sozialpädagogischer Organisationen" (Abb. 8). Im Folgenden werden auch weitere Gemeinsamkeiten von Diensten und Einrichtungen als Organisationen der Sozialen Arbeit deutlich, insbesondere werden Unterschiede zwischen Diensten und Einrichtungen herausgearbeitet. Eine strikte Trennung von Diensten und Einrichtungen wird in der Literatur nicht immer vorgenommen, sondern die Begriffe werden insbesondere auch dann synonym verwendet, wenn die Gemeinsamkeiten und die übergreifenden Zusammenhänge für diese Organisationen der Sozialen Arbeit herausgestellt werden sollen (z.B. Kessl und Otto 2011). So gibt es Beispiele aus der Fachliteratur, in denen der Begriff der „Sozialen Dienste" umfassender verwendet wird bis hin zu einer quasi Gleichsetzung von Sozialen Diensten und Sozialer Arbeit (Evers et al. 2011). Diese verweist genauso auf die großen Schnittmengen der beiden Formen „Sozialpädagogischer Organisationen" wie eine erweiterte Verwendung des Einrichtungsbegriffs, der auch die Sozialen Dienste hierunter subsummiert. Dies zeigt sich, wenn es auch mit einer etwas anderen Konnotation in den Überlegungen von Thomas Klatetzki (2018) zum Begriff der „Jugendhilfeeinrichtung" heißt:

> Unter dem Begriff ‚Jugendhilfeeinrichtung' werden (...) alle Organisationen gefasst, die soziale, auf konkrete Personen bezogene Dienstleistungen durchführen. Jugendhilfeeinrichtungen leisten beratende, pädagogische und/oder therapeutische Arbeit mit den Klienten" (Klatetzki 2018: 1261).

Entgegen diesem Verständnis halten wir es für eine bessere Beobachtung und Sortierung, aber auch für ein präziseres Verständnis von Sozialer Arbeit und ihrer Organisationen an dieser Stelle der Einführung für notwendig, zwischen Diensten und Einrichtungen zu unterscheiden (Abb. 8). Denkt man beispielsweise nur einmal an die an einer Schule an- und eingebundene Schulsozialarbeit. Die Begriffe Dienst und Einrichtung sind in dem Fall sicher nicht gleichermaßen geeignet, um die Schulsozialarbeit zu beschreiben. Vielmehr handelt es sich um einen Dienst der Sozialen Arbeit an einer Schule, also einer Bildungseinrichtung im engeren Sinne.

Die Unterscheidung von Diensten und Einrichtungen findet sich auch im Sozialrecht. (z.B. Boetticher und Münder 2011). Die tragende Rolle von Diensten und Einrichtungen für die Soziale Arbeit und sozialstaatliche Leistungen wird deutlich, wenn es im ersten Sozialgesetzbuch zum Punkt „Ausführungen der Sozialleistungen" heißt:

> „Die Leistungsträger sind verpflichtet darauf hinzuwirken, dass (...) die zur Ausführung von Sozialleistungen erforderlichen sozialen Dienste und Einrichtungen rechtzeitig und ausreichend zur Verfügung stehen" (§ 17 Abs. 1 SGB I).

Das Achte Sozialgesetzbuch zur Kinder- und Jugendhilfe sieht diese zentrale Unterscheidung von Diensten und Einrichtungen ebenfalls vor, wenn es bei der Formulierung der Gesamtverantwortung für den Öffentlichen Träger mit Blick auf die Kinder- und Jugendhilfe heißt, dass die Öffentlichen Träger im Rahmen ihrer Gesamtverantwortung u.a. dazu verpflichtet sind dafür zu sorgen, dass die erforderlichen Dienste und Einrichtungen im Rahmen der Kinder- und Jugendhilfe zur Verfügung gestellt werden (§ 79 Abs. SGB VIII).[31]

Es gibt also gute Gründe, sich mit Diensten und Einrichtungen als „Sozialpädagogische Organisationen" einmal genauer zu befassen. Daher werden im Folgenden zunächst die Sozialen Dienste (6.2.1) und im Anschluss daran die Einrichtungen (6.2.2) in den Blick genommen.

6.2.1 Soziale Dienste

In der Sozialen Arbeit gibt es zahlreiche Beispiele für Soziale Dienste, wie bereits in Abbildung 8 gezeigt wird. Werner Thole (2012a: 28) zählt im Rahmen eines Einführungsbeitrags für den sogenannten „Grundriss Soziale Arbeit" auch ambulante Pflegedienste, sozialpsychiatrische Dienste, betriebliche Gesundheitsdienste oder auch soziale Dienste in Krankenhäusern dazu. Für die gleiche Einführung in die Soziale Arbeit benennt Karin Bock (2012) in ihrem Beitrag zur Kinder- und Jugendhilfe die zentrale Bedeutung von Sozialen Diensten für die Organisation der Tätigkeitsfelder in der Kinder- und Jugendhilfe. So gibt es einerseits zahlreiche Beispiele für Soziale Dienste im Bereich der Kinder- und Jugendhilfe (Abb. 8), andererseits zeigt das Beispiel Allgemeiner Sozialer Dienst (ASD) die Unverzichtbarkeit von einzelnen Diensten für die Kinder- und Jugendhilfe (siehe Kasten).

Die Relevanz der Sozialen Dienste für die Kinder- und Jugendhilfe ist angesichts der einschlägigen gesetzlichen Grundlagen nur folgerichtig. In Rechtskommentaren zum SGB VIII, also dem Kinder- und Jugendhilfegesetz, bestätigt sich nicht nur die zentrale Bedeutung von Diensten als Organisationsform für die Kinder- und Jugendhilfe, sondern es wird auch ein für die Soziale Arbeit insgesamt relevantes Verständnis von Sozialen Diensten entwickelt:

> „(Soziale) Dienste sind fachlich abgegrenzte Organisationseinheiten in staatlichen und kommunalen Verwaltungen oder im Rahmen der Organisation eines nicht staatlichen Trägers, die im Feld der Sozialarbeit und der sozialen Hilfen tätig werden. Kennzeichnend ist, dass die Tätigkeit nicht zwingend be-

31 Darüber hinaus finden sich weitere Stellen im SGB VIII, an denen ausdrücklich die Dienste und Einrichtungen der Kinder- und Jugendhilfe durch den Gesetzgeber adressiert werden, beispielsweise bei Formulierungen zum Subsidiaritätsprinzip oder auch beim Wunsch- und Wahlrecht als wichtige Ordnungs- und Handlungsprinzipien für die Kinder- und Jugendhilfe (§ 4 Abs. 2 SGB VIII).

stimmte bauliche Voraussetzungen (Räume, Geräte) voraussetzt. Rat und Hilfe können sowohl in ‚Sprechstunden', auf der Straße (Streetwork) oder in der Wohnung der Klienten erteilt werden" (Wiesner 2015: 115).

Ein **Sozialer Dienst** ist eine Organisation der Sozialen Arbeit oder Teil einer solchen. Es werden hier personenbezogene soziale Dienstleistung erbracht. Dabei ist es unerheblich, ob weitere Teile der Organisation zur Sozialen Arbeit gehören.

Oder noch einmal anders formuliert: Ein Dienst ist eine Organisationsform für Träger, um Soziale Arbeit als eine personenbezogene soziale Dienstleistung zu erbringen. Im Gegensatz zur Einrichtung sind dafür weit weniger bauliche oder allgemeiner räumliche Voraussetzungen erforderlich. Nicht zu verwechseln ist der „Dienst" mit der „Dienstleistung" (auch Flösser et al. 2018). Während die Dienstleistung ein bestimmtes Handeln beschreibt, ist der Dienst dem übergeordnet. Er ist vielmehr eine Organisation oder auch eine Organisationseinheit, die personenbezogene soziale Dienstleistungen, Angebote der Sozialen Arbeit oder auch sozialpädagogische Hilfen durchführt bzw. erbringt. Ein Dienst ist eine abgegrenzte Organisationsform eines Öffentlichen oder Freien Trägers (Nikles 2008: 28).

Allgemeine Soziale Dienste – Basisdienst der Jugendämter für die Kinder- und Jugendhilfe

Ein für die Kinder- und Jugendhilfe, sowie auch insgesamt für die Soziale Arbeit zentraler Dienst ist der sogenannte „Allgemeine Soziale Dienst". Diese heutige Organisationsform hat sich nicht zuletzt aus einer familienergänzenden und -unterstützenden Wohlfahrtsarbeit und seinen Ausdifferenzierungen im Verlaufe des 20. Jahrhunderts entwickelt (Thole 2012a: 24). Das Vorhandensein eines Allgemeinen Sozialen Dienstes (ASD) ist heute eine Selbstverständlichkeit für die Organisation einer örtlich funktionalen Kinder- und Jugendhilfe in der Gesamtverantwortung der Öffentlichen Träger. Bereits für Mitte der 2000er-Jahre hatte eine Untersuchung des Deutschen Jugendinstituts herausgearbeitet, dass 99% der Kommunen einen solchen Dienst eingerichtet haben (Kreft 2013b). Es handelt sich bei diesen Organisationen um einen zumeist bezirklich organisierten Basisdienst für die Versorgung einer Region mit sozialen Hilfeleistungen, aber auch mit der Wahrnehmung von öffentlichen Kontrollaufgaben.

Ein besonderer Schwerpunkt der – Stand Ende 2018 – 17.183 bundesweit Beschäftigten in der ASD-Arbeit liegt auf dem Bereich der Kinder- und Jugendhilfe. Hier gewährleistet der ASD für junge Menschen und ihre Familien eine sozialpädagogische Basisversorgung für erzieherische Hilfen und Unterstützungsleistungen (Maly 2017: 13 f.). Diese Basisversorgung umfasst im Bereich der Einzelfallhilfe sowohl das Erkennen und Herausarbeiten von Problem- und Bedarfslagen als auch die Organisation und Anwendung von Leistungen zur Unterstützung junger Menschen und ihrer Familien (Schrapper 2017). Zielsetzung ist dabei einerseits die Unterstützung und Entlastung von Familien sowie andererseits der Schutz von Kindern und Jugendlichen vor Gefahren, genauer einer Kindeswohlgefährdung. Konstitutiv ist demnach für die Dienste die Ambivalenz von Hilfen und Kontrolle.

Es ist davon auszugehen, dass so gut wie alle 559 Jugendämter (Stand 31.12.2018) im Rahmen ihrer jeweiligen Gesamtverantwortung für die örtliche Kinder- und Jugendhilfe einen ASD eingerichtet haben, gleichwohl mitunter der Dienst auch anders bezeichnet wird.[32] Die Dienste selber sind sehr unterschiedlich. Dies gilt sowohl bezogen auf die Zuständigkeiten in den einzelnen Kommunen als auch hinsichtlich der Abläufe und Bearbeitungsroutinen. Gleichwohl lassen sich zumindest einige Grundsätze zur Organisation, zu den Aufgaben sowie zum Selbstverständnis des ASD festhalten:

- So sind Leistungen und Hilfen des ASD insbesondere ausgerichtet auf die Unterstützung und Stärkung von Familien sowie die erzieherischen Aufgaben. Zentrale rechtliche Grundlage für das Agieren der Dienste ist das SGB VIII, eine fachliche Orientierung leistet nach wie vor das Konzept der Lebensweltorientierung.
- Wichtige Tätigkeiten des ASD beziehen sich auf die Information und die allgemeine Beratung sowie auf die sozialpädagogische Diagnose und Hilfeplanung (Schrapper 2017: 71). Vor diesem Hintergrund ist das Fallmanagement oder auch Case Management eine der zentralen Aufgabe für Allgemeine Soziale Dienste (Gissel-Palkovich 2015). Dies meint allerdings nicht, sämtliche Fälle vollständig zu bearbeiten, was angesichts der damit verbundenen Aufgaben und den zur Verfügung stehenden Ressourcen auch gar nicht möglich wäre. So umfasst ASD-Arbeit nicht nur eine fachliche Steuerung auf der Einzelfallebene, sondern auch koordinative Aufgaben wie die Beauftragung von Trägern zur Durchführung von Hilfen sowie den Aufbau und die Pflege von (sozialräumlichen) Kooperationsbezügen und Netzwerken.

32 Siehe auch Homepage der Bundesarbeitsgemeinschaft (BAG) ASD/KSD: http://www.bag-asd-ksd.de. Die Zahl der Jugendämter ist entnommen aus den regionalen Analysen zum Monitor Hilfen zur Erziehung 2020 (Online unter: http://www.hzemonitor.akjstat.tu-dortmund.de/kapitel-4-regionale-unterschiede [Zugriff 15.08.2021]).

— Eine weitere wichtige Facette im Aufgabenspektrum des ASD ist die Sozialraumarbeit, auch wenn diese angesichts des Handlungsdrucks bei konkreten Einzelfällen unter Umständen in den Hintergrund gedrängt wird (Lüttringhaus 2015).

6.2.2 Einrichtungen

Beispiele für Einrichtungen der Sozialen Arbeit – also das andere Format für „Sozialpädagogische Organisationen" – sind Beratungsstellen, Eltern-Kind-Einrichtungen, Familien- oder Jugendbildungsstätten, Frauenhäuser, Kultur- und Freizeitzentren, Jugendzentren oder Jugendfreizeitheime, (Kinder) Tagesstätten, Kinder- und Jugendheime, Mehrgenerationenhäuser, Obdachlosenheime, Sozialstationen, Stadtteilzentren, Werkstätten und anderes mehr. Einige dieser Beispiele für Organisationen der Sozialen Arbeit beziehen sich – wie an der Bezeichnung unschwer zu erkennen ist – auf einen bestimmten Bereich wie die Kinder- und Jugendhilfe, andere Einrichtungsformen wiederum wie Beratungsstellen, Bildungsstätten, Heime oder auch Werkstätten sind bei allen arbeitsfeldspezifischen Besonderheiten bereichsübergreifende Organisationsformate und sind beispielsweise in der Kinder- und Jugendhilfe genauso zu finden wie in der Altenhilfe, Behindertenhilfe oder auch der Sozialhilfe.

Über die Aufzählung von Beispielen wird zumindest illustriert, was mit Einrichtungen als Organisationsform der Sozialen Arbeit gemeint ist. Einerseits kann man sich damit zufriedengeben, wird darüber doch immerhin angedeutet, um was es sich bei Einrichtungen handelt. Andererseits werden Begrifflichkeiten wie Einrichtungen, Institutionen oder Organisationen oft genug noch synonym verwendet. Es fehlt insgesamt in der Breite des pädagogischen Diskurses an einer Reflexion bzw. einem reflektierten Umgang mit diesen Begrifflichkeiten (Göhlich 2014: 69).

Grund genug also, sich an dieser Stelle einmal über den Einrichtungsbegriff zu vergewissern. Gemeinsam scheint Einrichtungen, führt man sich auch die eingangs genannten Beispiele vor Augen, der sogenannte „räumliche Bezug" – eine im Übrigen auch wichtige Abgrenzung zu den Sozialen Diensten (6.2.1). So heißt es dazu in anderen Einführungsbüchern zum Thema Institutionen und Organisationen für die Soziale Arbeit:

> „Im Vergleich zum Dienst handelt es sich bei der Einrichtung in der Regel um eine ausgeprägtere Institutionalisierung in dem Sinne, dass die Einrichtungen in einem Gebäude angesiedelt sind und damit zumindest überwiegend an einem festen Ort erbracht werden" (Nikles 2008: 28).

Der für Einrichtungen konstitutive räumliche Bezug findet sich auch in sozialrechtlichen Ausführungen wieder.[33] Für das Kinder- und Jugendhilferecht führt beispielsweise Reinhard Wiesner hinsichtlich eines Verständnisses von Einrichtungen Folgendes aus:

> „Einrichtungen im Sinne des Gesetzes sind Gebäude oder Gebäudeteile, die für Aufgaben nach diesem Gesetz (SGB VIII, JP/HS) genutzt werden (wie z.B. Tageseinrichtungen, Heime für Kinder und Jugendliche, aber auch Beratungsstellen, sofern die Tätigkeit im Wesentlichen in bestimmten Räumen erfolgt)" (Wiesner 2015: 115.).

Neben dem zentralen Kriterium eines räumlichen oder auch Orts- bzw. Gebäudebezugs sind allerdings weitere Merkmale für Einrichtungen als „Sozialpädagogische Organisationen" festzustellen. So liegt bei einer Einrichtung der Sozialen Arbeit stets eine zweckgebundene institutionelle Verbindung von Personen und Sachen in der Verantwortung eines Trägers vor. Solche Zwecke können beispielsweise die Beaufsichtigung, Beratung, Betreuung, Bildung, Erziehung, Förderung oder auch Unterstützung von Adressatinnen und Adressaten der Sozialen Arbeit sein. Hinzu kommt auch – denkt man an Heime bzw. stationäre Einrichtungen – die Gewährung von Unterkunft.

Je nach Aufgabe, Funktion oder auch Zweck einer Einrichtung können für Einrichtungen in der Sozialen Arbeit besondere Regeln gelten. In diesen Kontexten spricht die Sozialgerichtsbarkeit auch von einem „funktionalen Einrichtungsbegriff" (z.B. BVerwG 2017: 3). So wird für die Kinder- und Jugendhilfe beispielsweise zwischen erlaubnispflichtigen und nicht erlaubnispflichtigen Einrichtungen unterschieden. Bei erlaubnispflichtigen Einrichtungen handelt es sich um „Sozialpädagogische Organisationen", in denen Kinder und Jugendliche über Tag und Nacht oder über einen längeren Zeitraum am Tag betreut werden. Hierunter fallen beispielsweise Kinder- und Jugendheime oder auch Kindertageseinrichtungen, jedoch beispielsweise nicht Jugendfreizeitstätten oder Jugendzentren. Einrichtungen werden also hier nach ihrer Funktion bzw.

33 Nicht weiter eingegangen wird an dieser Stelle auf sogenannte „betriebserlaubnispflichtige Einrichtungen", bei denen laut § 45 SGB VIII Träger für den Betrieb einer Einrichtung einer Erlaubnis bedürfen, sofern in der Einrichtung „Kinder oder Jugendliche ganztägig oder für einen Teil des Tages betreut werden oder Unterkunft erhalten" (§ 45 Abs. 1 SGB VIII). Davon ausgenommen sind beispielsweise Jugendfreizeiteinrichtungen, Jugendbildungseinrichtungen, Jugendherbergen Schüler(land)heime sowie Einrichtungen, die Kinder und Jugendliche adressieren, aber anderweitig unter gesetzlicher Aufsicht stehen (ausführlicher z.B. Mörsberger und Wiesner 2015a). Ein bei Manuskriptabgabe vorliegender Referentenentwurf des Bundesministeriums für Familie, Senioren, Frauen und Jugend zur Novellierung des SGB VIII durch das sogenannte „Kinder- und Jugendstärkungsgesetz" beinhaltet über den Vorschlag der Einführung eines § 45a SGB VIII eine Legaldefinition für dieses besondere Einrichtungsformat der Kinder- und Jugendhilfe (BMFSFJ 2020) und stößt damit überwiegend auf grundsätzliche Zustimmung bei Trägern und Verbänden der Kinder- und Jugendhilfe (z.B. AGJ 2020: 6 f.; DJI 2020: 30).

Zweck rechtlich unterschiedlich behandelt (Mörsberger und Wiesner 2015a: 913 ff.; Mühlmann 2014: 63 ff.).

Einrichtungen der Sozialen Arbeit sind in ihrem Bestand und mit Blick auf ihre Beschaffenheit unabhängig von bestimmten Einzelpersonen, also von Kindern und Jugendlichen, den in der Einrichtung tätigen Personen oder auch der Zuordnung von Kindern und Jugendlichen zu bestimmten in der Einrichtung tätigen Personen. Damit ist nun nicht gemeint, dass Adressatinnen und Adressaten oder die in den Einrichtungen tätigen Personen verzichtbar wären für dieses Format Sozialpädagogischer Organisationen. Das wäre ein großes Missverständnis und würde zudem auch den Ausführungen an anderen Stellen in diesem Band widersprechen (z.B. Kap. 2, 6.1 oder 8). Gleichwohl ist dieses Kriterium wichtig für die Ab- und Eingrenzung des Einrichtungsbegriffs. So ist hierüber beispielsweise die Unterscheidung zwischen Einrichtung der Heimerziehung, in denen junge Menschen leben, auf der einen Seite und einer Pflegefamilie auf der anderen Seite möglich. Die Wohnung oder das Haus der Pflegefamilie ist eben keine Einrichtung der Kinder- und Jugendhilfe. Verlässt das Kind oder der Jugendliche die Familie, findet dort auch keine Soziale Arbeit bzw. Kinder- und Jugendhilfe mehr statt. Anders hingegen verhält es sich für die Organisationseinheit in der Heimerziehung. Verlässt ein junger Mensch ein Kinder- und Jugendheim oder die Wohngruppe, ändert dies grundsätzlich nichts am Status der Heimeinrichtung.

> Eine **Einrichtung** ist eine Organisation der Sozialen Arbeit oder Teil einer solchen, wenn in einer institutionellen Verbindung von personellen und sachlichen Mitteln (Personen und Sachen) mit einem räumlichen Bezug Soziale Arbeit erbracht wird.

Bei aller Notwendigkeit zur Konkretisierung des Einrichtungsbegriffs bleibt jedoch die „Einrichtungslandschaft" in den Feldern der Sozialen Arbeit vielfältig, und zwar sowohl empirisch als auch theoretisch. Der Einrichtungsbegriff darf und sollte nicht zu eng gefasst werden, da

> „eine übermäßige Verengung des Einrichtungsbegriffs zu einer nicht gerechtfertigten Einschränkung der Organisationsfreiheit der Einrichtungsträger führt, die für Träger der freien Jugendhilfe als eine Ausprägung des Grundrechts auf freie Berufsausübung gemäß Art. 12 Abs. 1 GG gewährleistet ist" (BVerwG 2017: 8).

Vor diesem Hintergrund ist es beispielsweise auch richtig und von Gerichten bestätigt, dass Einrichtungsträger dezentrale Organisationsformen mit

Einrichtungsteilen an unterschiedlichen Standorten organisieren und betreiben (z.B. BVerwG 2017). So können Einrichtungen aus Einrichtungsteilen bestehen, die auch in größerer Entfernung zueinanderstehen können. Entscheidend ist dabei über die Standorte eine organisatorische Verbundenheit, beispielsweise mit Blick auf Standorten von betreuten Wohnformen und ihre Anbindung an eine Einrichtung der Heimerziehung, die in solchen Fällen auch als sogenanntes „Stammhaus" bezeichnet werden kann (Mörsberger und Wiesner 2015b: 988 ff.).

Nachgefragt und zur Diskussion gestellt

1. Was sind Organisationen der Sozialen Arbeit und welches sind ihre Besonderheiten? Was ist das Sozialarbeiterische bzw. Sozialpädagogische in diesen Organisationen?
2. Benennen Sie Beispiele für Soziale Dienste und Einrichtungen als Organisationsformate der Sozialen Arbeit und erläutern Sie Gemeinsamkeiten und Unterschiede!
3. Welche sozialrechtlichen Grundlagen sind für Soziale Dienste und Einrichtungen als Organisationen der Sozialen Arbeit konstitutiv?

Weiterführende Literatur

Evers, Adalbert/Heinze, Rolf G./Olk, Thomas (Hrsg.) (2011): Handbuch Soziale Dienste. Wiesbaden: VS Verlag für Sozialwissenschaften.

Klatetzki, Thomas (Hrsg.) (2010): Soziale personenbezogene Dienstleistungsorganisationen. Soziologische Perspektiven. Wiesbaden: VS Verlag für Sozialwissenschaften.

Thole, Werner (Hrsg.) (2012b): Grundriss Soziale Arbeit. Ein einführendes Handbuch. 4. Aufl. Wiesbaden.

Wiesner, Reinhard (Hrsg.) (2015): SGB VIII. Kinder- und Jugendhilfe; Kommentar. 5. überarb. Aufl. München: Verlag C. H. Beck.

7. Das professionelle Handeln von Fachkräften in Organisationen

Zielsetzungen des Kapitels

- Die Begriffe der festen und lose gekoppelten Systeme können im Zusammenhang von Organisationen der Sozialen Arbeit erklärt werden.
- Vor- und Nachteile von festen und lose gekoppelten Systemen für das professionelle Handeln von Fachkräften der Sozialen Arbeit können beschrieben werden.
- Der Begriff des doppelten Mandats kann im Zusammenhang mit dem professionellen Handeln der Sozialen Arbeit erklärt werden.

Insbesondere im Verlauf des 20. Jahrhunderts wurde in zahlreichen Praxisfeldern der Sozialen Arbeit ein ehrenamtliches und freiwilliges Engagement durch eine berufliche Tätigkeit ergänzt und vielfach auch ersetzt. Die Entwicklungen hin zu einer Berufspraxis haben auch dazu geführt, dass Soziale Arbeit sich mehr und mehr „professionalisiert" hat. Dies bedeutet u.a., dass eine Ausbildung für die berufliche Tätigkeit im Rahmen der Sozialen Arbeit stattfindet, die auf der Hochschulebene verortet ist. Diese Ausbildung ist also mit der Vermittlung wissenschaftlichen Wissens verknüpft, welches für eine professionelle Tätigkeit notwendig ist. Klassische Professionen, wie z.B. die Medizin, greifen in ihrer praktischen Tätigkeit ebenfalls auf wissenschaftliches Wissen zurück, welches sie auf den jeweiligen konkreten Einzelfall beziehen müssen. Letzteres wird durch eine hohe Autonomie der Fachkräfte in ihrem Handeln ermöglicht. Dies ist ein Merkmal der klassischen Professionen (Dewe und Stüwe 2016: 63 ff.). Von den klassischen Professionen, zu denen die Medizin, Theologie und Rechtswissenschaft gehören, sind verschiedene Merkmale abgeleitet worden, denen die Soziale Arbeit nur teilweise entspricht, daher wird sie nicht als klassische Profession angesehen.

Institutionalisierungen und Strukturen einer Organisation mit Mitgliedern, die einer Profession angehören – z.B. Ärztinnen und Ärzte in Krankenhäusern oder auch Sozialpädagoginnen und Sozialpädagogen in Jugendämtern –, stehen immer in einer Beziehung zu der Entscheidungs- und Handlungsautonomie der jeweiligen Professionen. Sie können beispielsweise auf der einen

Seite das professionelle Handeln unterstützen. Der Autonomie der Fachkräfte werden durch Institutionalisierungen und Strukturen einer Organisation sowie damit verbundener Vorgaben aber auf der anderen Seite auch Grenzen gesetzt. Folglich hat man sich in der wissenschaftlichen Betrachtung der Sozialen Arbeit intensiv mit den Auswirkungen auf das professionelle Handeln der Fachkräfte durch ihre Tätigkeit in den Grenzen von Organisationen beschäftigt (z.B. Böhnisch und Lösch 1979, Schütze 1997). Darüber hinaus steht dieses Thema im Zentrum einer Organisationsentwicklung im Spannungsfeld von Organisation und Individuum (Kap. 11).

In diesem Kapitel wird dieser Frage nach dem Einfluss von Organisationen auf das professionelle Handeln der Fachkräfte der Sozialen Arbeit nachgegangen. In Kapitel 6 gibt es hierzu bereits Hinweise, wenn mit Blick auf institutionalisierte Hilfen durch sozialpädagogische Organisationen respektive Organisationen der Sozialen Arbeit auf die Dualität von Formalisierung und Flexibilität oder auch von Formalisierung und Transparenz einerseits sowie Individualität und Einzelfallorientierung anderseits hingewiesen wird. Organisationen, von denen Leistungen der Sozialen Arbeit angeboten werden, sind auch diesbezüglich niemals gleich. In jeder Organisation haben sich verschiedene Handlungsroutinen institutionalisiert, sie sind formal unterschiedlich strukturiert und weisen für professionelles Handeln nicht immer die gleichen Entscheidungs- und Handlungsspielräume auf. Eine differenzierte Darstellung für die Organisationen in den Praxisfeldern der Sozialen Arbeit würde an dieser Stelle allerdings zu weit führen.

Der Organisationssoziologe Thomas Klatetzki hat sich intensiv mit dem Zusammenhang von Organisation und Profession in der Sozialen Arbeit beschäftigt. Er unterteilt in diesem Zusammenhang die Organisationen bzw. deren Teile, die Soziale Arbeit erbringen, in sogenannte „fest" und „lose" gekoppelte Systeme. Um nun konkretere Aussagen über den Einfluss von Organisationen auf das Handeln von Fachkräften treffen zu können, wird im Folgenden zunächst auf diese vergleichsweise einfache Unterscheidung in zwei Organisationstypen zurückgegriffen. Dazu wird in einem ersten Teil der Blick auf fest gekoppelte Systeme (Kap. 7.1) und in einem zweiten Teil auf lose gekoppelte Systeme geworfen (Kap. 7.2). In einem dritten Teil wird zum Thema „professionelles Handeln in Organisationen der Sozialen Arbeit" das bereits in Kapitel 6 eingeführte doppelte Mandat von Hilfe und Kontrolle noch einmal aufgerufen und ausführlicher beleuchtet (Kap. 7.3).

7.1 Fest gekoppelte Systeme

Fest gekoppelte Systeme zeichnen sich dadurch aus, dass die Mitglieder solcher Organisationen weit weniger autonom handeln können als in lose gekoppelten Organisationen. Sie reagieren dauernd, direkt, sicher, kontinuierlich, signifikant und in stets gleicher Form aufeinander (Klatetzki 2018: 1271 f.). Organisationen, die einem fest gekoppelten System gleichen oder zumindest sehr deutlich die aufgezählten Merkmale aufweisen, sind hierarchisch geordnet. Klassische Bürokratien entsprechen fest gekoppelten Systemen, da sie personenunabhängige Positionen aufweisen, ihre Tätigkeiten von rechtlichen Normen abgeleitet sind, die in einer Formalisierung der Tätigkeit münden, sowie die Kommunikation schriftlich erfolgt (z.B. in Form von Akten, Vermerken, Verfügungen und Dienstanweisungen) (ebd.: 1262).

Soziale Arbeit in bürokratischen Strukturen

Soziale Arbeit, die mehr oder weniger auch im Zentrum solcher bürokratischen Organisationen verortet ist, findet demzufolge in einem fest gekoppelten System statt. Folglich sind die Fachkräfte in diesen Organisationen auch dazu aufgefordert, die notwendigen Tätigkeiten im Rahmen einer solchen Bürokratie, wie oben beispielhaft aufgezählt, auszuführen. Diese Strukturen können professionelles Handeln einerseits rahmen und unterstützen, stellen auf der anderen Seite jedoch auch Begrenzungen und Einschränkungen für das Agieren von Professionen dar. Solchen bürokratischen Organisationen entsprechen z.B. Stadtverwaltungen mit ihren Jugendämtern. Die Fachkräfte der Sozialen Arbeit arbeiten in den Jugendamtsverwaltungen[34] in hierarchischen Beziehungen mit vielen anderen Personen unterschiedlicher Berufe und Professionen zusammen.

Dem Agieren von Professionen im Allgemeinen sowie der Sozialen Arbeit im Besonderen werden in solchen Strukturen Grenzen gesetzt. Ein Beispiel: Durch eine Verteilung von Fachkräften der Sozialen Arbeit und deren spezifischem Fachwissen in bürokratischen Organisationen ist die Leitung der Organisation zur Aufrechterhaltung der bestehenden Hierarchie darauf angewiesen, eine Grenze der Mitbestimmung der Fachkräfte zu ziehen. Diese Grenze wird von Fall zu Fall neu bestimmt. Fachkräfte der Sozialen Arbeit müssen also damit umgehen, dass ihr Expertinnen- und Expertenwissen sie nicht dazu berechtigt, Organisationsziele mitzubestimmen. Diesbezügliche Forderungen nach Mitbestimmung können bürokratische Restriktionen und Disziplinierungen hervorrufen (Dewe und Stüwe 2016: 93 f.). In diesem Zusammenhang können Fachkräfte der Sozialen Arbeit in einen Konflikt geraten,

34 Zum Jugendamt als zweigliedrige Behörde – bestehend aus der Jugendamtsverwaltung sowie dem Jugendhilfeausschuss – siehe auch Kapitel 3.3.

zumal sie aus professioneller Perspektive dazu angehalten sind, beispielsweise im Rahmen der Einzelfallarbeit, Ziele gemeinsam mit ihren Adressatinnen und Adressaten auszuhandeln (Thiersch 2014; Galuske 2013). Solche vereinbarten Zielsetzungen für den Einzelfall können aber im Widerspruch zu Zielen der Organisation oder auch konkret dem Jugendamt stehen, für den die professionell handelnde Fachkraft der Sozialen Arbeit tätig ist.

Die in dem Beispiel deutlich werdenden Formen von einerseits systematischer Nichtbeteiligung sowie andererseits Gegensätzen oder auch Diskrepanzen sind keineswegs ungewöhnlich für Fachkräfte in Praxisfeldern der Sozialen Arbeit, sondern sie gehören vielfach mit zum Organisationsalltag, und zwar im Übrigen nicht nur bei Jugendämtern. Die daraus resultierenden Diskrepanzerfahrungen können immerhin bei der Veränderung und Weiterentwicklung von Organisationen eine wichtige und mitunter auch positive Rolle spielen (Kap. 11), können jedoch genauso gut zu einer sogenannten „inneren Emigration" der Fachkraft oder auch zu offenen Konflikten in den Organisationen führen.

Burkhard Müller (2013) hat diesbezüglich herausgearbeitet, das professionelles sozialpädagogisches Handeln die organisierte und damit gerahmte Dienstleistung ist, die gegenüber Adressatinnen und Adressaten in ihren Grenzen deutlich kommuniziert und vertreten werden kann. Den Adressatinnen und Adressaten wird dadurch die Möglichkeit zur Erkundung der Nutzbarkeit eröffnet.

Locals und Cosmopolitans

Fachkräfte der Sozialen Arbeit stehen in Organisationen mit Elementen fest gekoppelter Systeme vor dem Dilemma, sich entweder an der Arbeitsorganisation und den damit verbundenen Institutionalisierungen oder an der eigenen Berufsgruppe, ihrer Profession, zu orientieren. Bereits Böhnisch und Lösch (1979: 27) haben dies als Loyalitätskonflikt bezeichnet. Fachkräfte, die sich an der Organisation orientieren, werden *Locals* genannt, diejenigen, die sich an der Profession orientieren, werden als *Cosmopolitans* bezeichnet. In beispielsweise einem Konflikt zwischen Adressatinnen und Adressaten und der Organisation vertreten die Locals die Position der Organisation sowie deren formale Regelsysteme und Verfahren, ihr Handeln ist strikt regelhaft darauf bezogen und setzt deren Prinzipien durch. *Cosmopolitans* hingegen orientieren sich an autonomen professionellen Standards. Sie geraten dabei in Konflikte mit den starren bürokratischen Organisationsprinzipien. Werden diese zu groß und gelangt der Cosmopolitan zu der Auffassung, dass professionelles Handeln zu sehr eingeschränkt wird, kann dies dazu führen, dass ein Arbeitsplatzwechsel in Kauf genommen wird. In der Realität zeigt sich allerdings, dass zwischen Vorgaben der Organisation und Freiräumen für autonomes professionelles Handeln Kompromisse gefunden werden (Dewe und

Stüwe 2016: 86 ff.). Dabei gibt es unter den Fachkräften auch Abstufungen von Locals und Cosmopolitans sowie unter Umständen das Handeln der Fachkräfte je nach Aufgabe auch zwischen diesen beiden Idealtypen variieren kann.

Verhaltens- und Ergebniskontrollen

Das Herstellen eines Gleichgewichts in Organisationen zwischen einerseits institutionellen Vorgaben in Form von z.B. Arbeitsteilungen und standardisierten Vorgehensweisen sowie andererseits Freiräumen für autonomes Handeln der Fachkräfte wird sowohl durch die Fachkräfte ausgestaltet als auch durch die Regeln der Organisation mitbestimmt. So existieren zumindest potenziell eine Vielzahl von Möglichkeiten für Verhaltenskontrollen, die Freiräume für professionelles Handeln in Organisationen der Sozialen Arbeit auf der einen Seite beschränken, aber auf der anderen Seite auch einen notwendigen Rahmen hierfür schaffen können. Klatetzki unterscheidet dabei direkte und indirekte Verhaltens- und Ergebniskontrollen in Organisationen Sozialer Arbeit (im Folgenden Klatetzki 2018: 1273 ff.).

- *Direkte Verhaltenskontrollen* können Dienstanweisungen und sequenzielle Ablaufpläne sein. Dienstanweisungen sind in der Regel abstrakt formuliert, um professionelle Ermessensspielräume offenzuhalten. Seitens der Fachkräfte können beispielsweise Informationen manipuliert werden, sodass ein selbstbestimmter Umgang mit Anweisungen ermöglicht wird. Eine weitere Möglichkeit der direkten Verhaltenskontrolle ist die Aufzeichnung messbarer Aktivitäten wie Fall- und Besuchszahlen oder Anwesenheitszeiten.
- *Indirekte Verhaltenskontrolle* findet durch Supervision, Teamsitzung und kollegiale Fallberatung statt. Neben der professionellen Reflexion der eigenen Handlungen kann implizit geprüft werden, ob das Handeln der Fachkräfte mit der Ideologie der Organisation übereinstimmt. Organisationsinterne Fortbildungen können schließlich als Sozialisationsmaßnahme angesehen werden und stellen eine weitere Möglichkeit indirekter Verhaltenskontrolle dar.
- Ergebniskontrollen sollen bewusst die Handlungsspielräume der Fachkräfte nicht einschränken. *Direkte Ergebniskontrollen* beziehen sich auf das Setzen von Zielen und der Überprüfung derer Erreichung. Solche Zielüberprüfungen sind problematisch, da einerseits Ziele oftmals vage formuliert sind und andererseits das Erreichen derselben daher schwerlich überprüfbar ist. Zielüberprüfungen sind kritisch zu sehen, wenn Zielsetzungen nicht aus professionellen Überlegungen hervorgehen, sondern von „Außen" gesetzt werden.
- *Indirekte Ergebniskontrollen* können sich auf die Auswahl des „richtigen" Personals beziehen, welches mit der Ideologie der Organisation überein-

stimmt und mit den Kompetenzen zur Zielerreichung der Organisation ausgestattet ist. Auch das Feedback in Fallbesprechungen und Supervisionen kann als Form indirekter Ergebniskontrolle angesehen werden.

Die Instrumente von Verhaltens- und Ergebniskontrollen kommen nicht zuletzt im Rahmen eines Qualitätsmanagements in Organisationen und damit auch in Organisationsentwicklungsprozessen zum Einsatz (Kap. 11.3). Je nach Einsatz der Instrumente werden hierüber Vorgaben zu beispielsweise Handlungsabläufen gemacht, es werden jedoch auch Räume für professionelles Ermessen und Entscheiden geschaffen. Letzteres geht einher mit einer besseren Verteilung und Stärkung von Verantwortung für die Mitarbeiterinnen und Mitarbeiter einer Organisation. Damit kann eine höhere Selbstverpflichtung der Fachkräfte einhergehen, zumal die Kontrolle nicht zentralisiert durch eine Person höherer Stufe in der Hierarchie einer Organisation durchgeführt wird. Vielmehr wird die Kontrolle seitens der Fachkräfte verinnerlicht (Groenemeyer und Rosenbauer 2010: 85).

Im Rahmen einer Leitung und Steuerung von Organisationen sollten Kontrollinstrumente dosiert und nicht zu leichtfertig eingesetzt werden, wenn kein beträchtlicher Schaden für das Arbeits- und Organisationsklima erzeugt werden soll. Dies gilt weniger für die in der Aufzählung oben erwähnte indirekte Verhaltens- und Ergebniskontrolle, zumal diese auf einem Vertrauen zwischen der Leitungsebene in Organisationen und den Mitgliedern, also in diesem Falle den Fachkräften, basieren und sogar professionelles Handeln rahmen und unterstützen können, mit der Konsequenz, dass eigenverantwortliches Handeln gestärkt wird. Direkte Kontrollen können jedoch aus Sicht der Fachkräfte als zumindest teilweise Aufkündigung eines Vertrauensverhältnisses verstanden und als Misstrauen sowie einer Einschränkung von Autonomie und Professionalität wahrgenommen werden. Dadurch können Widerstände, innere Emigration und Manipulationen seitens der Fachkräfte entstehen (Mühlmann 2014; Klatetzki 2018: 1273 ff.).

Die institutionalisierte Hierarchie und das entsprechend begleitende Handeln (z.B. die beschriebenen Ergebnis- und Verhaltenskontrollen) der Personen in Organisationen der Sozialen Arbeit kann also zusammenfassend den Handlungsspielraum der Fachkräfte entweder einschränken oder weitgehend offenhalten. Das Zusammenspiel von organisatorischen Beschränkungen und Rahmungen sowie Freiräumen für eigenständiges fachliches Handeln der Fachkräfte der Organisationen hat somit einen Einfluss auf die Professionalität der angebotenen Sozialen Arbeit.

Aktenführung und Dokumentation

Ein weiteres Merkmal von Organisationen oder Organisationselementen, die insbesondere fest gekoppelten Systemen entsprechen, ist die Aktenführung über zu bearbeitende Fälle. Eine solche Form der Dokumentation ist in Organisationen zwingend notwendig, da die Fallbearbeitung personenunabhängig stattfinden können muss. Dies beruht darauf, dass die Organisation (z.T. rechtlich garantierte) Dienstleistungen anbietet und dies auch bei wechselndem Personal oder z.B. in Krankheitsfällen geschehen muss. Fallakten dienen in solchen Fällen der Weitergabe der zur Bearbeitung des Falls notwendigen Informationen sowie der Dokumentation der bisher geleisteten Arbeit.

Aber nicht jede Aktenführung und Dokumentation ist besser als gar keine, zumal gravierende Mängel nicht nur zu Qualitätseinbußen für die Fallbearbeitung führen können, sondern auch Adressatinnen und Adressaten von Hilfen schädigen können. Fritz Schütze hat sich eingehend mit der Bedeutung von Fallakten für das professionelle Handeln in der Sozialen Arbeit beschäftigt und hat dabei auch auf solche Gefahren hingewiesen (Schütze 1997: 203 ff.). Fallakten beinhalten die Problematik, dass sie eine Realität konstruieren (also durchaus auch institutionalisieren), die so nicht mehr existiert (oder sogar niemals existiert hat). Schütze (ebd.: 203) führt dazu ein Beispiel von einem Adressaten an, der nach einem Intelligenztest in seiner Fallakte als „schwachsinnig" eingestuft wurde. Dabei wurde jahrelang übersehen, dass er komplizierte Briefe diktieren konnte. Erst nachdem ein Sozialarbeiter dies hinterfragte und feststellen konnte, dass der Adressat Analphabet war und dadurch seine geringe Leistung beim Intelligenztest zustande kam, wurde die Falldeutung revidiert. Durch die Akte wurde also lange Zeit eine Realität konstruiert, die durch die bearbeitenden Akteure nicht infrage gestellt wurde. Erst ein professioneller Umgang mit der Biografie des Adressaten ermöglichte eine Umdeutung der institutionalisierten Realitätskonstruktion.

Das Beispiel verweist erstens auf neuralgische Punkte der Aktenführung: die dokumentierten Inhalte, ihre Interpretation und Bewertung, sowie die Organisation der Fortschreibung von Falldokumentationen. Passieren hier Fehler können Fallakten Fachkräften, die bereits aktenkundig erfasste Fälle übernehmen, vorinterpretierte Deutungen von Fällen und damit auch von Menschen liefern. Es gerät aus dem Blick, dass sich Personen und deren Lebenssituationen ändern können. In diesen Fällen nützt eine Aktenführung oder Dokumentation der Fallarbeit nicht, sondern vielmehr wird professionelles Handeln der Fachkräfte dadurch sogar beeinträchtigt. Das Beispiel deutet auch zweitens an, dass vor dem Hintergrund der oben getroffenen typologischen Unterscheidung zwischen *Cosmopolitans und Locals* ein an professionellen Standards ausgerichteter und damit sozialarbeiterisch und sozialpädagogisch reflektierter Umgang mit Falldokumentationen, wie sie dem Typus des *Cosmopolitan* zugeschrieben werden kann, zur Fehlervermeidung beitragen kann.

Fallakten ermöglichen unter Beachtung der neuralgischen Punkte und deren Bearbeitung im Rahmen professionellen Handelns vor allem Chancen für die Bearbeitung von Fällen, insbesondere in Bezug auf die Bearbeitung der

Biografie von Menschen. Das zeigen auch die schon angeführten Beobachtungen von Schütze (1997: 204 f.). So halten Akten biografische Erlebnisse und Ereignisse fest, die von den Adressatinnen und Adressaten in ihrer eigenen Biografie bzw. in der Darstellung der eigenen Geschichte ausgeblendet werden. Den Fachkräften verdeutlicht dies, dass eine Aufarbeitung der Biografie mit den Adressatinnen und Adressaten notwendig sein kann – eine Erkenntnis, die überhaupt nicht im Widerspruch zu professionellen Standards der Einzelfallhilfe steht, denkt man nur an die mögliche Bedeutung von Biografiearbeit im Rahmen dieses methodischen Ansatzes (Retkowski 2015: 46 f.). Darüber hinaus ermöglicht ein Festhalten von Lebensgeschichten in Fallakten besonders in stationären Einrichtungen, die totalen Institutionen gleichen (zu totalen Institutionen siehe Kap. 10), dass Adressatinnen und Adressaten sich ihre Biografie wieder aneignen können. Im Alltag und in den strukturellen Zwängen inklusive der damit einhergehenden Fremdsteuerung solcher Organisationen kann ein Bewusstsein seitens der Adressatinnen und Adressaten für die eigene Biografie nicht entstehen bzw. verschüttet werden. Und schließlich können die Biografien, die erst durch Akten kennengelernt werden, für Pflege- und Adoptivkinder eine wichtige Rolle in deren Leben einnehmen.

Schütze (1997: 205 f.) merkt in Bezug auf die Verwendung von Akten in der Sozialen Arbeit an, dass bei aller Kritik im Zusammenhang mit dem professionellen Handeln, welches vermeintlich durch Aktenführung eingeschränkt wird, Aktenführung auch in klassischen Professionen stattfindet (z.B. der Medizin). Ebenso wie bei diesen ermöglicht die Aktenführung in der Sozialen Arbeit, nebst den bereits beschriebenen Chancen, schließlich einen Überblick über die gesamte Fallbearbeitung inklusive deren Vorgeschichte sowie eine professionelle Arbeitsteilung, in der die damit verbundenen Problematiken nicht aus den Augen geraten.

Mit Schütze kann zusammengefasst werden,

> „daß auch Berufstätige im Sozialwesenbereich mit Akten auf eine typisch professionelle Weise umgehen können: das heißt, daß sie auf der einen Seite fortlaufend die Gefahren beachten, die mit der Führung und Benutzung von Akten verbunden sind, und daß sie auf der anderen Seite aber auch die Chancen sehen und nutzen, die mit der aktenmäßigen Vertiefung der Erinnerungsleistung, der entsprechenden Verbreiterung der Wissensbasis und der einschlägigen Sensibilisierung für die Probleme der kollegialen Arbeitsteilung bei der Fallbetreuung verbunden sind" (Schütze 1997: 206).

7.2 Lose gekoppelte Systeme

Organisationen oder Organisationsteile, die lose gekoppelten Systemen gleichen, zeichnen sich nach Klatetzki (2018: 1271 f.) dadurch aus, dass die Fachkräfte gelegentlich, indirekt, möglicherweise, plötzlich, in einer unwesentlichen oder auch variablen Form aufeinander reagieren. Sie sind oftmals aufgrund ihrer Größe weniger arbeitsteilig und hierarchisch strukturiert. Es kann sich bei lose gekoppelten Systemen in der Sozialen Arbeit z.B. um kleine bzw. mittelgroße Träger der Sozialen Arbeit handeln, aber auch um Teile von größeren Organisationen in ihrer Peripherie, die sich entkoppelt haben. Zusätzlich zu diesen organisatorischen Besonderheiten lose gekoppelter Systeme stellt Thomas Klatetzki (2018) mit Blick auf das Agieren der Fachkräfte in diesen organisatorischen Kontexten fest:

> „Organisationen, deren Mitarbeiterinnen einerseits selbstbestimmt handeln, die andererseits aber doch in diesem Handeln responsiv aufeinander reagieren (können), werden als lose gekoppelte Handlungssysteme bezeichnet" (Klatetzki 2018: 1271).

Einrichtungen der Offenen Kinder- und Jugendarbeit (z.B. Jugendzentren) können beispielsweise Merkmale solcher losen gekoppelten Systeme aufweisen. Die dort arbeitenden Fachkräfte sind in der täglichen Arbeit weitestgehend auf sich gestellt und die Teams können in flachen Hierarchien geordnet sein. Noch ausgeprägter können Dienste, die aufsuchend arbeiten, als lose gekoppelte Systeme angesehen werden. Streetworkerinnen und Streetworker agieren beispielsweise in der Regel in höherem Maße losgelöst von bürokratischen Strukturen und Hierarchien als sozialpädagogische Fachkräfte in z.B. einer Einrichtung der Heimerziehung. Die Streetworkerinnen und Streetworker sind in ihren täglichen Arbeitsvollzügen nahezu autonom und ihr Kontakt untereinander dürfte den oben beschriebenen Merkmalen (gelegentlich, möglicherweise, flexibel etc.) entsprechen.

Chancen für Autonomie, Umweltsensibilität und Anpassungsfähigkeit

Thomas Klatetzki (2018) hat einige Vor- und Nachteile loser gekoppelter Systeme zusammengefasst. In Bezug auf die Fachkräfte ist davon auszugehen, dass lose gekoppelte Systeme sensibler für die Umwelt sind. Das bedeutet, dass Fachkräfte aufgrund der losen Koppelung differenzierter in der Lage sind, Problemlagen der Adressatinnen und Adressaten zu erfassen. Dies kann an dem oben angeführten Beispiel von Streetworkerinnen und Streetworkern verdeutlicht werden. Dabei ist es evident, dass aufgrund des autonomen Handelns nahe der Lebenswelt der Adressatinnen und Adressaten deren komplexen Problemlagen umfassend wahrgenommen werden können. Gleichwohl ergibt sich daraus der Nachteil, dass die Organisationen durch die lose Koppelung anfälliger werden für „idiosynkratrische und willkürliche Sichtweisen" (Klatetzki 2018: 1272), also für unter Umständen eigentümliche Perspektiven einer Fachkraft auf bestimmte Problemlagen und deren Lösung.

Lose gekoppelte Systeme können gegenüber fest gekoppelten Systemen den Vorteil haben, dass die Fachkräfte autonomer handeln und dadurch gleichzeitig zufriedener mit ihrer Arbeit sein können. In fest gekoppelten Systemen, wie etwa einer klassischen Bürokratie, besteht – wie oben bereits ausgeführt – eine Fremdbestimmtheit, was zu einer Entfremdung bei den Fachkräften gepaart mit niedriger Arbeitszufriedenheit bzw. -motivation führt (Klatetzki 2018: 1272). Damit geht auch einher, dass lose gekoppelte Systeme weniger Bedarf an Koordination haben und damit Ressourcen (Zeit, Geld, Personal) gespart werden können. Der Nachteil der geringen Koordination sind die dadurch eingeschränkten Möglichkeiten einer Steuerung. Dies kann im Extremfall dazu führen, dass jede Fachkraft lediglich nach „eigenem Gutdünken" agiert. Diese Gefahr ist insbesondere dann besonders stark gegeben, wenn es sich bei den Fachkräften nicht oder weniger um Cosmopolitans handelt, also selbst allgemeine Konventionen professionellen beruflichen Handelns nicht oder weniger beachtet werden.

Durch die lose Koppelung und die damit verbundene autonomere Handlungsmöglichkeit der Fachkräfte können diese flexibler und insbesondere innovativer mit neuen Herausforderungen umgehen (Klatetzki 2018: 1272). Grundsätzlich erhöht dies die Anpassungsfähigkeit der Organisation an Veränderungen der Umwelt. Gleichwohl kann die lose Koppelung mit Blick auf Innovations- und Erneuerungsfähigkeit genauso gut auch problematisch sein. Aufgrund der nur losen Koppelung der einzelnen Organisationsteile zueinander und der damit einhergehenden hohen Autonomie können sich Innovationen nur langsam oder mitunter gar nicht innerhalb der Organisation verbreiten. Das heißt, dass in solchen Fällen Innovationen lediglich in Teilen der Organisation konserviert bleiben. In diesem Zusammenhang ist es auch möglich, dass suboptimale Lösungen für zu bearbeitende Problemlagen in lose gekoppelten Systemen konserviert werden, da durch einen geringen Austausch mit anderen Organisationsteilen keine externe Evaluation (Bewertung) stattfinden kann. Böhnisch und Lösch (1979) haben beispielsweise schon früh darauf hingewiesen, dass durch die weite Entfernung zum (hierarchischen) Zentrum der Organisation in ausgegliederten losen Koppelungen keine Möglichkeit besteht, die Institution durch die Fachkräfte so zu verändern, dass in der Organisation insgesamt professioneller agiert werden kann.

Erneut bezugnehmend auf das Beispiel der Streetworkerinnen und Streetworker lässt sich illustrieren, dass die einzelne Fachkraft flexibel und innovativ auf neue Problemlagen reagieren kann, aber durch den nur unregelmäßigen, zufälligen und nicht systematischen Austausch mit anderen Teilen des lose gekoppelten Systems oder auch mit einem Zentrum der Organisation können solche Innovationen lediglich auf die einzelne Fachkraft oder auf Organisationsteile beschränkt bleiben. Und ebenso ist es in diesem Beispiel möglich, dass durch einen fehlenden fachlichen Austausch aufgrund der losen Koppelung innerhalb der Organisation nur eine eingeschränkte Reflexion der innovativen Fall- oder Problembearbeitung stattfindet.

Zusammenfassend sind lose gekoppelte Systeme vorteilhaft in der Bearbeitung einer Vielzahl auftretender Aufgaben und einer sich beständig und schneller ändernden Umwelt. Das weitestgehend autonome Handeln von Fachkräften und die damit verbundene schnelle, innovative Reaktion auf erkannte und zu bearbeitende Phänomene ermöglicht Organisationen, auf lokal begrenzte Herausforderungen vergleichsweise schnell eingehen zu können. Damit erhöhen sie die Autonomie der Fachkräfte und ermöglichen in diesem Zusammenhang mehr Freiräume für ein höheres Maß professionelleren beruflichen Handelns als in Organisationen oder Organisationsteilen, die fest gekoppelten Systemen entsprechen. Gleichzeitig können jedoch Vorgehensweisen, Reaktionsweisen oder auch konkrete Problemlösungsstrategien nicht oder nur sehr schwer für die gesamte Organisation standardisiert werden (Klatetzki 2018: 1272 f.).

Gefahren einer Ressourcenkürzung. Responsibilisierung und Deprofessionalisierung

Gleichwohl sollten Dezentralisierungen und damit oftmals auch einhergehende Regionalisierungen in Form von lose gekoppelten Systemen immer auch kritisch betrachtet werden. Die in lose gekoppelten Organisationen oder auch Organisationsteilen vorhandenen Deregulierungen sowie die hier entstehenden Handlungsspielräume werden keineswegs zwangsläufig und automatisch durch adäquat ausgestattete Fachkraftressourcen mit einem hohen professionellen Autonomiegrad ausgefüllt. Mikropolitisch können diese Freiräume auch zu einer Ökonomisierung und Neoliberalisierung sozialer Dienste führen. Problematisch für die Soziale Arbeit sind lose gekoppelte Systeme in diesem Zusammenhang dann, wenn ihr Auftrag die Bearbeitung eines konkreten Problems ist und gleichzeitig nicht die benötigten Ressourcen zur professionellen Bearbeitung bereit gestellt werden (Brown 2018: 155 f.). Ersteres verweist darauf, dass die Problemdefinition eben nicht durch die Professionalität der Fachkräfte erfolgt. Das zuvor beschriebene autonome Handeln der Fachkräfte würde sich in der Folge allenfalls noch auf ihr methodisches Vorgehen beziehen, nicht jedoch auf die Zielsetzung ihrer Tätigkeit. Die durch die lose Koppelung hervorgebrachte Autonomie entspräche in diesem Fall keiner Professionalität. Letzteres birgt das Problem, dass die Soziale Arbeit auf der einen Seite soziale Probleme zur Bearbeitung zugewiesen bekommt, die in einem gesellschaftlichen Zusammenhang stehen und sowohl auf der Individualebene als auch einer gesamtgesellschaftlichen Ebene professionell zu bearbeiten sind. Auf der anderen Seite reichen die hierfür zur Verfügung gestellten Mittel jedoch oftmals nicht für eine angemessene Problembearbeitung aus, insbesondere in Bezug auf die gesamtgesellschaftliche Ebene. Unabhängig jedoch von der Ressourcenausstattung wird dem in diesem Falle lose gekoppelten System und damit den darin organisierten Fachkräften die Verantwortung für die Lösung der Probleme zugeschrieben. Dies wird unter dem Begriff der *Responsibilisierung* verhandelt (Brown 2018: 155 f.).

> „Die Responsibilisierung beauftragt den Arbeiter, Studenten, Konsumenten oder Mittellosen damit, die richtigen Strategien der Investition in sich selbst und des Unternehmertums zu erkennen und zu befolgen, damit er gedeihen und überleben kann; in dieser Hinsicht ist sie eine Manifestation der Humankapitalbildung. Da sie diskursiv die Abhängigkeit verunglimpft und die kollektive Fürsorge für die Existenz praktisch verneint, wirbt die Responsibilisierung um das Individuum als den einzig relevanten und völlig rechenschaftspflichtigen Akteur" (Brown 2018: 156 f.).

Für die Soziale Arbeit bedeutet eine Responsibilisierung die Verantwortung für die Bearbeitung sozialer Probleme mit den ihnen zur Verfügung gestellten Mitteln, die jedoch gleichzeitig knapp bemessen sind und zur professionellen Bearbeitung nicht ausreichen. Die Bearbeitung der sozialen Probleme kann dadurch lediglich suboptimal geschehen, indem sich die lose gekoppelten Systeme den unzureichenden Mitteln anpassen. Dies kann z.B. durch eine Steigerung der zu bearbeitenden Fallzahlen pro Fachkraft, eine Einteilung in zu bearbeitende und nicht zu bearbeitende Fälle – verbunden mit der Frage: Welche Fälle „lohnen" sich? – oder billigere Arbeitskräfte (schlechter ausgebildet, unerfahrener, Teilzeit, Honorartätigkeiten, Ehrenamt etc.) geschehen.

Soziale Arbeit wird damit zunehmend ökonomisiert bzw. ökonomisiert sie sich insofern quasi selbst, als dass Gestaltungsspielräume vor allem unter ökonomischen Gesichtspunkten, also im Lichte von vorhandenen bzw. insbesondere nicht vorhanden Ressourcen ausgefüllt werden. Dem professionellen Handeln werden somit Grenzen gesetzt. Die Einflussnahme der Fachkräfte auf die Zielsetzungen und auf die Verteilung notwendiger Ressourcen kann durch Dezentralisierung und Regionalisierung minimiert werden. Dabei zeigt sich, dass gerade ein diesbezügliches politisches Handeln auch im Rahmen einer Organisation zum professionellen Handeln der Sozialen Arbeit gehört. Dies wird im folgenden Abschnitt im Kontext des doppelten Mandats erläutert.

7.3 Doppeltes Mandat

Sowohl in fest als auch in lose gekoppelten Organisationen bzw. Organisationsteilen der Soziale Arbeit agieren die mehr oder weniger professionell sowie beruflich tätigen Fachkräfte im Spannungsfeld von Hilfe und Kontrolle. Diese Ambivalenz wird auch als doppeltes Mandat der Sozialen Arbeit bezeichnet und ist für das berufliche Handeln in der Sozialen Arbeit konstitutiv (Böhnisch und Lösch 1979). Diese beiden Mandate, also Aufträge an die Fachkräfte der Sozialen Arbeit, ergeben sich einerseits aus den Erwartungen der Adressatinnen und Adressaten an die Soziale Arbeit, Hilfe bei der Bewältigung von Lebensführungsproblemen zu erhalten. Andererseits ergeben sie sich aus den Erwartungen der (insbesondere staatlichen) Organisationen, die Soziale Arbeit anbieten, Adressatinnen und Adressaten zu kontrollieren. Eltern erwarten z.B. seitens der Fachkräfte des Allgemeinen Sozialen Diensts (ASD) des Jugendamts Hilfe bezüglich der Erziehung ihrer Kinder, gleichzeitig erwartet die Organisation, die das staatliche Wächteramt innehat, von den Fachkräften eine Kontrolle der Eltern bezüglich einer Kindeswohlgefährdung.

Die Fachkräfte der Sozialen Arbeit stecken dabei in dem Dilemma, Hilfe durch professionelles Handeln bieten zu können, dies aber im Rahmen von Organisationen durchführen zu müssen, die rational, arbeitsteilig und standardisiert vorgehen und aufgrund ihrer sozialstaatlichen Verfasstheit eine Kontrolle abweichenden Handelns erwartet. Wie in den beiden vorangegangenen Abschnitten gezeigt wurde, gelingt professionelles Handeln, je nach Strukturierung der jeweiligen Organisation, mehr oder weniger, in jedem Fall aber in hohem Maße unterschiedlich. Die Funktionen der Sozialen Arbeit zwischen Hilfe und Kontrolle werden jedoch nur teilweise mit durch die jeweilige einzelne Organisation konstituiert. Vielmehr ist das doppelte Mandat grundsätzlich ein Aushandlungsergebnis (politischer) Diskurse der Gesellschaft, der Institution der Organisation sowie der beteiligten Profession[35].

> „Da das Jugendamt und die Jugendhilfeeinrichtungen moralische Gewährleistungsarbeit verrichten, müssen sie fortwährend Bezug auf die in der Gesellschaft institutionalisierten Moralsysteme nehmen, um Legitimität zu erhalten und zu behalten. Aufgrund der gesellschaftlichen Pluralität von Werten und kulturellen Rahmungen gibt es eine Vielzahl von gesellschaftlichen Akteuren, die erwarten, dass die Gewährleistungsarbeit der Kinder- und Jugendhilfe ihren soziokulturellen Vorstellungen entspricht. Rechtliche Legitimität ist folglich nicht die einzige Form von gesellschaftlicher Anerkennung, auf die die Organisationen der Kinder- und Jugendhilfe angewiesen sind. Eine wesentliche Rolle spielen dabei die als Professionen bezeichneten Berufsgrup-

35 In der Disziplin der Sozialen Arbeit wird eine Erweiterung des Begriffs des doppelten Mandats hin zum Tripelmandat diskutiert. Das dritte Mandat wäre die Profession mit ihrem Wissen und professionellen Selbstverständnis (Staub-Bernasconi 2018).

> pen, die die Arbeit der Organisationen als ihr Betätigungsfeld sehen und dem entsprechend ihre Werte und Weltsichten realisieren wollen. Weitere Akteure kommen aus dem Bereich der Politik, der Medien, der Religionen oder Wissenschaft. Und natürlich sind auch die Klienten eine Gruppierung, die das Handeln der Organisationen als legitim anerkennen muss" (Klatetzki 2018: 1264).

Grundlegend für das doppelte Mandat der Sozialen Arbeit ist also weniger die organisationale Kontextualisierung, in der Soziale Arbeit stattfindet, sondern vielmehr deren gesellschaftliche Rahmung (auch Kap. 12). Auch weitestgehend selbstständig handelnde Fachkräfte können sich dem nicht entziehen, sind doch zum einen letztlich die Leistungen gegenüber den Adressatinnen und Adressaten und damit auch ihre Tätigkeit sozialstaatlich finanziert und gehört darüber hinaus zum anderen das Changieren zwischen Helfen und Kontrollieren zum Selbstverständnis der Profession Soziale Arbeit. So kristallisiert sich das Dilemma des doppelten Mandates in den jeweiligen Organisationen heraus, und dies unabhängig von einer festen oder losen Koppelung.

Für Böhnisch und Lösch (1979) ergibt sich aus dem Zusammenhang von Organisation und gesellschaftlichen Rahmenbedingungen für die Soziale Arbeit damit, dass nicht nur Organisationen so strukturiert sein müssen, dass in ihnen professionelles sozialarbeiterisches/-pädagogisches Handeln möglich ist, vielmehr umfasst dieses professionelle Handeln auch immer ein politisches Handeln:

> „Eine so verstandene professionelle Orientierung des Sozialarbeiters verlangt aber nicht nur die kritische Reflexion auf seinen institutionellen Handlungsrahmen, sondern gleichzeitig die kontrollierende Rückbeziehung seiner Handlungserfahrungen auf die politisch-sozialen Verursachungsbedingungen seiner Klientenschicksale und damit der objektiven Interessen seiner Klienten. Von daher verbietet sich dem Sozialarbeiter der Rückzug auf die Rolle des distanzierten, ‚autonomen Sachverständigen'. Denn in der Spannung des ‚doppelten Mandats', also im Konflikt zwischen der Orientierung an den Interessen seiner Klienten und den (in den Tätigkeitserwartungen der Sozialadministration vermittelten) gesellschaftlichen Ordnungs- und Kontrollinteressen ist der Sozialarbeiter selbst ‚Betroffener'. Sein durch die Praxis wie immer auch legitimiertes professionelles Handeln ist damit in diesem Sinne auch immer politisches Handeln und als solches von seinem professionalen Anspruch nicht trennbar" (Böhnisch und Lösch 1979: 37).

Böhnisch und Lösch lokalisieren also Ursachen für Problematiken, die durch die Soziale Arbeit bearbeitet werden, auch in gesamtgesellschaftlichen Zusammenhängen, die wiederum gleichzeitig für die Bearbeitung dieser Probleme durch die Bereitstellung entsprechender Organisationen und Dienstleistungen sorgen. Der Schluss liegt also nahe, dass allein ein professionelles Handeln in Bezug auf Adressatinnen und Adressaten nicht ausreichen kann, um Problematiken hinreichend bearbeiten zu können. Doch eine sich daraus ergebende alleinige Verantwortung an Fachkräfte der Sozialen Arbeit, durch politisches Handeln gesamtgesellschaftliche Problemlagen zu lösen, wäre überfrachtend. Wohl aber können sie durch eine Vertretung der Adressatinnen und Adressaten innerhalb ihrer sowie letztendlich auch durch ihre Organisationen und in Bezug auf deren Beziehung zur Organisationsumwelt daran arbeiten (Böhnisch und Lösch 1979: 38). Dies kann sich beispielsweise auf Stadtplanung, Sozialplanung, Sozialraumentwicklung und Vernetzung beziehen.[36]

Schütze verweist in seinen Ausführungen bezüglich des Umgangs mit dem doppelten Mandat darauf, dass professionelles Handeln der Sozialen Arbeit eine beständige Reflexion der Gratwanderung zwischen Hilfen und Kontrolle im Allgemeinen sowie des Kontrollauftrags im Besonderen umfasst:

> „Das Einbezogensein professionellen Handelns in das hoheitsstaatliche Handeln wird deshalb von der Profession sowohl professionsethisch-allgemein als auch situativ-konkret durch Selbstreflexions- und Selbstvergewisserungsverfahren wie Supervision bearbeitet und reflektiert; das Einbezogensein wird bis zu einem gewissen Grade auch so organisatorisch gestaltet, daß zumindest die Chance einer kritischen Distanz gegenüber dem Eingebundensein in das hoheitsstaatliche Handeln bestehen bleibt. Z.B. werden explizit sanktionierende Aktivitäten in organisierter Arbeitsteilung als dirty work [...] anderen Berufsgruppen überlassen" (Schütze 1997: 244 f.).

Nachgefragt und zur Diskussion gestellt

1. Nennen Sie konkrete Verhaltens- und Ergebniskontrollen im Rahmen der Sozialen Arbeit und diskutieren Sie deren Einfluss auf die Fachkräfte und deren professionellen Handeln.
2. Beschreiben Sie das Verhältnis von Locals und Cosmopolitans zur Organisation und diskutieren Sie diese Ausprägungen in Bezug auf das professionelle Agieren der Fachkräfte.
3. Problematisieren und diskutieren Sie den Einfluss ökonomischer und ressourcenorientierter Kalküle auf die Organisationen der Sozialen Arbeit und damit auf das professionelle berufliche Handeln der Fachkräfte.
4. Erläutern Sie das „doppelte Mandat" und seine Bedeutung für das berufliche Handeln in der Sozialen Arbeit zwischen Organisation und Profession.
5. Überlegen Sie, wie eine Organisation strukturiert sein müsste, um möglichst professionell sozialpädagogisch handeln zu können. Begründen Sie dies.

36 Hierauf wird in Kapitel 12.2 noch ausführlicher eingegangen.

Weiterführende Literatur

Böhnisch, Lothar/Lösch, Hans (1979): Das Handlungsverständnis des Sozialarbeiters und seine institutionelle Determination. In: Otto, H.-U./Schneider, S. (Hrsg.): Gesellschaftliche Perspektiven der Sozialarbeit. Zweiter Halbband, Neuwied und Darmstadt: Luchterhand, S. 21– 40.

Klatetzki, Thomas (2018): Organisation. In: Böllert, K. (Hrsg.): Kompendium Kinder- und Jugendhilfe. Wiesbaden: Springer VS, S. 1259-1280.

Schütze, Fritz (1997): Organisationszwänge und hoheitsstaatliche Rahmenbedingungen im Sozialwesen. In: Combe, A./Helsper, W. (Hrsg.): Pädagogische Professionalität. Untersuchungen zum Typus pädagogischen Handelns. Frankfurt am Main: Suhrkamp, S. 183–275.

8. Adressaten, Nutzer*innen, Klientinnen, Kunden, Koproduzentinnen – eine Sortierung[37]

Zielsetzungen des Kapitels

- Die zentrale Bedeutung der Begriffe Klientin und Klient, Kundin und Kunde, Nutzerin und Nutzer sowie Adressatin und Adressat ist bekannt.
- Die Vor- und Nachteile einer Verwendung dieser Begriffe für die Menschen, die Soziale Arbeit in Anspruch nehmen, sind bekannt.
- Die Begriffe können Konzepten und Theorien der Sozialen Arbeit zugeordnet werden.
- Der Zusammenhang zwischen den Begriffen und dem Verständnis von Institutionen (Kap. 1) kann nachvollzogen werden.

Menschen, die die Angebote der Sozialen Arbeit in Anspruch nehmen bzw. denen von der Sozialen Arbeit geholfen wird, können mit verschiedenen Ausdrücken belegt werden. Einige dieser Bezeichnungen auf der Subjektebene der Sozialen Arbeit sind hinlänglich bekannt, wie Adressat, Klient oder Kunde, andere wiederum sind alt und seltener in Gebrauch, wie „Arme". Eine Vielzahl dieser Begrifflichkeiten entstammt dabei nicht der Sozialen Arbeit, sondern sie sind anderen Bereichen entnommen, beispielsweise – bleibt man bei Klient oder Kunde – der Wirtschaft oder dem Recht.

Solche Begriffe sind mit einem gewissen Inhalt gefüllt, der sich aus den Bereichen, denen sie entstammen, ergibt. Bereiche wie Recht oder Wirtschaft können gemäß Kapitel 1 als Institutionen verstanden werden und die Begriffe Klientin oder Kunde als Rollendefinitionen. Solche Rollendefinitionen, wenn Sie sich an Kapitel 1 erinnern, bündeln Regeln, wie Menschen handeln sollten, um in diesen Institutionen agieren zu können. Mit den Begriffen werden also bestimmte Erwartungen an die Rollen verbunden. Dies bedeutet folglich, dass

37 An dieser Stelle weisen wir im Titel dieses Kapitels bewusst verschiedene Geschlechter aus. Im Rahmen der weiteren Ausführungen dieses Kapitels finden sich dann überwiegend die weibliche und die männliche Form.

die Entscheidung, mit welchem Begriff Menschen in der Sozialen Arbeit belegt werden, gleichsam konstruiert, welcher soziale Status und welche Rolle diesen Menschen im Kontext der Erbringung Sozialer Arbeit zugesprochen wird (Flösser und Oechler 2010: 125). Die Ausformulierung und Entwicklung des Subjektbegriffs ist dabei sowohl für Praxisentwicklung als auch für Theoriebildung ein zentraler Referenzpunkt (Schrödter 2018: 1674).

Eine solche Entwicklung können Profession oder Disziplin der Sozialen Arbeit jedoch nicht allein auf sich selbst bezogen gestalten, sondern es geschieht stets in Abhängigkeit von gesellschaftlichen Bezügen und Veränderungen. Dies gilt umso mehr, als dass die Soziale Arbeit in diese Zusammenhänge anderer gesellschaftlicher Teilbereiche und institutioneller Kontexte involviert ist und mitunter von deren Institutionen beauftragt wird (Kap. 3). Im Rahmen der Arbeitsagenturen (Jobcenter, Bundeagentur für Arbeit etc.) wird beispielsweise der organisatorisch eingeführte Begriff der Kundin bzw. des Kunden verwendet. Zwar sind in diesem Rahmen in einzelnen Abteilungen auch Fachkräfte der Sozialen Arbeit tätig, der Begriff wurde jedoch nicht durch die Profession oder Disziplin der Sozialen Arbeit für diese Organisationen eingeführt.

In diesem Kapitel werden unter dieser Perspektive die verschiedenen Begrifflichkeiten diskutiert, die in der Sozialen Arbeit für die Menschen verwendet werden oder wurden, mit deren Belangen sie sich befasst. Das sind im Einzelnen Arme und Asoziale (Kap. 8.1), Klientinnen und Klienten (Kap. 8.2), Kundinnen und Kunden sowie Koproduzentinnen und Koproduzenten (Kap. 8.3), Nutzerinnen und Nutzer (Kap. 8.4) sowie Adressatinnen und Adressaten (Kap. 8.5). Zum Schluss wird noch einmal für eine sorgfältige Differenzierung und Auswahl zwischen diesen Begrifflichkeiten für Personen, die Angebote der Sozialen Arbeit in Anspruch nehmen, sensibilisiert (Kap. 8.6).

8.1 Arme und Abweichende

Soziale Arbeit entstand im Zusammenhang mit den Armutsauswirkungen der Industrialisierung. Insofern arbeitet Soziale Arbeit klassisch mit Menschen, die von Armut betroffen sind, also Arme (Bitzan und Bolay 2017: 18). Armut wurde in diesem Zusammenhang durch gesellschaftliche Veränderungen sowie veränderte Produktionsbedingungen in der Industrie hervorgebracht. Die Bearbeitung von Armut im Rahmen der Sozialen Arbeit bezog sich jedoch nicht auf diese Ursachen, sondern viel mehr auf die Individuen, die von Armut betroffen waren. Das gesellschaftlich verursachte Problem wird individualisiert betrachtet und Problemursache und (vermeintliche) Problemlösung auf die Ebene des Individuums verlagert. Der Sozialen Arbeit kam dabei bis zur Mitte des 20. Jahrhunderts die Aufgabe zu, die Stabilität der Gesellschaft zu erhalten, die vermeintlich durch die Individuen, die in Armut leben, gefährdet wird (Böhnisch 2012: 16 f.). Armut wurde als individuelle Abweichung der Normalität gedeutet, Soziale Arbeit hatte damit eine Normalisierungsfunktion.

> „Die Armut als zentrales fürsorgerisches Problem wird in diesem Verständnis als materielle gesellschaftliche Unangepasstheit definiert, abweichendes Verhalten und Kriminalität gelten als kulturelle gesellschaftliche Unangepasstheiten, die bei Jugendlichen, da sie sich noch im Entwicklungsprozess befinden, besonders behandelt werden (‚Verwahrlosung'), während sie sonst mit dem Begriff des ‚Asozialen' gekennzeichnet sind" (Böhnisch 2012: 17).

Lebensführungen und Handeln von Menschen, die nicht den gängigen Normalitätsvorstellungen der damaligen Gesellschaft entsprachen, wurden als abweichend gedeutet. Der Sozialen Arbeit kam in diesem Zusammenhang vorwiegend die Aufgabe zu, Normalität herzustellen, weniger die subjektiv empfundenen Problematiken der Menschen zu bearbeiten (Flösser und Oechler 2010: 127). Dabei wurden insbesondere disziplinierende Maßnahmen eingesetzt.

Eine solche Typisierung der Menschen, die Soziale Arbeit in Anspruch nehmen, schien in der Gegenwart der Profession und Disziplin der Sozialen Arbeit lange Zeit überwunden. Ab der zweiten Hälfte des 20. Jahrhunderts setzten sich die Erkenntnisse durch, dass in der modernen Gesellschaft zumindest weniger gemeinsam geteilte Normalitätsstandards existieren, die als Maßstab für eine Normalisierung gelten könnten, und dass die Ursachen der Probleme der Lebensführung eben nicht nur auf das jeweilige Individuum zurückzuführen sind, sondern gleichsam in der nahen und weiteren Umwelt dieser, dass also auch gesellschaftliche Bedingungen zu berücksichtigen und zu bearbeiten sind (Thiersch 2014; Winkler 1988).

Es wandelten sich die Zielsetzungen der Sozialen Arbeit; die Bildung von Selbstbewusstsein und Selbstbestimmung, die Aneignung der Umwelt und Demokratiebildung wurden in der Folge in das Zentrum gerückt. Die Begriffe „Arme" und „Abweichende" werden daher üblicherweise nicht mehr als allgemeine Bezeichnung benutzt, zumal sie darüber hinaus gleichzeitig abwertend sind und ein Bild konstruieren, dass nur bestimmte Bevölkerungsgruppen Soziale Arbeit in Anspruch nehmen würden, welches gegenwärtig längst nicht mehr der Fall ist. Viele dieser Menschen unterliegen jedoch auch in der Gegenwart einer sozialen und materiellen Armut und auch die Normalisierungsfunktion der Sozialen Arbeit besteht nach wie vor (Flösser und Oechler 2010: 127). In diesem Zusammenhang zeichnet sich ebenfalls in einigen Bereichen der Sozialen Arbeit wieder eine Bereitschaft zur Disziplinierung der Menschen ab (Dollinger 2010; Ziegler und Scherr 2013). Diese Entwicklung ist aus der disziplinären Perspektive der Sozialen Arbeit kritisch zu betrachten, zumal sie nicht die Folge fachlicher Überlegungen darstellt, sondern vielmehr gesellschaftspolitischen Entwicklungen wie einer neoliberalen Sozial- und

Wirtschaftspolitik geschuldet zu sein scheint (Oelkers 2013; Klimke 2013; Garland 2008).

8.2 Klientinnen und Klienten

Der Begriff der Klientin bzw. des Klienten entstammt dem Lateinischen *cliens* und bedeutet der bzw. die Hörige. Er bedeutet u. a. Auftraggeberin oder Auftraggeber sowie Kundin und Kunde, es wird damit also ein Mensch bezeichnet, der dafür etwas bezahlt, damit seine Interessen wahrgenommen werden. Der Begriff wird nicht zuletzt insbesondere im Bereich des Rechts verwendet. Üblicherweise handelt es sich um die Bezeichnung für Menschen, die die Dienste einer Rechtsanwältin oder eines Rechtsanwalts in Anspruch nehmen. Diese Bezeichnung ist entgegen den zuvor diskutierten deutlich neutraler bezüglich des Hinweises auf die soziale Zugehörigkeit. Eine Verwendung im Rahmen der Sozialen Arbeit verweist darauf, dass eben nicht nur marginalisierte, also randständige Menschen diese in Anspruch nehmen, sondern dass Soziale Arbeit quer durch die gesellschaftlichen Lebenslagen gefragt ist. Die oben bereits skizzierte gesellschaftliche Entwicklung der *Pluralisierung, Individualisierung und Enttraditionalisierung* (Beck 2006) in der gegenwärtigen Moderne bedeutet, dass Probleme der Lebensführung eben nicht mehr allein durch materielle Unterversorgung entstehen. Die Vielfalt der Optionen (Pluralisierung), die der je individuellen Lebensführung heute offensteht (oder zu stehen scheint), ermöglicht den Menschen die Gestaltung ihrer Lebenswege und -pläne (Individualisierung), zwingt sie jedoch gleichzeitig immer wieder dazu, sich selbstverantwortet zu entscheiden. Die Wahrscheinlichkeit von Fehlentscheidungen und überfordernden Ansprüche steigt folglich gleichzeitig. Gestiegene gesellschaftliche (insbesondere wirtschaftliche) Ansprüche an eine Flexibilität der Menschen dünnt deren bisherige soziale Netzwerke, in denen Hilfe gegenseitig geleistet werden kann, aus (Enttraditionalisierung). Die Inanspruchnahme von Hilfen zur Lebensführung findet gegenwärtig in Folge dieser Entwicklungen verteilt in allen gesellschaftlichen Lagen statt. Die gegenwärtig verwendeten Begriffe wie Klientin und Klient, Kundin und Kunde oder Adressatin und Adressat verweisen daher weniger auf einen sozialen Status, sondern vielmehr auf ein Verhältnis zwischen Fachkräften und Soziale Arbeit in Anspruch nehmenden Menschen.

Mit dem Begriff der Klientin bzw. des Klienten gehen nun einige institutionalisierte Erwartungen einher, die aus dem Verhältnis zwischen Rechtsanwältin bzw. Rechtsanwalt und Klientin bzw. Klient hervorgehen. Mit der Verwendung dieses Begriffs übernimmt die Soziale Arbeit zunächst auch diese Erwartungen. Eine Klientin oder ein Klient übergibt an die Rechtsanwältin oder den Rechtsanwalt die Aufgabe, sie oder ihn in rechtlichen Belangen zu vertreten. In der Folge kann die Rechtsanwältin bzw. der -anwalt selbstständig im Sinne der Klientin bzw. des Klienten agieren und in Vertretung dieser handeln. Rechtsanwältin und Rechtsanwalt stehen dabei ausschließlich auf der Seite ihrer Klientinnen und Klienten in der Auseinandersetzung mit anderen Parteien. Im Rahmen des Rechtssystems entspricht dies mehr oder weniger einer Entmündigung der Klientin und des Klienten und einer paternalistischen, schützenden Vertretung durch Rechtsbeistände. Klientinnen und Klienten haben jedoch die Möglichkeit, dieses Verhältnis wieder aufzulösen und können außerdem die Rechtsvertretungen selbst auswählen (Graßhoff 2015: 26 f.).

Eine Verwendung des Begriffs der Klientin und des Klienten erweckt ähnliche Rollenerwartungen an die beteiligten Personengruppen, die jedoch kaum der Realität entsprechen. Hinter den Ideen der Partizipation im Rahmen der Tätigkeit der Fachkräfte und dem Ziel einer Verselbstständigung der Menschen steht eine mehr oder weniger starke Beteiligung der Menschen und eben keine Übertragung von Handlungsmacht auf die Fachkräfte der Sozialen Arbeit. Die Fachkräfte sind eben nicht dafür da, Aufgaben für die Menschen, mit denen sie arbeiten, zu erledigen. Darüber hinaus stehen sie nicht bedingungslos auf der Seite der Klientinnen und Klienten, sondern unterliegen immer dem doppelten Mandat zwischen Hilfe und Kontrolle (Böhnisch und Lösch 1973, siehe auch Kap. 7.3), d.h., sie erhalten ihre Arbeitsaufträge einerseits von den Klientinnen und Klienten, die Hilfe erhalten wollen, und andererseits von ihrem Auftraggeber (die Organisation, für die sie tätig sind), von dem kontrollierende Erwartungen hinsichtlich der Klientinnen und Klienten und eine Normalisierungsfunktion (s.o.) ausgehen. Die Erwartungen, die bei einer Verwendung des Begriffs der Klientin bzw. des Klienten für die Rolle der Fachkräfte der Sozialen Arbeit entstehen, verschleiert also die Tatsache, dass die Fachkräfte die Klientinnen und Klienten auch kontrollieren und gegebenenfalls sanktionieren.

Eine weitere Schwierigkeit, die sich aus dem Begriff der Klientin bzw. des Klienten ergibt, ist die Erwartung der freien Auswahl und der möglichen Beendigung der Inanspruchnahme Sozialer Arbeit. Zwar trifft dies in vielen Fällen durchaus zu (sofern das Angebot Wahlmöglichkeiten bestehen lässt), Soziale Arbeit findet jedoch auch in Zwangskontexten statt. Insbesondere dann, wenn der Kontrollauftrag der Sozialen Arbeit im Vordergrund steht, tritt die Möglichkeit einer freien Auswahl der Inanspruchnahme und der zuständigen Fachkraft sowie die Möglichkeit der Beendigung der Leistung für die Klientin oder den Klienten in den Hintergrund.

Eine grundsätzliche Verwendung der Bezeichnung Klientin oder Klient für die Menschen, die Soziale Arbeit in Anspruch nehmen, ist also kritisch zu beurteilen, da die Erwartungen, die mit diesem Begriff einhergehen, nicht nahtlos auf die in der Sozialen Arbeit übertragbar sind. Damit soll nicht ausgeschlossen werden, dass der Begriff in einigen Handlungsfeldern oder Einrichtungen der Sozialen Arbeit durchaus passen könnte, denkt man beispielsweise an den Bereich der Drogenhilfe. In vielen Handlungsfeldern würde der Begriff jedoch tatsächliche Erwartungen und Verhältnisse verschleiern. Eine Verwendung der Bezeichnung sollte folglich wohlüberlegt sein.

8.3 Kundinnen, Kunden, Koproduzentinnen und -produzenten

Seit Anfang der 1990er-Jahre wurde die Entwicklung der Sozialen Arbeit u.a. von der Dienstleistungsorientierung geprägt. Dabei wurde nicht nur die Soziale Arbeit als personenbezogene soziale Dienstleistung herausgearbeitet, sondern es wurde zudem darauf hingewiesen, dass es sich bei den Leistungen der Sozialen Arbeit – volkswirtschaftlich betrachtet – um Dienstleistungen handeln.

> „Im volkswirtschaftlichen Sinne handelt es sich bei Dienstleistungen um ein ökonomisches Gut, bei dem im Gegensatz zur industriellen Produktion nicht der materielle Gehalt im Vordergrund steht, sondern eine prozesshafte Leistungserbringung. Entsprechend werden Dienstleistungen allgemein als Tätigkeiten definiert, die weder dem wirtschaftlichen Produktionsbereich der Nahrungsmittel- und Rohstoffgewinnung (primärer Sektor) noch der industriellen Rohstoffverarbeitung (sekundärer Sektor) zugeordnet werden können" (Oechler 2018: 264).

Das Besondere an der personenbezogenen sozialen Dienstleistung „Soziale Arbeit" ist, dass die Fachkräfte ihre Dienstleistung nicht erbringen können, wenn die Menschen, mit denen sie arbeiten, nicht ebenfalls an dieser Dienstleistung beteiligt sind und kooperieren.

> In der Sozialen Arbeit sind die Fachkräfte nicht einfach nur Dienstleistungsproduzierende und die, die die Dienstleistung in Anspruch nehmen, nicht bloß Dienstleistungskonsumierende. Da die personenbezogene soziale Dienstleistung im Rahmen der Sozialen Arbeit immer in Interaktion zwischen Fachkraft und Inanspruchnehmenden stattfindet, werden die Beteiligten zu sogenannten Koproduzentinnen und -produzenten der Dienstleistung. Ohne eine Beteiligung der Inanspruchnehmenden kann die Dienstleistung nicht erbracht werden (Oechler 2018: 264 f.).

Als Beispiel soll hier kurz Soziale Arbeit als Beratung angeführt werden. Beratungsangebote können nur ihrer Aufgabe, Beratung durchzuführen, nachkommen, wenn Menschen sich an diese Angebote wenden und die Beratung in Anspruch nehmen. Dazu ist eine Interaktion zwischen den Fachkräften und den in Anspruch nehmenden Menschen notwendig. In dieser Interaktion müssen die Kundinnen und Kunden dieser Dienstleistung selber bestimmte Handlungen durchführen, damit eine Beratung gelingt. Sie müssen z.B. anwesend sein, sie müssen bereit sein, mit den Beraterinnen und Beratern zu kommunizieren, sie müssen Informationen über die dem Beratungswunsch zugrundeliegende Problematik formulieren und preisgeben usw.

Für die Inanspruchnahme des Angebots der Sozialen Arbeit bzw. die Herstellung der Dienstleistung Beratung ist an dieser Stelle festzuhalten, dass dies nur mithilfe der Inanspruchnehmenden gelingen kann. Diese können damit als Koproduzentinnen und Koproduzenten bezeichnet werden. Eine dienstleistungsorientierte Soziale Arbeit bezieht sich dabei auf ein Professionalisierungsbestreben in Form einer Neuformatierung des Verhältnisses von Organisationen, Fachkräften sowie Adressatinnen und Adressaten. Hierauf wird noch differenzierter einzugehen sein, wenn von den Nutzerinnen und Nutzern die Rede ist (Kap. 8.4).

Wenn jedoch in diesem Zusammenhang von den Inanspruchnehmenden der Dienstleistung Beratung als bloße Kundinnen und Kunden gesprochen wird, so könnte sich dahinter ein anderes Selbstverständnis der Dienstleistung verbergen. Gemeint ist eine zunehmend ökonomisch bestimmte, an marktförmigen und betriebswirtschaftlichen Prinzipien ausgerichtete Soziale Arbeit vor dem Hintergrund staatlicher Bestrebungen im Rahmen eines Umbaus des Sozialstaates (Oechler 2018). Das heißt: Wenn nun in dem oben genannten Beispiel der Begriff der Kundin oder des Kunden benutzt wird, so ist dieser dem System der Ökonomie entnommen und impliziert daraus hervorgehend einige institutionalisierte Rollenerwartungen. Zunächst gibt üblicherweise die Kundin oder der Kunde eine Dienstleistung in Auftrag und bezahlt die Dienstleistungserbringung. Die Kundin und der Kunde bestimmen des Weiteren gemeinsam mit den Dienstleistungserbringerinnen und -erbringern die Form und das Ziel der Dienstleistung. Kundinnen und Kunden können sich zudem die Dienstleisterinnen und Dienstleister aussuchen, die sie beauftragen, und sich zuvor über deren Qualität informieren. Dienstleisterinnen und Dienstleister können auch aufgefordert werden, Nachweise über die eigene Qualität zu erbringen.

Wird dieser Begriff der Kundin bzw. des Kunden im Rahmen der Sozialen Arbeit verwendet, ergeben sich ebenso wie bei dem bereits zuvor diskutierten Begriff der Klientin bzw. des Klienten einige Schwierigkeiten, da die institutionalisierten Bedeutungen und Rollenerwartungen aus der Ökonomie nicht nahtlos übernommen werden können. Zur Verdeutlichung dessen ist es einerseits hilfreich, die bereits in Kapitel 3 dargestellte Figur des sozialrechtlichen Dreiecks und ihre Bedeutung für die Soziale Arbeit noch einmal aufzurufen. Andererseits betrachten wir dies vor dem Hintergrund eines fiktiven Fallbeispiels einer alleinerziehenden Mutter, die mit ihrem leistungsschwachen und verhaltensauffälligen Sohn die Unterstützung des Jugendamtes, genauer des Allgemeinen Sozialen Dienstes sucht und hier einen Antrag auf Hilfe zur Erziehung stellen möchte.

Inwiefern handelt es sich bei der Mutter nun um eine Kundin? Es ist in diesem Zusammenhang kritisch gegenüber der „Kundenbegrifflichkeit" für die in diesem Falle potenzielle Leistungsempfängerin im sozialrechtlichen Dreiecksverhältnis einzuwenden:

- In den seltensten Fällen sind die Kundin und der Kunde, also die Menschen, die Dienstleistungskonsumierende bzw. die Empfängerinnen und Empfänger der Leistungen sind, auch diejenigen, die die Dienstleistungsproduzierenden bzw. die Leistungserbringer beauftragen. Vielmehr existieren staatliche bzw. kommunale Stellen, die Kosten- und Leistungsträger, an die sich die Kundinnen und Kunden wenden und die zunächst prüfen, ob eine Dienstleistung gewährt werden kann. Im besten Falle beauftragen diese Stellen dann die eigentlichen Dienstleistungsproduzierenden und bezahlen auch (teilweise oder in Gänze) die von Trägern der Sozialen Arbeit erbrachten Leistungen (siehe dazu auch Kap. 4). Im vorliegenden fiktiven Fallbeispiel handelt es sich dabei um die alleinerziehende Mutter, die einen Antrag auf die Gewährung einer Hilfe zur Erziehung stellen kann. Über diesen Antrag hat allerdings das Jugendamt zu entscheiden.

- Durch dieses Dreieck ergibt sich ein gänzlich anderes Verhältnis zwischen den Beteiligten als das einfache Verhältnis, welches durch den Begriff der Kundin bzw. des Kunden vermittelt wird. In der Ökonomie haben die Kundin bzw. der Kunde durch die eigene Bezahlung der Dienstleistung ein hohes Mitspracherecht bezüglich der Erbringungsweise und der Ziele der Dienstleistung. Diese Mitsprache wird durch das sozialrechtliche Dreieck deutlich vermindert, da auch der Dienstleistungsträger gegenüber dem Dienstleistungserbringer als zahlender Auftraggeber und damit als Kunde auftritt. Der Begriff der Kundin bzw. des Kunden erweckt also den Eindruck einer starken Position, die in der Realität schwächer ausfällt. Zudem schmälert sich durch das Verhältnis auch die Wahlmöglichkeit für die Kundinnen und Kunden, da auch diesbezüglich die Leistungsträger mitbestimmen. Für das Fallbeispiel bedeutet dies: Im Falle einer Hilfegewährung wird die Mutter beteiligt bzw. hat über die Hilfeplanung Mitsprachemöglichkeiten. Dies gilt auch vor dem Hintergrund des gesetzlich im SGB VIII garantierten Wunsch- und Wahlrechtes für die Kinder- und Jugendhilfe. Trotz dieser Möglichkeiten im Rahmen der Gewährung und Inanspruchnahme einer Hilfe zur Erziehung wären die Einfluss- und Handlungsmöglichkeiten für die Mutter größer, wenn die Leistung direkt von der Familie bezahlt werden würde.

- Letztlich erweist sich die Auswahl des vermeintlich besten Angebots im Rahmen der Ökonomie für die Kundinnen und Kunden schon schwierig, da dies einen gewissen Grad an Informiertheit über die Angebote voraussetzt. Im Rahmen der Sozialen Arbeit dürfte diese Wahl sogar schwieriger sein, da selten auf eigenes oder fremdes Erfahrungswissen (jenseits dessen der Fachkräfte) zurückgegriffen werden kann und Informationen über die Qualität der Leistungen von Anbietern Sozialer Arbeit wenig Aussagen über deren tatsächliche Qualität bieten. So ist davon auszugehen, dass sich die Mutter des Kindes in dem fiktiven Fallbeispiel an das Jugendamt mit einer Problembeschreibung wendet und möglicherweise mit einer mehr oder weniger konkreten Idee, wie ihr geholfen werden könnte. In der Regel wird die Mutter aber nicht ein abschließend formuliertes Antragsschreiben mit in die Sprechstunde des Allgemeinen Sozialen Dienstes mitbringen, das bereits die gewünschte Leistung und womöglich noch den damit zu beauftragenden Träger beinhaltet.

Neben der Problematik, dass der Begriff der Kundin bzw. des Kunden Erwartungen hervorruft, die mit dem Begriff institutionalisiert sind, kann aus der Perspektive der Sozialen Arbeit also kritisiert werden, dass eine Dienstleistungsorientierung sich zu sehr an einer neoliberalen Markt- und Sozialpolitik ausrichtet, welche die Kundinnen- und Kundenseite stärkt mit dem Ziel, den Sozialstaat mehr und mehr aus der Verantwortung für die Leistungen zu ziehen (Schaarschuch 2003).

Schließlich blendet wie bereits bei der Begrifflichkeit der Klientin bzw. des Klienten auch der Begriff der Kundin oder des Kunden sowohl Soziale Arbeit in Zwangskontexten als auch den Kontrollauftrag der Fachkräfte der Sozialen Arbeit gegenüber den Kundinnen und Kunden aus. Insbesondere Letzteres wird durch die Verwendung des Begriffs „Kundin" oder „Kunde" nicht gegenüber den Leistungen in Anspruch nehmenden Parteien verdeutlicht. Gleichwohl geht mit der Verwendung des Begriffs der Kundin bzw. des Kunden eine Aufwertung der Soziale Arbeit in Anspruch nehmenden Menschen und deren Mitspracherecht im Rahmen sozialpädagogischer Dienstleistungen einher (Flösser und Oechler 2010).

8.4 Nutzerinnen und Nutzer

Die Begriffe Nutzerinnen und Nutzer wurden neben den Begriffen der Kundin und des Kunden im Rahmen der disziplinären Diskussion zur Dienstleistungsorientierung der Sozialen Arbeit verwendet (Oechler 2018). Insbesondere Andreas Schaarschuch plädiert in seinen Ausführungen für eine Wende hin zur Nutzung und zum Nutzen der Sozialen Arbeit, und zwar gedacht aus der Perspektive eben jener Nutzerinnen und Nutzer (Schaarschuch 1999). Damit wird der Versuch unternommen, den oben kurz angesprochenen negativen Folgen einer neoliberal ausgerichteten Sozialpolitik und den falschen Erwartungen im Zusammenhang mit einer Nutzung der Begriffe Kundin und Kunde entgegenzutreten und eine Dienstleistungsorientierung jenseits einer Marktlogik für die Soziale Arbeit nutzbar zu machen (Schaarschuch 2003: 153 f.). Dabei soll konsequent über eine Orientierung an der Lebenswelt hinausgegangen werden und vielmehr wird die Perspektive der Nutzerinnen und Nutzer als Ausgangspunkt einer Sozialen Arbeit dargestellt.

Im vorangegangenen Unterkapitel (Kap. 8.3) ist der Status des Koproduzenten im Kontext einer Sozialen Arbeit, die sich als personenbezogene soziale Dienstleistung versteht, bereits eingeführt worden. Der Koproduzentenstatus ist zunächst für die Leistungen der Sozialen Arbeit in Anspruch nehmenden Personen bzw. Gruppen herausgearbeitet worden. In der Auslegung der personenbezogenen sozialen Dienstleistung nach Schaarschuch (2003: 156 f.) kommt im Dienstleistungsverhältnis nunmehr den Fachkräften die Rolle der Koproduzentinnen und -produzenten zu, da sie lediglich eine Anleitung im Rahmen der Dienstleistungserbringung vollbringen. Die eigentliche Produktivität hingegen leistet die Nutzerin bzw. der Nutzer, indem das Subjekt selbst die veränderte Person produziert, die aus der Dienstleistung hervorgeht. Nutzerinnen und Nutzer sind somit Produzentinnen und Produzenten der Dienstleistung Soziale Arbeit. Daraus geht folgende Definition einer Dienstleistung im Rahmen der Sozialen Arbeit hervor:

> „Dienstleistung ist ein professioneller Handlungsmodus, der von der Perspektive des *nachfragenden* Subjekts als zugleich Konsument und Produzent ausgeht und von diesen gesteuert wird" (Schaarschuch 2003: 157).

Damit Nutzerinnen und Nutzer steuernd auf die Soziale Arbeit, auf deren Angebote und Leistungserbringung einwirken können, ist es notwendig, dass sie ihre Bedürfnisse artikulieren und vertreten können. Den Fachkräften kommt dabei die Aufgabe zu, ihnen dies zu ermöglichen und sie dabei zu begleiten. Im Rahmen der Interaktion zwischen Fachkraft und Nutzerin bzw. Nutzer ergibt sich dies als Notwendigkeit, die personenbezogene soziale Dienstleistung gelingen zu lassen, da wie oben bereits beschrieben ohne eine Mitwirkung der Nutzerinnen und Nutzer eine Dienstleistung nicht vollbracht und/oder erfolgreich sein kann. Im Rahmen der Organisationen der Sozialen Arbeit und des Sozialstaats ist hingegen eine Demokratisierung der Strukturen notwendig, um personenbezogene soziale Dienstleistungen konsequent an den Nutzerinnen und Nutzern auszurichten. In der Realität ist zunächst immer von einem Machtunterschied zwischen den Organisationen der Sozialen Arbeit und deren Fachkräften einerseits und den Nutzerinnen und Nutzern andererseits auszugehen (Schaarschuch 2003: 158 ff.).

Zwar wertet die Idee der Nutzerinnen und Nutzer die Rolle der Menschen, die Soziale Arbeit in Anspruch nehmen, weiter auf und verdeutlicht einmal mehr, dass ohne eine Partizipation dieser Soziale Arbeit wenig Aussicht auf Erfolg haben kann, eine Verwendung ist jedoch kritisch zu betrachten. Das gesellschaftliche Kontrollmandat der Sozialen Arbeit bleibt unbedacht (Oechler 2018: 268). Aus diesem geht ein Machtungleichgewicht hervor, welches auch durch die Zuschreibung als Nutzerinnen und Nutzer nicht egalisiert werden kann. Ebenso ergibt sich daraus, dass Soziale Arbeit eben nicht immer freiwillig in Anspruch genommen wird, die „Nutzung" der Sozialen Arbeit also nicht von den Nutzerinnen und Nutzern ausgeht.

Und schließlich ermöglicht auch der Blick auf die notwendige Artikulation von zu bearbeitenden Phänomenen durch die Nutzerinnen und Nutzer weiterhin eine neoliberale Ausrichtung der Dienstleistungsorientierung: Werden keine Bedürfnisse durch die Bürgerinnen und Bürger, Nutzerinnen und Nutzer artikuliert, muss der Sozialstaat nicht handeln. Dass Nutzerinnen und Nutzer zumeist eben nicht ihre Lebensführungsprobleme artikulieren und vertreten können und im gesellschaftlichen Diskurs eben nicht die dazu notwendige Machtposition innehaben, kann bei einer solchen Ausrichtung ausgeblendet werden.

8.5 Adressatinnen und Adressaten

Der Begriff der Adressatin bzw. des Adressaten ist ebenfalls kein genuin sozialarbeiterischer/sozialpädagogischer. In einer ersten Assoziation wird der Begriff für den Brief- und Gütertransport der Post verwendet und bezieht sich auf die Personen, die einen Brief oder ein Paket erhalten sollen. Gemeint sind also – allgemein gesprochen – Menschen, an die etwas gerichtet und geschickt wird, die etwas erhalten sollen.

Für die Soziale Arbeit sind die Begriffe Adressatin und Adressat abgesehen von dieser etymologischen Bedeutung weitgehend unvorbelastet. Es bestehen gemeinhin keine institutionalisierten Erwartungen aus anderen Bereichen außerhalb der Sozialen Arbeit wie etwa bei Klientinnen und Klienten (Kap. 8.2). Der Begriff kann vielmehr im Rahmen der Sozialen Arbeit eine eigenständige institutionalisierte Bedeutung erfahren. Entsprechend beschäftigen sich verschiedene Auseinandersetzungen zum Begriff der Adressatin bzw. des Adressaten mit Fragen, wie eine Adressatenorientierung in der Sozialen Arbeit gestaltet werden sollte (als Übersicht: Bitzan und Bolay 2018: 42 ff.).

Festzuhalten ist vor diesem Hintergrund: Spricht man von Adressatinnen und Adressaten in Kontexten Sozialer Arbeit, so wird von einer Adressierung von Hilfen und Leistungen seitens der Anbieter, also der Träger ausgegangen: Angebote der Sozialen Arbeit zielen auf bestimmte Menschen, sodass man auch von „Zielgruppen" sprechen kann. Dazu ist es notwendig, dass Soziale

Arbeit bereits bestimmte Phänomene als zu bearbeitende Aufgabe ansieht bzw. ihr zur Bearbeitung zugewiesen wurden (Bitzan und Bolay 2017: 43 f.).

Ferner ist zu konstatieren: Adressatinnen und Adressaten umfassen einen größeren Personenkreis als Nutzerinnen und Nutzer. Auch Menschen, die Probleme in ihrer Lebensführung haben, die jedoch bisher nicht von der Profession der Sozialen Arbeit aufgegriffen werden bzw. die von sich aus Hilfen nicht in Anspruch nehmen, gehören zu den Adressatinnen und Adressaten der Sozialen Arbeit. Oder anders formuliert: Bereits aus der alltagssprachlichen Bedeutung der Begriffe Adressatin und Adressat ergibt sich, dass nicht nur die Menschen damit gemeint sind, die Soziale Arbeit tatsächlich in Anspruch nehmen, sondern auch diejenigen, die zwar entsprechende Merkmale aufweisen, jedoch noch keine Soziale Arbeit beanspruchen. Kurzum: Es gehören also auch Menschen zum Kreis der Adressatinnen und Adressaten, die potenziell die Angebote der Sozialen Arbeit nutzen könnten.

Die Begriffe Adressatin und Adressat sind mitunter aber auch zentrale Kategorien für Konzepte der Sozialen Arbeit. Hier lohnt der Blick auf die sogenannte „lebensweltorientierte Soziale Arbeit". Die „Adressatenorientierung" ist eine zentrale Kategorie der Lebensweltorientierung und zeichnet diesen Ansatz aus, verleiht ihm gewissermaßen eine besondere Akzentuierung (Thiersch 2014; Graßhoff 2015: 28 ff.; Bitzan und Bolay 2017: 10 f.). In einer lebensweltorientierten Bestimmung des Adressatinnen- und Adressatenbegriffs ist zunächst davon auszugehen, dass jeder Mensch im Zentrum seiner Lebenswelt steht mit seinen je eigenen Relevanzen, räumlichen und sozialen Beziehungen und zeitlichen Komponenten, also den vergangenen Erfahrungen und den Erwartungen an die eigene Zukunft (Schütz 2003). Die lebensweltorientierte Soziale Arbeit nimmt dies als Ausgangspunkt ihrer immer einzelfallbezogenen Deutung ihrer Fälle, indem die Perspektive der Adressatinnen und Adressaten einerseits sowie fachliches, wissenschaftliches Wissen über Probleme der Lebensführung und deren gesellschaftliche Rahmenbedingungen im professionellen Handeln andererseits austariert und mit den Adressatinnen und Adressaten ausgehandelt werden (Dewe und Stüwe 2016).

In Abgrenzung zum Nutzerinnen- und Nutzerbegriff wird insbesondere die Biografie der Adressatinnen und Adressaten stärker in den Fokus gerückt. In einer Adressatinnen- und Adressatenorientierung geht es dann, unter Anerkennung der je eigenen Lebenswelten, um eine passgenaue Abstimmung zwischen den sich daraus ergebenden Bedürfnissen der Adressatinnen und Adressaten und den Angeboten der Sozialen Arbeit. Letztere haben sich dabei an die Bedürfnisse der Adressatinnen und Adressaten anzupassen (Graßhoff 2015: 28 ff.). Als Ziel einer Adressatinnen- und Adressatenorientierung scheint sich die Idee der Befähigung zur Handlungsfähigkeit und Handlungsermächtigung bei den Adressatinnen und Adressaten zu konturieren (Graßhoff 2015: 31; Bitzan und Bolay 2018: 43 ff.).

Die Verwendung der Begriffe der Adressatin und des Adressaten in der hier kurz beschriebenen sozialarbeiterischen/sozialpädagogischen Auslegung verweist also auf ein Verhältnis zwischen den Fachkräften und den Adressatinnen und Adressaten, welches von einer grundlegenden Wertschätzung der je eigenen Lebenswelt ausgeht, wenngleich damit immer noch – mal mehr, mal weniger – ein Kontrollauftrag der Fachkräfte einhergeht. Die Begriffe verweisen nicht auf konkrete, vorab definierte Problem- und Lebenslagen. Dadurch sind sie offen für veränderte und neue Lebenslagen, die zukünftig von der Sozialen Arbeit bearbeitet werden könnten. Schließlich wird durch ihre Verwendung keine Kategorie konstruiert, in die Menschen, die Soziale Arbeit in Anspruch nehmen, hineingepresst werden, wie es beispielsweise weiter oben bei Armen und Abweichenden der Fall war.

Die Offenheit der Begriffe führt jedoch zu einer Kritik an ihnen. Da potenziell alle Menschen Adressatinnen und Adressaten der Sozialen Arbeit sein können, stehen nunmehr auch alle unter Verdacht, potenziell abweichend zu handeln und damit konkrete Adressatin oder Adressat zu werden. Mit dieser Perspektive besteht beispielsweise das Risiko bei allen Eltern, dass sie potenziell das Kindeswohl ihrer Kinder gefährden. Im Sinne einer Prävention müssten folglich alle Eltern vorsorglich von der Sozialen Arbeit adressiert werden, um das Risiko einer Kindeswohlgefährdung zu minimieren. Besteht über eine solche Auslegung und Aufgabenbeschreibung ein gesellschaftlicher Konsens bzw. gelingt es, hierfür politische Mehrheiten zu organisieren, wären zunehmende staatliche Eingriffe in die Lebensführung der Menschen durch Soziale Arbeit die Folge.

Zumindest Teile dieses Musters deuten sich – um ein Beispiel zu geben – bei der Institutionalisierung der „Frühen Hilfen" ab Mitte der 2000er-Jahre an. Die in einem Zusammenspiel von Gesundheitshilfe sowie Kinder- und Jugendhilfe aufgebauten Strukturen, aber auch die entwickelten Angebote und Leistungen gehen auf eine gestiegene gesellschaftliche Sensibilität gegenüber der gesundheitlichen Lage von Kindern und Jugendlichen sowie eines Schutzes von Minderjährigen vor Vernachlässigungen und Misshandlungen zurück. Für beide Felder wurden Leerstellen hinsichtlich einer frühzeitigen Förderung und Prävention markiert und Handlungsbedarf festgestellt. Im Ergebnis hat dies mit zu der Schaffung eines Nationalen Zentrums Frühe Hilfen, kurz NZFH, geführt (Nationales Zentrum Frühe Hilfen 2012). Zu den Frühen Hilfen gehören als besonders niedrigschwellige Form auch die sogenannten „Willkommensbesuche" – ein vergleichsweise häufiges Angebot von Kommunen in diesem Bereich mit einer hohen Akzeptanz bei den Familien (Lang et al. 2015; Mühlmann et al. 2015: 29 ff.). Hierbei kommen mitunter alle Eltern von Neugeborenen einer Kommune oder auch eines ausgewählten Sozialraums in den hier vielleicht man mehr und anderswo unter Umständen auch mal weniger gewünschten „Genuss" eines Erstbesuchs. Dabei wird aber nicht nur das Neugeborene begrüßt. Gleichzeitig möchte man die Eltern kennenlernen und sie über Unterstützungs- und Hilfsangebote ihrer Kommune informieren. Es handelt sich zumindest auf den ersten Blick vor allem um ein möglichst frühzeitiges Hilfeangebot und folgt dabei der Idee einer präventiven Unterstützung. Gleichzeitig jedoch schwingt hierbei auch eine intervenierende Kontrolle gegenüber der elterlichen Fürsorge mit (Hünersdorf 2015; Wohlgemuth 2009; Kindler und Sann 2011).

8.6 Welcher Begriff soll es nun sein?

Die hier kurz nachgezeichnete Diskussion zu Begriffen, mit denen Menschen im Rahmen ihrer Inanspruchnahme der Sozialen Arbeit belegt werden, zeigt, dass bereits mit der Nutzung eines solchen Begriffs die Profession und Disziplin eine hohe Verantwortung tragen, da hierüber in den Institutionen der Sozialen Arbeit nach innen und außen Bilder von Menschen konstruiert und vermittelt werden. Die Auswahl der zu verwendenden Begriffe sollte somit wohlüberlegt sein, und man sollte sich ihrer immer wieder vergewissern, zumal damit Erwartungen an die Menschen, an die Fachkräfte und an die Organisationen verbunden sind. Nicht zuletzt nehmen über solche Zuschreibungen auch Außenstehende die Menschen, die Soziale Arbeit beanspruchen, in einer bestimmten Rolle und sozialen Lage in den Institutionen der Sozialen Arbeit wahr. Die Begriffe müssen zur Konzeption der jeweiligen Organisationen der Sozialen Arbeit passen und damit aus einer inhaltlichen Diskussion heraus hervorgehen.

In der Sozialen Arbeit haben sich zumindest derzeit die Begriffe Adressatin und Adressat durchgesetzt, blickt man auf aktuelle Veröffentlichungen zu diesem Thema (Graßhoff 2015; Bitzan und Bolay 2017). Die vorangegangenen Ausführungen haben jedoch zeigen können, dass andere Begriffe in bestimmten Konstellationen, für spezifische Organisationen oder Situationen aber ebenso angemessen sein können. In der Offenen Kinder- und Jugendarbeit wäre beispielsweise die Bezeichnung von Nutzerinnen und Nutzern durchaus denkbar, zumal wenn die tatsächlich nutzenden Kinder und Jugendlichen damit gemeint sein sollen und nicht die potenzielle Zielgruppe aller Kinder und Jugendlichen. Auch andere, hier nicht angesprochene Begriffe können in einigen Organisationen durchaus zutreffend sein, beispielsweise Bewohnerinnen und Bewohner in bestimmten Unterbringungsformaten oder Patientinnen und Patienten im klinischen Kontext.

Nachgefragt und zur Diskussion gestellt

1. Welches Verständnis der Inanspruchnehmenden bringt die Verwendung der Bezeichnung „Kundin" bzw. „Kunde" mit sich?
2. Wie kann das Verhältnis zwischen Fachkräften und „Nutzerinnen" bzw. „Nutzern" beschrieben werden?
3. Inwiefern verändert sich das Verhältnis, wenn man anstelle von „Nutzerinnen" bzw. „Nutzern" „Adressatinnen" bzw. „Adressaten" verwendet?
4. Welche Begriffe würden Sie für Menschen nutzen, mit denen Sie in der Praxis arbeiten werden? Begründen Sie Ihre Wahl.

Weiterführende Literatur

Bitzan, Maria/Bolay, Eberhard (2017): Soziale Arbeit – die Adressatinnen und Adressaten. Opladen, Toronto: Verlag Barbara Budrich.

Graßhoff, Gunther (2015): Adressatinnen und Adressaten der Sozialen Arbeit. Eine Einführung. Wiesbaden: Springer VS.

9. Handeln von Adressatinnen und Adressaten in Organisationen

Zielsetzungen des Kapitels

— Die Diskussion um die Frage, ob Adressatinnen und Adressaten Mitglieder oder Umwelt Organisationen der Sozialen Arbeit sind, ist bekannt.

— Die Notwendigkeit, warum Organisationen der Sozialen Arbeit gegenüber Adressatinnen und Adressaten partizipativ angelegt sein sollten, ist bekannt und kann begründet werden.

— Die Situation des Eintritts in Organisationen der Sozialen Arbeit aus der Perspektive der Adressatinnen und Adressaten ist nachvollziehbar.

— Das Handeln von Adressatinnen und Adressaten in Organisationen der Sozialen Arbeit und in Bezug zu den in ihnen institutionalisierten Regeln und Abläufen ist nachvollziehbar.

— Es wird deutlich, dass die erfolgreiche Beendigung sozialarbeiterischer/sozialpädagogischer Hilfen auch im Kontext der Organisation bewertet werden muss.

Im vorangegangenen Kapitel 8 wurden verschiedene Begrifflichkeiten, mit denen Menschen, die sozialarbeiterische/sozialpädagogische Angebote in Anspruch nehmen, bezeichnet werden und wurden, vorgestellt und diskutiert. Die Begriffe Adressatin und Adressat werden derzeit favorisiert in der Sozialen Arbeit verwendet, da sie eine sozialarbeiterische/-pädagogische Auslegung zulassen, die eng mit einer Lebensweltorientierung verknüpft ist. Damit verbunden sind die Ideen einer Aushandlung von Zielen und Prozessen zwischen den Fachkräften und den Adressatinnen und Adressaten sowie eine Anpassung der Angebote an die Bedürfnisse.

Dieses Kapitel beschäftigt sich zunächst mit der Frage, ob Adressatinnen und Adressaten Mitglieder oder Beteiligte von Organisationen Sozialer Arbeit sind, deren Hilfeleistungen sie in Anspruch nehmen, oder ob sie nicht zur Umwelt der Organisation gehören (Kap. 9.1). Die Antwort auf die Frage liefert Hinweise darauf, welche Handlungsmöglichkeiten die Adressatinnen und Adressaten in den Organisationen haben bzw. welche Möglichkeiten ihnen eventuell auch verwehrt bleiben. Der zweite, dritte und vierte Teil dieses Kapitels nimmt konsequent die Perspektive der Adressatinnen und Adressaten ein. Die Ausführungen beschäftigen sich mit dem Eintritt in (Kap. 9.2), dem Handeln in (Kap. 9.3) sowie dem Austritt aus (Kap. 9.4) Organisationen der Sozialen Arbeit. Insbesondere aus dem bereits vorhandenen Wissen zu Institutionen (Kap. 1) und Organisationen (Kap. 2) heraus ergeben sich Hinweise, womit die Adressatinnen und Adressaten als Mitglieder von Organisationen konfrontiert werden und welche Handlungsmöglichkeiten ihnen offenstehen. Dabei zeigt sich, dass zur sozialarbeiterischen/sozialpädagogischen Zielerreichung Organisationen so auszugestalten sind, dass partizipative Handlungsmöglichkeiten für Adressatinnen und Adressaten vorhanden und möglichst strukturell verankert sind.

Um sich bei den nachfolgenden Ausführungen begrifflich zwischen Institution, Organisationen, institutionalisierte Regeln oder Abläufen, aber auch Regeln und Regelungen in Gemeinschaften nicht zu verirren, soll noch einmal Folgendes in Erinnerung gerufen werden: Wie am Ende von Kapitel 2 festgestellt wurde, ist eine Organisation eine Institution, gleichzeitig existieren in einer Organisation eine Vielzahl von Institutionen. Die Soziale Arbeit selbst stellt ebenfalls eine Institution dar. Der Begriff der Institution kann sich also, wie auch in den Kapitel 1 bis 3 ausgeführt wird, sowohl auf eine gesamtgesellschaftliche Institution als auch auf institutionalisierte Regeln und Abläufe innerhalb kleiner Personengruppen, Gemeinschaften oder eben auch Organisationen selbst oder Organisationsteile beziehen.

Um deutlich zu machen, worauf sich im Folgenden bezogen wird, werden die Begriffe Institution und institutionalisierte Regeln oder Abläufe entsprechend verwendet. Ist hingegen eine Organisation als spezifische Ausprägung von Institutionen gemeint, wird entsprechend der Begriff der Organisation bzw. sozialpädagogische Organisation oder Organisation Sozialer Arbeit verwendet.[38] Wenn in diesen Zusammenhängen Begriffe wie Regeln, Regelungen oder Ähnliches verwendet werden, so weist dies auf „soziale Normen" hin, die sich im Rahmen von Organisationen herausbilden und institutionalisiert werden (dazu z.B. Schmidt 2014). Hierauf wird insbesondere bei den Ausführungen zum Eintritt sowie zum Handeln in, aber auch beim Austritt aus den Organisationen Sozialer Arbeit Bezug genommen. Es bleibt noch darauf zu ver-

38 „Sozialpädagogische Organisationen" sind Dienste oder Einrichtungen der Sozialen Arbeit. Synonym verwendet wird auch der Terminus „Organisationen der Sozialen Arbeit" (Kap. 6). Zu denken ist beispielsweise an Beratungsstellen, Familienbildungsstätten, Jugendzentren, Kinder- und Jugendheime, Kindertageseinrichtungen oder auch Tagesgruppen. Der primäre Zweck dieser Einrichtungen ist die Erbringung oder auch Herstellung von Sozialer Arbeit. Allerdings ist es im Rahmen dieser Einführung nicht möglich, auf die jeweiligen Spezifika der unterschiedlichen Organisationen einzugehen. Vielmehr wird auf die verschiedenen Organisationen nur exemplarisch zur Verdeutlichung einzelner Aspekte zum Handeln von Adressatinnen und Adressaten in denselben eingegangen.

weisen, dass es „offizielle" und „inoffizielle" Regelungen in Organisationen der Sozialen Arbeit gibt. Während offizielle Regelungen z.B. durch Teambeschlüsse getroffen werden und durch eine öffentliche Bekanntmachung vermittelt werden können (z.B. Hausordnung oder per Konzeption oder Handbuch festgehaltene Verfahren), sind „inoffizielle" Regelungen den Beteiligten implizit bekannt und können neuen Organisationsmitgliedern meist nur durch das eigene Erfahren vermittelt werden. Dies findet insbesondere dann statt, wenn eine Regelung nicht eingehalten wird, also ein Normbruch stattfindet. Dies wird im Verlauf des Kapitels noch einmal aufgenommen und vertieft.

9.1 Mitglied, Teilnehmende oder Umwelt von Organisationen?

Um die Fragestellung dieser Kapitelüberschrift zu bearbeiten, sei zunächst an die Definition von Organisationen aus Kapitel 2 erinnert: Organisationen sind soziale Orte, an denen Menschen regelmäßig arbeitsteilig, koordiniert und regelgeleitet strukturiert durch das Einbringen ihrer Ressourcen Ziele anstreben und erreichen. Die damit verbundene und im Folgenden zu beantwortende Frage, ob auch Adressatinnen und Adressaten Mitglieder von Organisationen Sozialer Arbeit sind, wird nicht eindeutig in dem Sinne zu klären sein, dass Adressatinnen und Adressaten entweder zum inneren Bereich einer Organisation Sozialer Arbeit oder zur Organisationsumwelt gehören. Vielmehr sei bereits hier darauf verwiesen, dass die Mitgliedschaft der Adressatinnen und Adressaten mit ihrem Handeln bzw. dem ihnen zugestandenen Handeln in Organisationen Sozialer Arbeit korrespondiert. Aus diesem Grund wird im Verlauf auch der Begriff der Teilnehmenden oder der Teilnahme Verwendung finden. In Anlehnung an das Modell von Scott, welches in Kapitel 2 eingeführt wird, sind damit Mitglieder von Organisationen gemeint, die nach diesem Modell auch als „Beteiligte" bezeichnet werden.

Die Frage, inwiefern Adressatinnen und Adressaten Mitglieder sind, stellt sich aufgrund mindestens zweier Gründe. Zum einen ergäben sich aus der Mitgliedschaft unterschiedliche Handlungsmöglichkeiten in Organisationen und die Adressatinnen und Adressaten hätten bedeutenden Einfluss auf die Ziele sowie die verwendeten Methoden in ihnen. Würde man ihnen also den Status eines Mitglieds zugestehen, ergäben sich daraus entsprechende Folgen, wie der kurze Überblick über die aktuelleren Organisationstheorien im zweiten Kapitel zeigt. Zum anderen liegt es auf der Hand, dass sich die Rolle von Adressatinnen und Adressaten als Beteiligte von Organisationen bei der Vielfalt der institutionellen Settings in der Sozialen Arbeit unterschiedlich ausgestaltet. So erscheint es fast selbstverständlich, dass Bewohnerinnen und Bewohner von stationären Einrichtungen, also z.B. Heimen oder Wohngruppen, Mitglieder oder Beteiligte dieser Organisationen sind, zumal die Bewohnerinnen und

Bewohner dieser Einrichtung ihren Lebensmittelpunkt eben dort haben. Dies gilt hingegen nicht für Adressatinnen und Adressaten von Beratungsstellen, die dort eine Leistung oder ein Angebot in Anspruch nehmen, sodass der Status als Mitglied bzw. Beteiligte in dieser Organisation der Sozialen Arbeit zumindest gesondert zu diskutieren ist.

Aus dieser beispielhaften Gegenüberstellung von Beratungsstellen und Heimen lässt sich bereits schlussfolgern, dass die Mitgliedschaft von Adressatinnen und Adressaten sozialarbeiterischer bzw. sozialpädagogischer Organisationen mit der Qualität ihrer Teilnahme korrespondiert, also beispielsweise hinsichtlich Dauer, Häufigkeit oder auch Intensität. Für Adressatinnen und Adressaten, die nur einmal oder sehr selten und sporadisch ein Angebot der Sozialen Arbeit nutzen, stellt sich nach dieser Definition die Qualität der Mitgliedschaft in der sozialarbeiterischen/-pädagogischen Organisation anders dar als bei einer intensiveren Nutzung von Angeboten bzw. Leistungen einer Einrichtung. Eine regelmäßige oder auch dauerhafte Teilnahme am sozialen Ort der Organisation wie einem Heim bedeutet für Adressatinnen und Adressaten folglich eine andere Art und Weise der Teilhabe an und in Organisationen der Sozialen Arbeit. Folgt man diesen Überlegungen, so stünde die Entwicklung eines Forschungsprogramms aus, das unterschiedliche Formen von Mitgliedschaft in Organisationen der Sozialen Arbeit empirisch typisiert.

Die im vorangegangenen Kapitel 8.3 beschriebene Idee der Sozialen Arbeit als personenbezogene Dienstleistung, aufgrund derer die Adressatinnen und Adressaten als (Ko-)Produzentinnen und Produzenten gedeutet werden, kann die Frage nach der Mitgliedschaft und Teilhabe an Organisationen der Sozialen Arbeit beantworten. Im Rahmen der Dienstleistungsorientierung der Sozialen Arbeit wird die Beteiligung der Adressatinnen und Adressaten bei der Dienstleistungserbringung sowohl in Bezug auf die angestrebten Ziele als auch die verwendeten Methoden hervorgehoben.

Es kann also festgehalten werden, dass bei einer entsprechenden Beteiligung der Adressatinnen und Adressaten durchaus davon ausgegangen werden kann, dass sie sowohl Ressourcen miteinbringen als auch gemeinsam mit den Fachkräften Ziele mithilfe der Inanspruchnahme der Sozialen Arbeit erreichen wollen, die zumindest eine gemeinsam geteilte Schnittmenge aufweisen. Betrachtet man die Adressatinnen und Adressaten als Nutzerinnen und Nutzer (Kap. 8.4), wird dies noch deutlicher, da diese die eigentliche Dienstleistung produzieren, indem sie sich selbst verändern. Wird diesen Überlegungen gefolgt, ergibt sich daraus, dass Adressatinnen und Adressaten Mitglieder der Organisationen der Sozialen Arbeit sind, deren Angebote und Leistungen sie nutzen.

Aus dieser Perspektive ist auch die einmalige Nutzung eines sozialarbeiterischen/sozialpädagogischen Angebots für die Adressatin oder den Adressaten gleichbedeutend mit einer zumindest vorübergehenden Mitgliedschaft in der Organisation der Sozialen Arbeit, wenngleich dies relativiert werden sollte. Ein Blick auf die Organisationstheorien (Kap. 2), insbesondere der Ansatz von Scott (1986), zeigt, dass man bei einer geringen Nutzung seitens der Adressatenschaft nur im weitesten Sinne tatsächlich von beteiligten Personen oder sogar Mitgliedern sprechen kann. Vielmehr hängt die Frage nach der Mitgliedschaft mit der nach der jeweiligen Beteiligung der Personen und von den Möglichkeiten der Organisationsmitgestaltung ab (auch Kap. 2). Es ist jedoch evident, dass beispielsweise eine einmalige Inanspruchnahme sozialer Dienste kaum Möglichkeiten für die jeweilige Person eröffnet, die Organisation nachhaltig mitzugestalten. Dies gilt umso mehr, wenn bedacht wird, dass in Organisationen die Verwendung der Technologie, die Sozialstruktur und auch die Ziele der Organisation weitestgehend institutionalisiert und Institutionen träge Gebilde sind.[39] Dieses zugegeben extreme Beispiel zeigt also: Die Qualität der Teilnahme am institutionellen Setting der Organisation Sozialer Arbeit bzw. die Qualität der Inanspruchnahme von Angeboten und Leistungen hat einen Einfluss auf die Art und Weise der Mitgliedschaft von Adressatinnen und Adressaten an einer Organisation.

Einfluss auf die Qualität einer Mitgliedschaft von Adressatinnen und Adressaten haben darüber hinaus partizipative Strukturen in den Organisationen der Sozialen Arbeit. Sie ermöglichen eine Mitgestaltung der Organisation. Da Partizipation als konstitutiver Bestandteil sozialarbeiterischer/-pädagogischer Dienstleistungen angesehen wird, ergibt sich auch hierüber, dass Adressatinnen und Adressaten, die die personenbezogenen sozialen Dienstleistungen nutzen, Mitglieder der anbietenden Organisation sind.

Nun ist Partizipation zwar theoretisch ein konstitutiver Bestandteil der sozialarbeiterischen/-pädagogischen Dienstleistung, in der Praxis der Dienstleistungserbringung wird sie aus verschiedenen Gründen jedoch in sehr unterschiedlichem Ausmaß umgesetzt. Das heißt, in Organisationen der Sozialen Arbeit werden die jeweiligen Adressatinnen und Adressaten in unterschiedlichen Graden an der Gestaltung der Organisation beteiligt. Auch in der Heimerziehung können die Kinder und Jugendlichen sehr unterschiedlich beteiligt werden bzw. die Beteiligungsmöglichkeiten wahrnehmen. Ihr Status als Mitglieder der Organisation hängt folglich nicht nur mit der in der Organisation verbrachten Zeit zusammen, sondern insbesondere mit dem tatsächlichen Beteiligungsgrad. *Dies führt zu der weiteren Erkenntnis, dass sich die Qualität der Mitgliedschaft von Adressatinnen und Adressaten graduell aus den Möglichkeiten und Strukturen zur Partizipation in der Organisation ergibt.*

39 Diese Einschränkung gilt umso mehr, wenn man „Beteiligte" oder „Mitglieder" als reale Personen versteht und nicht etwa als soziale Rollen. Versteht man hingegen „Beteiligte" oder „Mitglieder" als soziale Rollen, so verändert sich die Qualität des Zusammenhangs zwischen der Intensität einer Inanspruchnahme und den Möglichkeiten der Einwirkung auf Veränderungen der Organisation. Diese beiden Lesarten werden im Folgenden allerdings nicht weiter unterschieden.

Dabei zeigt die Abbildung 1 zu den Elementen einer Organisation in Kapitel 2 deutlich, dass eine entsprechende Beteiligung der Mitglieder Auswirkungen auf die anderen Elemente der Organisation hat (Sozialstruktur, Technik, Ziele), gleichzeitig führt dies zu einer entsprechenden Identifikation der Mitglieder mit der Organisation. Daraus lässt sich schließen, dass eine hohe Beteiligung, also eine Mitgliedschaft der Adressatinnen und Adressaten in der Organisation, effektiver zu einer Zielerreichung beitragen kann. Ob Adressatinnen und Adressaten an den sie betreffenden Hilfeprozessen sowie an der Organisation selbst partizipieren können, hängt von vielen Faktoren ab, nicht zuletzt von den Fachkräften der Sozialen Arbeit selbst. Eine Soziale Arbeit, die sich an den Adressatinnen und Adressaten orientiert, richtet Organisationsziele und -technologien auch an ihnen aus – auch ohne diese explizit zu beteiligen, also gewissermaßen abstrakt. Eine solche einseitige Ausrichtung bzw. Anpassung der Organisation würde den Status der Adressatinnen und Adressaten jedoch auf den der Umwelt reduzieren (Kap. 2.2).

Abbildung 9 zeigt grafisch, dass Adressatinnen und Adressaten insofern zu Mitgliedern der Organisation Sozialer Arbeit werden, sobald sie Angebote derselben in Anspruch nehmen und insoweit an der Dienstleistung partizipieren können. Sobald Soziale Arbeit in Anspruch genommen wird, kann eine Grenze zwischen Adressatinnen und Adressaten als Mitglieder oder Nichtmitglieder nicht mehr gezogen werden, und es ergeben sich unterschiedliche Typen von Mitgliedschaft (nicht in Abb. 9). Zu unterscheiden wären nun lediglich Adressatinnen und Adressaten, die die Soziale Arbeit tatsächlich in Anspruch nehmen, sowie diejenigen, die potenzielle Adressatinnen und Adressaten sind, das Angebot oder die Leistung jedoch (noch) nicht in Anspruch nehmen.

Abbildung 9: Adressatinnen und Adressaten als Beteiligte und Mitglieder in Organisationen der Sozialen Arbeit durch die Inanspruchnahme Sozialer Arbeit

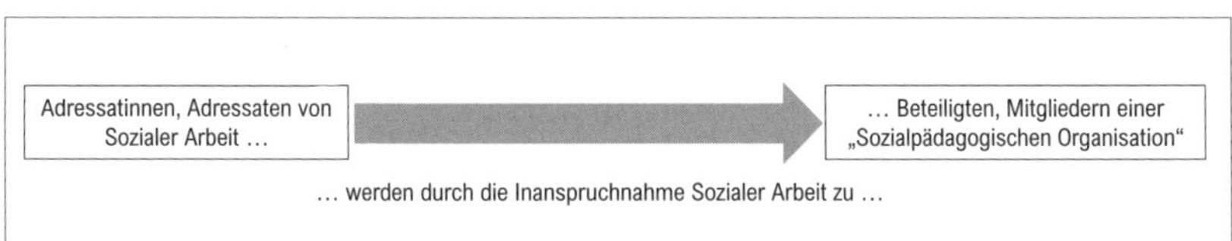

Quelle: eigene Darstellung

9.2 Eintritt und Aufnahme in Organisationen

Die Handlungsabläufe der einzelnen Organisationsmitglieder sind vielfach regelgeleitet, routinisiert und aufeinander abgestimmt. Die meisten dieser institutionalisierten Abläufe sind organisationsspezifisch, sind also auf den Kontext der jeweiligen Organisation bezogen.[40] In einer Organisation haben die Mitglieder ihr Handeln in vielen Bezügen aufeinander abgestimmt und sie sind auch daran interessiert, dass diese Routinen erhalten bleiben. Für Außenstehende bzw. Nichtmitglieder sind diese Abläufe im Innern einer Organisation nicht nur fremd oder vielleicht auch befremdlich, sondern es fällt mitunter auch schwer, die Regelungen nachzuvollziehen, geschweige denn zu verstehen.

Erschwerend kommt dazu: Bei den Abläufen und Regeln sollten „offizielle" und „inoffizielle" voneinander unterschieden werden. Während Erstgenannte sich gelegentlich je nach Art und Typ der Organisation in z.B. Hausordnungen oder auch Bildungs- und Erziehungsverträgen wiederfinden oder auch anderweitig verschriftlich bzw. dokumentiert sind, können inoffizielle Routinen zwar weitaus schwieriger zu erkennen und zu finden sein, sind aber in ihrer Wirkung auf das Innenleben einer Organisation nicht weniger wichtig. Gleichwohl sind sie den Fachkräften bisweilen gar nicht oder nur zu einem Teil überhaupt bewusst. Sie sind also Beteiligtengruppen einer Organisation mitunter nicht präsent sowie sie unter Umständen auch nur für einen Teil der Mitglieder gelten, beispielsweise nur für das Interagieren von Adressatinnen und Adressaten als Beteiligte einer Organisation untereinander. So können in der Gruppe der Adressatinnen und Adressaten Rangordnungen mit den dazugehörigen Statusrechten und -pflichten bestehen. Auch ist es wahrscheinlich, dass es in einer Organisation der Sozialen Arbeit je nach Fachkraft unterschiedliche informelle Regeln für die Interaktion mit den Adressatinnen und Adressaten gibt. Folglich schafft jede Fachkraft zusätzliche individuelle Regeln und Abläufe und institutionalisiert diese unterhalb offizieller Regelungen, beispielsweise dürfen die Adressatinnen und Adressaten das Büro betreten, wenn Fachkraft A im Dienst ist, bei Fachkraft B und C hingegen nicht.

Treten Adressatinnen und Adressaten nun in eine für sie nicht bekannte Organisation ein, stoßen sie auf die bereits institutionalisierten Handlungsroutinen der bereits bestehenden Mitglieder. Diese institutionalisierten Regeln und Abläufe sind nicht oder nur in Teilen sichtbar, ihre Identifikation ist schwierig, da natürlich nicht jede Handlung eines Organisationsmitglieds Teil einer institutionalisierten Regelmäßigkeit ist. Adressatinnen und Adressaten begeben sich dadurch in eine Unsicherheit, die sich auf ihr eigenes Handeln in Bezug auf bestehende institutionalisierte Regeln und Abläufe bezieht. Sie

40 Dies schließt nicht aus, dass in ähnlichen oder anderen Organisationen sich ähnliche Institutionen herausgebildet haben oder übernommen wurden.

können zunächst nicht deuten, ob ihr Handeln den Erwartungen, die sich aus ihnen ergeben, entspricht.

Die institutionalisierten Handlungsroutinen einer Organisation können nun auf dreierlei Weise erfahren werden:

1. Wenn das Handeln der Adressatinnen und Adressaten von den institutionalisierten Erwartungen abweicht, werden andere Mitglieder (sofern diese Abweichung auffällt) ihr Handeln zu korrigieren versuchen (Popitz 1980). In der Regel sind insbesondere die Fachkräfte der Sozialen Arbeit daran interessiert, dass die Adressatinnen und Adressaten sich an die institutionalisierten Erwartungen halten. Dabei können sie auf (positive und negative) Sanktionen zur Korrektur der Abweichung zurückgreifen. Es kann also davon ausgegangen werden, dass bestimmtes abweichendes Verhalten der Adressatinnen und Adressaten in Bezug auf institutionalisierte Handlungsroutinen der Organisation normal sind und zu einem Prozess gehören, die institutionalisierten Regeln der Organisation kennenzulernen. Fachkräfte sollten dies in ihrem eigenen Handeln berücksichtigen. Es kann also völlig normal sein, dass ein Kind oder Jugendlicher in einer Tagesgruppe oder einem Heim gegen Regeln verstößt (wie z.B. durch eine Verspätung), da sie einfach nicht bekannt bzw. präsent sind.[41]

2. Die zweite Möglichkeit, die Institutionen einer Organisation kennenzulernen, ist die Beobachtung einer Abweichung bei Mitgliedern der Organisation und die Reaktion der anderen Mitglieder darauf. Dadurch werden institutionalisierte Erwartungen an das Handeln von Mitgliedern erkennbar, obwohl nicht in jedem Fall deutlich wird, ob sich diese Erwartungen an jedes Mitglied richten.

3. Die dritte Möglichkeit, institutionalisierte Regeln und Abläufe einer Organisation kennenzulernen, ist eine Einführung in diese institutionellen Regeln durch die bereits bestehenden Mitglieder. So können die Fachkräfte der Sozialen Arbeit auf eine schriftlich fixierte Hausordnung verweisen und/oder Positionen, also Rollen, der Mitglieder (und damit auch der Adressatinnen und Adressaten) und die damit verbundenen Rechte und Pflichten benennen, aufzählen und erklären. Solche Einführungen haben jedoch den Nachteil, dass sie in der Regel nur einen groben Rahmen vorgeben und nicht jedes Handeln abdecken. Damit bleibt also genügend Spielraum für Handeln, welches durch eine flexible Auslegung institutioneller Erwartungen als abweichend gedeutet und definiert werden kann.

41 Gerade in Bezug auf Kinder und Jugendliche ist eine Abweichung auch von gesellschaftlich institutionalisierten sozialen Normen, die ja eine Institution darstellen, normal und erwartbar, da sie erst auf diese Weise solche Regeln erfahren können.

> Auch daraus ergibt sich, dass abweichendes Handeln durch die Adressatinnen und Adressaten bis zu einem gewissen Grad normal und erwartbar ist. Des Weiteren beziehen sich diese Einführungen zumeist nur auf „offiziell" und reflexiv institutionalisierte Handlungen. Beispiele hierfür sind Vorgaben zur Tagesstruktur in einer Einrichtung, z.B. die Zeiten für Mahlzeiten, für Hausaufgaben oder auch Schlafenszeiten. Grundsätzlich sind Hausordnungen wichtige Orte, um Regeln für Einrichtungen als sozialpädagogische Organisationen verbindlich festzuhalten. Hierüber können bestimmte Prinzipien für das Zusammenleben in einer Einrichtung, wie gegenseitiger Respekt und Gewaltfreiheit, umgesetzt werden.

Es liegt auf der Hand, dass Adressatinnen und Adressaten, die neu in eine Organisation eintreten, zunächst Anpassungsprobleme haben können, selbst wenn sie sich in die Organisation einfügen wollen. Jeder Mensch bringt schließlich eigene Routinen aus bereits bekannten Institutionen mit, beispielsweise aus der eigenen Familie oder aus anderen Institutionen und Organisationen. Um Handlungssicherheit bemüht, wird seitens der „Neulinge" in der Organisation bewusst oder unbewusst versucht, die bekannten Routinen aufrecht zu erhalten.

Die Fachkräfte der Sozialen Arbeit kennen die institutionalisierten Regeln und Abläufe ihrer Organisation, in der sie tätig sind, und können damit erfolgreich umgehen. Sie reproduzieren die institutionalisierten Regeln und Abläufe, die ihnen Handlungssicherheit für ihren beruflichen Alltag gewähren, und halten sie damit aufrecht. Dies gilt in besonderer Weise für den Eintritt von Adressatinnen und Adressaten als neue Organisationsmitglieder. Durch das Ziel, bestehende institutionalisierte Regeln und Abläufe seitens der Fachkräfte gegenüber den Adressatinnen und Adressaten möglichst vollständig zu erhalten, kommt es zu einer *Bevormundung* der neuen Mitglieder einer Organisation.[42]

Allerdings ist die beschriebene Vermittlung institutioneller Regeln in der Praxis nicht mit der Erwartung einer vollkommenen Anpassung der Adressatinnen und Adressaten an sämtliche offizielle und inoffizielle Regelungen verbunden. Eine solche extreme Form der Bevormundung und Entmündigung würde den Adressatinnen und Adressaten Aneignungsmöglichkeiten institutionalisierter Regeln und Abläufe einer Organisation verwehren oder sogar gänzlich verhindern. So könnte man in diesem Fall zwar feststellen, dass sich die Adressatinnen und Adressaten in den Organisationen aufhalten, allerdings wären sie in ihrer Rolle als Beteiligte oder Mitglieder mindestens eingeschränkt.

---

42 Dieser Effekt kann ebenfalls eintreten, wenn neue Mitarbeiterinnen und Mitarbeiter in eine Organisation oder Organisationseinheit eintreten. Siehe dazu auch Kapitel 7.1.

Das heißt, für eine gelingende Aufnahme von Adressatinnen und Adressaten in eine Organisation der Sozialen Arbeit als Beteiligte oder Mitglieder ist es nicht nur erforderlich, dass sich die Adressatinnen und Adressaten an institutionalisierte Regeln und Abläufe halten, sondern es ist auch umgekehrt eine Anpassung der Organisation an die neuen Mitglieder notwendig. Hierüber wird neuen Mitgliedern eine weitestgehende Identifikation mit der Organisation ermöglicht. Die Gewichtungen in diesem wechselseitigen Prozess sind bei der Heterogenität der Arbeitsfelder und der Vielfalt der Organisationen der Sozialen Arbeit, denkt man beispielsweise nur an Kindertageseinrichtungen, Beratungsstellen oder auch stationäre Einrichtungen, nicht zu verallgemeinern.

9.3 Handeln in Organisationen

Das Handeln oder Agieren in Organisationen der Sozialen Arbeit ist für Adressatinnen und Adressaten alles andere als trivial. Vielmehr wird es durch unterschiedliche Faktoren beeinflusst. Dies muss so sein, ruft man sich in Erinnerung, dass Adressatinnen und Adressaten der Sozialen Arbeit Mitglieder bzw. Beteiligte in Organisationen der Sozialen Arbeit sind (Kap. 2 und 9.1). Das bleibt nicht ohne Folgen für das Handeln von Adressatinnen und Adressaten im organisationalen Kontext. Das Agieren in der Adressatinnen- und Adressatenrolle findet stets im Kontext der anderen Dimensionen von Organisationen statt, also im Verhältnis zu anderen Beteiligten oder Organisationsmitgliedern, zur jeweiligen Sozialstruktur einer Organisation und damit im Übrigen auch zu den hiesigen Machtverhältnissen, den in der Organisation eingesetzten Mitteln bzw. Technologien, den Zielen der Organisation, aber auch der Organisationsumwelt (Kap. 2).

Dies im Einzelnen auszubuchstabieren führt an dieser Stelle zu weit, zumindest wird jedoch exemplarisch auf die Dimension „Ziele“ eingegangen. Das Handeln von Adressatinnen und Adressaten wird durch diese Dimension mehrfach bestimmt. Einerseits haben die Adressatinnen und Adressaten persönliche Handlungsziele, andererseits sind sie gezwungen, ihr Handeln in ein Verhältnis zu den Organisationszielen zu setzen, aber auch zu den Zielen anderer Mitglieder oder Beteiligter der Organisation wie andere Adressatinnen und Adressaten oder auch Fachkräfte.

Die Komplexität bei den Zielformulierungen nimmt sogar zu, wenn man bedenkt, dass sich die Ziele sowohl der Organisation als auch der je individuellen Hilfeleistung aus unterschiedlichen Zusammenhängen heraus ergeben (Kap. 2.2). So ist die Organisation der Sozialen Arbeit selbst ein vielschichtiges Gebilde und die Zielsetzungen dieser Organisation ergeben sich aus den verschiedenen Akteuren, Organisationseinheiten, Ressourcen und letztlich auch Hierarchien der Sozialstruktur. Zusätzlich verfolgen nicht nur Adressatinnen und Adressaten in ihrer Beteiligten- bzw. Mitgliederrolle eigene Zielsetzungen, sondern gibt es auch Einflüsse aus der Organisationsumwelt, sprich seitens anderer Organisationen. Kurzum: Es ist ein breites Spektrum von Zielsetzungen unterschiedlicher Gruppen auf unterschiedlichen Ebenen, die in Konkurrenz und im Widerspruch zueinanderstehen können und zum Teil auch stehen müssen.

Befindet sich beispielsweise ein junger Mensch in einem Heim, so werden die Ziele einer verpflichtenden Hilfeplanung zwischen diesem Menschen und der Organisationen der Sozialen Arbeit, also in diesem Falle des Heims, ausgehandelt. Dabei sind die bereits aufgezählten unterschiedlichen Dimensionen der Heimorganisation zu beachten. Darüber hinaus wird jedoch die Heimerziehung als sogenannte „Hilfe zur Erziehung" im Sinne des „Sozialrechtlichen Leistungsdreiecks" (Kap. 3.3) durch das jeweilig zuständige Jugendamt in Auftrag gegeben. Das heißt, dass auch diese Organisation einen Einfluss auf die zu erreichenden Ziele der Heimunterbringung nehmen will. Weitere Einflüsse aus der Organisationsumwelt kommen hinzu, wenn gleichzeitig die Eltern des jungen Menschen ihre Ansprüche an die Formulierung von zu erreichenden Zielen hinsichtlich der Hilfe zur Erziehung anmelden.

Mit diesen unterschiedlichen Zielen und den damit verbundenen voneinander abweichenden Interessen muss umgegangen werden, sie müssen gemanagt werden, es muss ein Ausgleich, also eine Balance hergestellt werden. Das ist mitentscheidend für ein gelingendes Agieren des Adressaten oder der Adressatin im Mikrokosmos dieser Organisation, also dem alltäglichen Geschehen einer Einrichtung. Damit wird es auch zu einem entscheidenden Beitrag für so etwas wie eine erfolgreiche Soziale Arbeit. Vor diesem Hintergrund ist von zentraler Bedeutung eine Vermittlung, Moderation oder auch so etwas wie ein Management zwischen Konflikten einzelner Beteiligter, aber auch von Beteiligtengruppen einer Organisation – in Organisationen der Sozialen Arbeit sind das insbesondere die Adressatinnen und Adressaten sowie die Fachkräfte[43] – sowie von Widersprüchen zwischen Adressatinnen- bzw. Adressatenebene und der Organisationsebene.

43 Es führt an dieser Stelle zu weit, auf die Besonderheiten im Verhältnis zwischen Adressatinnen und Adressaten sowie den Fachkräften in einer Organisation Sozialer Arbeit ausführlicher einzugehen. Zumindest soll an dieser Stelle noch einmal darauf hingewiesen werden, dass sich in Organisationen durchaus individualisierte institutionalisierte Regeln und Abläufe existieren, die sich nur auf einzelne Mitarbeiterinnen und Mitarbeiter beziehen (Kap. 9.2). Neue Mitglieder von Organisationen, also auch Adressatinnen und Adressaten, können einerseits Probleme beim Erkennen dieser institutionalisierten Regeln und Abläufen haben, da in den gleichen Situationen je nach anwesender Mitarbeiterin oder anwesendem Mitarbeiter andere Erwartungen an sie bestehen, andererseits bietet ihnen dies die Möglichkeit, Fachkräfte gegeneinander auszuspielen („bei den anderen darf ich aber..."). Gerade etablierten Mitgliedern steht diese Möglichkeit offen. Ein solches Handeln soll hier nicht moralisch bewertet werden, sondern ist es vielmehr als strategische Option für eine Beteiligtengruppe der Organisation zur Kenntnis zu nehmen.

Grundsätzlich stellen diese Zielkonflikte oder auch -konkurrenzen für die Adressatinnen und Adressaten der Sozialen Arbeit keine besondere Situation dar, wenn man alleine an die allgemeine biografische Bedeutung von Mitgliedschaften in Organisationen in unserer Gesellschaft denkt. So haben Adressatinnen und Adressaten der Sozialen Arbeit in der Regel andere Organisationen bereits kennengelernt bzw. sind oder waren dort Mitglied. Diese können zum Bereich der Verwaltung (z B. die Stadtverwaltung), der Medizin (Psychiatrie), der Justiz (Justizvollzugs- oder Arrestanstalten) gehören, können jedoch auch pädagogische (z.B. die Schule) oder eben auch Organisationen der Sozialen Arbeit sein (z.B. Jugendzentren oder Einrichtungen der Hilfen zur Erziehung).[44]

Hierzu passen auch die Ausführungen in Kapitel 12.1, wenn deutlich wird, dass in unserer gegenwärtigen Gesellschaft eine Vielzahl (sozial-)pädagogischer Organisationen existieren, denen für das Aufwachsen von Kindern und Jugendlichen eine zunehmende Bedeutung zukommt. So ist beispielsweise für die Hilfen zur Erziehung bekannt, dass Adressatinnen und Adressaten mitunter eine Reihe verschiedener Hilfen im Sinne einer „Jugendamtskarriere" durchlaufen (Hamberger 2008). Viele Adressatinnen und Adressaten haben also eine gewisse Erfahrung mit in diesem Falle Organisationen der Sozialen Arbeit eines Arbeitsfeldes und deren zum Teil gemeinsamen, aber zu anderen Teilen auch unterschiedlichen institutionalisierten Regeln und Abläufen. Die Adressatinnen und Adressaten der Sozialen Arbeit sind intuitiv oder auch reflektiert in der Lage, dieses Wissen über offizielle und inoffizielle Handlungserwartungen auf die neu betretene Organisation zu übertragen.

Adressatinnen und Adressaten können vor diesem Hintergrund ihre bisherigen Erfahrungen und ihr Wissen nutzen, um sich in den neu betretenen Organisationen als Beteiligte oder Mitglied zu Recht zu finden. Sie wissen von offiziellen und inoffiziellen Hierarchien in der Sozialstruktur von Organisationen, von institutionalisierten Strukturen wie Tagesabläufen, von individuellen institutionellen Regeln einzelner Mitarbeiterinnen und Mitarbeiter und von in Organisationen angewandten Techniken (Verwaltungsmethoden, sozialarbeiterischen/-pädagogischen Methoden, Fachsprache etc.). Ein solches Vorwissen ist für die Organisation, in die die Adressatinnen und Adressaten eingetreten sind, sowie für die hiesigen sozialpädagogischen/sozialarbeiteri-

---

Es verweist in diesem Zusammenhang auf bestehende institutionalisierte Regelungen, die von Adressatinnen und Adressaten offensichtlich nicht erwünscht sind. Für die Fachkräfte ergibt sich daraus, gemeinsam (und eben nicht nur individuell) mit den Adressatinnen und Adressaten erneut in Aushandlung über diese Regelungen zu treten.

44 Eine naheliegende Ausnahme ist der Besuch einer Kindertageseinrichtung. Für das Kind im Alter von einem Jahr – ab diesem Alter gibt es seit 2013 einen Rechtsanspruch – ist es bereits möglich, ein solches Angebot der Kinder- und Jugendhilfe in Anspruch nehmen zu können. So dürfte der sogenannte „Kita-Besuch" häufig die erste Erfahrung als Mitglied bzw. Beteiligte/-r einer in diesem Fall sozialpädagogischen Organisation sein.

schen Prozesse und Ziele, die damit verbunden sind, jedoch nicht nur von Vorteil, sondern können durchaus problematisch werden. So können Kenntnisse aus bisher erfahrenen sozialpädagogischen Organisationen für Adressatinnen und Adressaten im Umgang mit neuen Organisationen der Sozialen Arbeit inklusive der hier tätigen Fachkräfte hilfreich sein. Beispielsweise können Interaktionen, insbesondere solche über Problemdefinitionen und der entsprechenden Hilfeplanung, hoch institutionalisiert ablaufen. Adressatinnen und Adressaten mit entsprechenden Vorerfahrungen wissen dann, „was sie sagen müssen" und was Fachkräfte der Sozialen Arbeit von ihnen erwarten (Problemeinsicht, Zielsetzungen etc.). Dies kann den Adressatinnen und Adressaten ermöglichen, ihre Problematiken an die Erwartungen der Fachkräfte und der Organisation, die sie vertreten, anzupassen, um die erwartete Hilfe zu erlangen oder auch um eine befürchtete Intervention zu vermeiden.

Problematisch kann sicherlich auch sein, wenn Adressatinnen und Adressaten in den bisher kennengelernten Organisationen in ihrer Rolle als Mitglied starre institutionelle Regeln vorgefunden haben, die von ihnen nicht mitgestaltet werden konnten, beispielsweise in Strafvollzugsanstalten, sowie in wenig partizipativ gestalteten Organisationen der Sozialen Arbeit. So sind ihnen Aushandlungsprozesse und Aneignungsmöglichkeiten bezüglich vorgefundener institutionalisierter Regeln und Abläufe fremd bzw. verwehrt geblieben. Daraus können einseitige, jedoch auch vordergründige Anpassungen an die bereits bestehenden institutionellen Regeln und Handlungserwartungen resultieren. Dies kann zu einer Überanpassung (Rössner 1973), aber auch zu abweichendem Verhalten jenseits der sozialen Kontrolle der Fachkräfte führen. Das heißt im Einzelnen:

- Eine Überangepasstheit bedeutet eine völlig unhinterfragte Übernahme bestehender institutioneller Regelungen. Während dies zunächst für Fachkräfte sicherlich einfach zu handhabende Adressatinnen und Adressaten zu sein scheinen, entspricht es jedoch nicht den Zielen einer Sozialen Arbeit, Adressatinnen und Adressaten auf einem Weg zu selbstständigen und selbstbewussten Subjekten zu fördern und zu unterstützen. Eine Überangepasstheit steht einer Reflexion bestehender institutioneller Tatsachen und des eigenen Willens bzw. der eigenen Willensbildung entgegen.

- Abweichendes Verhalten (oder auch Devianz) kann entstehen, wenn die bestehenden institutionalisierten Regelungen vordergründig von neuen Adressatinnen und Adressaten akzeptiert und befolgt werden, hintergründig oder mit Goffman gesprochen auf der Hinterbühne (Goffman 2007) die eigenen Ziele mit Handlungen verfolgt werden, die eben nicht den bestehenden institutionalisierten Regeln und Abläufen einer Organisation entsprechen. Dies verweist einmal mehr auf die Notwendigkeit, neben den institutionalisierten Regeln und Abläufen einer Organisation auch beständig die Ziele der Adressatinnen und Adressaten mit denen der Organisation durch Aushandlungen in Einklang zu bringen bzw. die Unterschiede sowie die damit verbundenen „Diskrepanzerfahrungen“ (Kap. 11) zu managen.

Vorkenntnisse aus anderen Organisationen der Sozialen Arbeit seitens der Adressatinnen und Adressaten stellen auch ein Entwicklungspotenzial für Organisationen dar. Hinsichtlich bestehender institutionalisierter Regeln und Abläufe bringen Neumitglieder mit entsprechenden Vorerfahrungen in Organisationen der Sozialen Arbeit Möglichkeiten mit sich, sich mit den bereits existierenden institutionalisierten Regeln und Abläufen kritisch auseinander zu setzen. Dies gilt in Organisationen der Sozialen Arbeit eben nicht nur mit Blick auf die Fachkräfte, sondern auch hinsichtlich der Adressatinnen und Adressaten. Hieraus können Impulse für eine Aushandlung existierender institutionalisierter Regeln und Abläufe entstehen, die wiederum die Organisation selbst verändern können (Kap. 11).

9.4 Austritt aus Organisationen

Der Austritt aus Organisationen der Sozialen Arbeit kann sich je nach Arbeitsfeld und Organisation ganz unterschiedlich darstellen. Fest steht: Der dauerhafte Verbleib in Einrichtungen und erst recht in Organisationen der Sozialen Arbeit ist nicht die Regel. Vielmehr folgt nach einem Eintritt in eine Organisation der Sozialen Arbeit nach einem begrenzten Zeitraum der Austritt. Da wäre beispielsweise die Stammbesucherin oder der Stammbesucher eines Jugendzentrums, die oder der aus vielleicht biografischen Gründen nach Abschluss der Schule und mit Beginn von Ausbildung oder Studium sich mehr oder weniger bewusst dazu entschließt, die Einrichtung nicht mehr zu besuchen. Für die Kindertageseinrichtung verhält sich dies nicht nur etwas anders, weil hier in der Regel die Eltern über Besuch und Nichtbesuch und in diesem Zusammenhang zwar über den Eintritt in die Organisation für ihr Kind entscheiden, aber gewöhnlich nicht über den Austritt. Dieser wird vielmehr mit Erreichen der Schulpflicht vom Gesetzgeber vorgegeben. An die Stelle der Kindertageseinrichtung als Organisation der Sozialen Arbeit, an der regelmäßig teilgenommen wird, tritt die Schule als Organisation aus dem Bildungswesen. Im Falle einer Hilfe zur Erziehung oder auch konkreter einer Heimerziehung ist der Austritt aus der Organisation Kinder- und Jugendheim bzw. einer Wohngruppe noch einmal etwas anders gelagert, da hier der Austritt an den Fallverlauf und eine Hilfeplanung (§ 36 SGB VIII) gekoppelt ist. Diese letztgenannte Konstellation scheint für eine nähere Befassung mit dem Thema „Austritt aus Organisationen“ am ergiebigsten. Daher soll im Folgenden diese Konstellation im Fokus stehen.

Verlässt ein Adressat oder eine Adressatin der Sozialen Arbeit eine Organisation wie eine Heimeinrichtung, so können dafür unterschiedliche Gründe verantwortlich sein. Verabschiedet sich beispielsweise ein 18-Jähriger aus seiner Wohngruppe eines Kinder- und Jugendheims, in der er möglicherweise die letzten zwei Jahre gelebt hat, so tut er dies unter Umständen wegen des Erreichens der Volljährigkeit und der damit verbundenen Möglichkeit, selbst über den Verbleib in dieser sozialpädagogischen Organisation bestimmen und entscheiden zu können. Denkbar ist auch, dass die Hilfe im Rahmen der Unterbringung im bisherigen aktuellen stationären Kontext seitens des Jugendamtes nicht mehr fortgesetzt und somit nicht mehr finanziert wird, weil gesetzliche Voraussetzungen für eine Fortführung aus Sicht der Behörde nicht mehr gegeben sind. Dem 18-Jährigen wird aber unter Umständen eine andere weniger intensive und umfassende Unterstützungsleistung angeboten. Möglicherweise wird also der Aufenthalt in der besagten Gruppe im Heim beendet, die sozialpädagogische/sozialarbeiterische Hilfe wird jedoch im Rahmen einer betreuten Wohngruppe fortgesetzt.

An diesem fiktiven Beispiel eines 18-jährigen jungen Menschen, der die letzten zwei Jahre in einer Wohngruppe eines Kinder- und Jugendheims gelebt hat und nunmehr mit der Gewährung einer weiteren, aber weitaus weniger intensiven sozialpädagogischen/sozialarbeiterischen Unterstützung im Rahmen einer betreuten Wohnform aus der bisherigen Einrichtung ausscheidet, lassen sich einige Besonderheiten für den Austritt aus in diesem Falle des Kinder- und Jugendheims zeigen:

- Der Austritt aus dem „Kinder- und Jugendheim" ist für die Heimerziehung untrennbar mit einer sozialpädagogischen/sozialarbeiterischen Diagnose des jeweiligen Falls bzw. einer entsprechenden Bewertung des Fallverlaufs verbunden. Für den Wechsel von einer Wohngruppe eines Kinder- und Jugendheims in eine eigene Wohnung oder eine sozialpädagogisch/sozialarbeiterisch betreute Wohngruppe sollte in aller Regel ein Fortschritt beim bisherigen Hilfeverlauf zu erkennen sein. Die Feststellung, wann ein Fall der Hilfe zur Erziehung erfolgreich beendet ist oder zumindest eine sozialpädagogische/sozialarbeiterische Unterstützung nicht mehr oder nicht mehr in der bisherigen Form notwendig ist, ist jedoch alles andere als einfach und ist zumeist auch nicht eindeutig. Die Komplexität und die Schwierigkeit ergeben sich vor dem Hintergrund der unterschiedlichen Perspektiven auf den Fall – in unserem Beispiel sind das mindestens das Jugendamt, der Träger der bisherigen Leistung und der Einrichtung sowie der junge Mensch selbst –, aber auch mit Blick auf allgemein formulierte Ziele bezogen auf den jungen Menschen wie Verselbstständigung, Emanzipation oder Subjektbildung. Sofern diese im Rahmen einer Hilfeplanung nicht konkretisiert und für den Einzelfall operationalisiert und überprüfbar gemacht worden sind, wird darunter auch die Qualität der sozialpädagogischen/sozialarbeiterischen Diagnose leiden, die im Falle unseres Beispiels dazu führt, dass der oder die junge Volljährige die Einrichtung verlässt und in eine betreute Wohnform wechselt. Das heißt: Dem organisierten und geplanten Austritt aus der Organisation geht in unserem Beispiel und generell bei der Beendigung einer Heimunterbringung eine entsprechende sozialpädagogische/sozialarbeiterische Diagnose voraus.

- Neben den zuvor genannten, auf das Individuum bezogenen Zielen hat die Soziale Arbeit auch eine gesellschaftlich zugeschriebene Kontrollfunktion, denkt man beispielsweise nur an das staatliche Wächteramt der Kinder- und Jugendhilfe (AGJ 2018: 11), aus denen sich auch Zielsetzungen für die Heimerziehung in unserem Beispiel ableiten lassen. Wenn für die Kinder- und Jugendhilfe das allgemeine Ziel formuliert wird, junge Menschen zu gemeinschaftsfähigen Persönlichkeiten zu erziehen (§ 1 SGB VIII), dann geht es auch darum, Adressatinnen und Adressaten mit abweichend definiertem Handeln an die Handlungserwartungen der Gesellschaft anzupassen. In Organisationen der Sozialen Arbeit existieren in diesem Zusammenhang entsprechend institutionalisierte Handlungserwartungen, die sich in den jeweiligen Regeln und Abläufen niedergeschlagen haben. Eine Anpassung der Adressatinnen und Adressaten an diese Handlungserwartungen entspräche dann einer erfolgreichen Zielerreichung im Sinne der Erziehung zu dieser im Kinder- und Jugendhilfegesetz erwähnten gemeinschaftsfähigen Persönlichkeit.

Grundsätzlich kann das Heim als Organisation der Sozialen Arbeit zwei unterschiedliche Wege beschreiten, um dieser gesetzlich legitimierten und erforderlichen Aufgabe gerecht zu werden. Einerseits besteht die Möglichkeit, dass den Adressatinnen und Adressaten in der Organisation Aneignungs- und Aushandlungsmöglichkeiten bezüglich der Handlungserwartungen an sie bzw. den institutionalisierten Regeln und Abläufen gegeben und zum Teil auch in Form von Kompetenzen beigebracht werden. In diesen Fällen würde die Übereinstimmung nicht nur durch eine Anpassung im Sinne der Kontrollfunktion erreicht werden, sondern gleichzeitig im Sinne der oben genannten personenbezogenen Ziele wie Selbstständigkeit, Emanzipation oder der Bildung eines Subjektes. Andererseits besteht jedoch auch die Möglichkeit, dass bei starren institutionalisierten Regeln und Abläufen eine einseitige Anpassung stattfindet, die entweder nur vordergründig ist, damit hintergründig andere Ziele verfolgt werden können, oder lediglich eine Anpassung an die durch die Organisation konkret vertretenen institutionalisierten Regeln und Abläufen stattfindet, ein selbstständiger Umgang mit Handlungserwartungen außerhalb der Organisation jedoch nicht vermittelt werden konnte (Kap. 10). In diesen Fällen wären zwar sozialpädagogische/sozialarbeiterische Ziele in Bezug auf eine Anpassung an Handlungserwartungen – Stichwort „gemeinschaftsfähige

Persönlichkeit" – im Rahmen der Organisation erreicht und der Fall wäre beendet, dennoch erscheint dieser Weg der Zielerreichung zweifelhaft, da sie durch die Adressatinnen und Adressaten möglicherweise nicht auf ein Leben außerhalb der Organisation übertragen werden können oder dieser Übertrag sogar nicht gewollt ist. Eine Zielerreichung und eine damit einhergehende Beendigung der Hilfe, was gleichbedeutend mit einem Austritt aus der Organisation ist, die lediglich an einer Anpassung an den institutionalisierten Regeln und Abläufen gemessen werden würde, wäre nicht weitreichend genug. Vielmehr müssen auch die jeweils organisatorischen Bedingungen, die zu einer solchen Anpassung führen, berücksichtigt werden.

- Die Inanspruchnahme der meisten sozialpädagogischen/sozialarbeiterischen Angebote ist in der Regel freiwillig.[45] Ein Austritt aus Organisationen der Sozialen Arbeit durch die Beendigung der Inanspruchnahme kann folglich ebenso frei durch die Adressatinnen und Adressaten gewählt werden. Beendigungen der Hilfemaßnahmen müssen also nicht nur bei einem Erfolg eintreten, Adressatinnen und Adressaten können sich jederzeit dazu entschließen, die Inanspruchnahme zu beenden. So könnte auch in unserem Beispiel des 18-jährigen jungen Menschen dieser selbst die Beendigung der Heimunterbringung in die Wege geleitet haben, um möglicherweise mehr Autonomie zu gewinnen.

  Die Ursachen solcher Abbrüche sozialpädagogischer Hilfeleistungen durch den jungen Menschen selbst können vielfältig sein. Nicht zuletzt kann auch eine Differenz institutionalisierter Regeln, Abläufe und Erwartungen innerhalb der Organisationen und denen der Adressatinnen und Adressaten ein Faktor in einem Ursachenkomplex für solche Abbrüche sein. Stehen die Regeln und Abläufe der Organisation in einer zu großen Diskrepanz zu den bisher routinisierten Handlungen der Adressatinnen und Adressaten, kann die Organisation bei den Adressatinnen und Adressaten den Eindruck erwecken, keine Hilfe darzustellen. Letztendlich bietet die Organisation dann keine Anknüpfungspunkte an die bisherige Lebenswelt der Adressatinnen und Adressaten und wäre damit nicht sinnvoll vereinbar.

  Solche Beobachtungen werden bei Obdachlosen bzw. Wohnungslosen oder auch den sogenannten „Straßenjugendlichen" gemacht, die oftmals ihren Lebensmittelpunkt und Aufenthaltsorte, darunter auch Organisationen der

45 Es existieren auch eine Reihe sozialarbeiterischer/-pädagogischer Dienste, deren Inanspruchnahme nicht freiwillig geschieht und oft gerichtlich auferlegt ist, beispielsweise die Bewährungshilfe. Eine einseitige Beendigung der Inanspruchnahme seitens der Adressatinnen und Adressaten haben in der Regel Sanktionen zur Folge. Gleichwohl sind solche Zwangskontexte in der Sozialen Arbeit nicht die Regel.

Sozialen Arbeit, verändern (Beierle und Hoch 2017). Ihre Lebenswelt besteht aus Routinen im Umgang mit anderen Jugendlichen der Peergroup und der täglichen Bewältigung des Lebens in Bezug auf eine materielle Versorgung, eines Schlafplatzes etc. Diese Routinen stehen allerdings im Gegensatz zu „Tagesstrukturen" einer Organisation der Sozialen Arbeit wie denen eines mehr oder weniger gewöhnlichen Kinder- und Jugendheims. Die Idee, diese Personen im Allgemeinen sowie junge Menschen im Besonderen in Tagesstrukturen einer Organisation wieder zu integrieren, stellt eine große Herausforderung dar. Es ist davon auszugehen, dass bei einer zu hohen Regelungsdichte die mit der Organisation der Sozialen Arbeit verbundene Hilfeleistung mit hoher Wahrscheinlichkeit durch die Jugendlichen schnell abgebrochen werden würde.

Nachgefragt und zur Diskussion gestellt

1. Unter welchen Voraussetzungen werden Adressatinnen und Adressaten Mitglieder einer Organisation der Sozialen Arbeit?
2. Welche Gründe sprechen für eine Mitgliedschaft der Adressatinnen und Adressaten in Organisationen der Sozialen Arbeit?
3. Welche Probleme ergeben sich für neue Adressatinnen und Adressaten in Organisationen der Sozialen Arbeit?
4. In welchem Verhältnis stehen Adressatinnen und Adressaten zu institutionalisierten Regeln und Abläufen?
5. Wie sollten Fachkräfte mit institutionalisierten Regeln und Abläufen umgehen?

Weiterführende Literatur

Schmidt, Holger (2014): „Das Gesetz bin ich". Verhandlungen von Normalität in der Sozialen Arbeit. Wiesbaden: Springer VS.

10. Organisationen als „gefährliche" Orte

Zielsetzungen des Kapitels

- Sie können die Folgen einer Spezialisierung und Standardisierung Sozialer Arbeit abschätzen.
- Sie haben grundlegende Kenntnisse über totale Institutionen erworben.
- Sie können die Folgen totaler Institutionen mit ihren Merkmalen für die Soziale Arbeit und deren Organisationen einschätzen.
- Möglichkeiten, „Gefahren" durch Merkmale totaler Institutionen abzuwenden, sind Ihnen bekannt.

In diesem Kapitel sollen Organisationen und deren Strukturen hinsichtlich ihrer sozialpädagogisch/sozialarbeiterisch nicht erwünschten oder zumindest kritisch zu diskutierenden Wirkungen auf Adressatinnen und Adressaten betrachtet werden. Der Begriff der Gefahr wird in der Überschrift in Anführungsstriche gesetzt, da er hier einerseits ohne wissenschaftlich definierte Bedeutung verwendet wird, andererseits die hier dargestellten möglichen nicht erwünschten Wirkungen über das allgemeine Verständnis von Gefahr hinausgehen. Mit diesen werden in einer ersten Assoziation sicherlich mögliche Beeinträchtigungen von Leib und Leben verbunden.

Dass auch diese aus bestimmten Organisationsstrukturen resultieren können, wird der zweite Teil dieses Kapitels zeigen, in dem „totale Institutionen" vorgestellt und hinsichtlich ihrer Anwendung im Rahmen der Sozialen Arbeit diskutiert werden (Kap. 10.2). Der Begriff der Gefahr soll hier vielmehr auch als drohende Beeinträchtigung für die psychische Entwicklung von Adressatinnen und Adressaten verstanden werden (die sicherlich auch mit physischen Verletzungen einhergehen, aber auch ohne diese stattfinden können)[46]. Im ersten Teil werden daher Organisationen in Bezug auf ihr Bestreben einer Rationalisierung der Arbeitsvollzüge und den damit verbundenen möglichen (unerwünschten) Nebenwirkungen auf die Adressatinnen und

46 Eine weiterführende Diskussion des Begriffs der Gefahr anhand der wissenschaftlichen Verständnisse von physischer, psychischer und struktureller Gewalt (Nunner-Winkler 2004; Imbusch 2002) könnte das Begriffsverständnis konkretisieren, kann an dieser Stelle jedoch nicht weiter ausgeführt werden.

Adressaten diskutiert (Kap. 10.1). Die „Gefahr" besteht dabei insbesondere in einer nicht optimalen Bearbeitung sozialpädagogischer Fälle und damit verbundenen nicht erwünschten Wirkungen bei Adressatinnen und Adressaten.

10.1 Organisationen als rationale Orte

Wie in Kapitel 2 beschrieben. dienen und tendieren Organisationen zu einer rationalen Bearbeitung ihrer Aufgaben zur Erreichung ihrer Ziele. Die Ziele sollen durch die Koordination der Tätigkeiten mehrerer Mitarbeiterinnen und Mitarbeiter und den Einsatz der Organisationstechnologie erreicht werden. Zumeist soll durch diese Koordination auch eine Minimierung der dazu eingesetzten Mittel (also Personal und Technik) erreicht werden. Für die Soziale Arbeit ergeben sich daraus mindestens zwei Problematiken, die hier angesprochen werden sollen. Zum einen eine Arbeitsteilung und damit eine Spezialisierung der Angebote der Sozialen Arbeit (a) sowie zum anderen die Tendenz einer Standardisierung der Bearbeitung ihrer Aufgaben (b).

(a) Die Spezialisierung Sozialer Arbeit

Die Soziale Arbeit hat sich im 20. und 21. Jahrhundert sehr umfangreich ausgeweitet. Für die Soziale Arbeit haben sich im Zuge zunehmender gesellschaftlicher Veränderungen und den sich daraus ergebenden Lebensführungsproblematiken für die Menschen jenseits ihrer gesellschaftlichen Position zahlreiche neue Aufgaben und Arbeitsfelder ergeben (Thiersch 1992; Flösser und Oechler 2010: 112 ff.; Thole 2012a: 25 ff.). Soziale Arbeit arbeitet mit Menschen tendenziell ab deren Geburt bis zu ihrem Tode. Daraus ergibt sich eine notwendige Spezialisierung Sozialer Arbeit, da eine Fachkraft kaum die mannigfaltigen Problematiken bearbeiten kann, die im Zusammenhang einzelner Biografieabschnitte bestehen oder die mit z.T. sehr spezifischen Lebenslagen der Menschen zusammenhängen. Um zur gelingenden Bearbeitung von Fällen auf ein überschaubares und handhabbares Repertoire an Fachwissen und Methoden zurückgreifen zu können, spezialisieren sich Organisationen bzw. Organisationseinheiten auf bestimmte Problemlagen, Zielgruppen oder Sozialräume.

Hans Thiersch (z.B. 2014: 120) sieht eine solche Spezialisierung einerseits zwar ebenfalls als notwendig an, kritisiert sie jedoch auf der anderen Seite. Im Rahmen der sogenannten „lebensweltorientierten Sozialen Arbeit" – einem der nach wie vor zentralen Referenzpunkte für fachliches Handeln in der Sozialen Arbeit – ergibt sich eine solche Kritik aus der Anerkennung der Annahme, dass Menschen im Zentrum ihrer eigenen Lebenswelt stehen. Die je individuelle Lebenswelt ergibt sich aus den je eigenen räumlichen, gegenständlichen, zeitlichen und sozialen Bezügen und Erfahrungen und den damit verbundenen Relevanzen, (Be-)Deutungen und Zukunftsplänen (Schütz und Luckmann 2003). Die je eigene Lebenswelt stellt sich somit sehr komplex dar. Spezialisierte Angebote der Sozialen Arbeit konzentrieren sich jedoch nur auf einen Aspekt der jeweiligen Lebenswelt der Adressatinnen und Adressaten. Für die Adressatinnen und Adressaten ergibt sich daraus die Gefahr, dass Problematiken isoliert betrachtet werden, nicht jedoch in den Zusammenhängen ihrer ganzen Lebenswelt. Eine so spezialisierte Bearbeitung blendet dann Problematiken in anderen Bereichen der Lebenswelt ebenso aus wie Folgen der Bearbeitung des Problems für andere lebensweltliche Bezüge, die unbeabsichtigt nicht im Sinne einer sozialpädagogischen/sozialarbeiterischen Tätigkeit ausfallen können.

Dies soll hier an einem konstruierten Beispiel dargestellt werden[47]: Fachkräfte der Sozialen Arbeit haben sich auf die Arbeit mit gewalttätig handelnden Jugendlichen spezialisiert, beispielsweise mit der Durchführung von Anti-Gewalt-Trainings. Diese bearbeiten isoliert das gewalttätige Handeln, welches abzustellen ist. Damit wird das Ziel verfolgt, dass diese Jugendlichen zukünftig straffrei bleiben und sich damit gelingend in die Gesellschaft integrieren. Dieses Ziel soll damit erreicht werden, dass die Jugendlichen Alternativen zu ihren üblichen gewalttätigen Handlungsmustern entwickeln. Provokationen sollen zukünftig ausgehalten werden, ohne auf Gewalt zurückzugreifen und Konflikte sollen durch verbales Aushandeln ausgetragen werden können. Dies wirkt zunächst einleuchtend, durch eine Betrachtung der Lebenswelt der Jugendlichen kann dieses Vorgehen jedoch kritisch beurteilt werden. Zwei Anmerkungen hierzu:

1. Durch eine Rekonstruktion der Lebenswelt der Jugendlichen kann sich erstens zeigen, dass sich in deren Bezügen eine Reihe von Ursachen gewalttätigen Handelns finden lassen, die durch eine solche Bearbeitung eben nicht berücksichtigt werden, in denen die Jugendlichen jedoch auch nach der Bearbeitung weiterhin leben werden. Diese Ursachen können im Rahmen der je eigenen Familie, weiterer Bezugspersonen wie dem Freundeskreis, dem Sozialraum aber auch in gesellschaftlichen Einflüssen und Lebenslagen stecken[48]. Eine wie in diesem Beispiel beschriebene Vorgehensweise würde somit lediglich das problematische Verhalten der Jugendlichen versuchen zu bearbeiten, nicht jedoch die diesen (möglicherweise) zugrundeliegenden Problematiken der Jugendlichen selbst.

47 Dieses Beispiel ist notwendigerweise sehr verkürzt und zugespitzt dargestellt und diskutiert. Damit kann im Rahmen dieses Lehrbuchs jedoch nachvollziehbar dargestellt werden, welche Problematiken sich aus einer Spezialisierung ergeben können.

48 Für eine solche Rekonstruktion und Bearbeitung von möglichen Ursachen von Gewalt benötigen Fachkräfte der Sozialen Arbeit weitgehendes Wissen (z.B. Lamnek 2007; Lamnek 1997; Dollinger und Schabdach 2013).

2. Ein zweites Problem können unbeabsichtigte Nebenwirkungen eines solchen Vorgehens mit sich bringen. Die Jugendlichen könnten in einer Umwelt leben, in denen eine gewalttätige Lösung von Konflikten und Problemen zur Normalität gehören. Ein entsprechendes Handeln könnte für die Jugendlichen in Teilen ihrer Lebenswelt erforderlich sein, um in dieser Lebenswelt gelingend leben zu können (Anderson 2000). Durch eine erfolgreiche gewalttätige Konfliktbearbeitung könnten Jugendliche in ihrer Umwelt Anerkennung erhalten, die ihnen ansonsten vorenthalten wird (Honneth 2007; Bruhns und Wittmann 2002; Equit 2012). Durch eine Änderung ihres Handelns in ihrer Lebenswelt ergäbe sich daraus erstens, dass ihr Handeln nicht mehr passt und daher eine Lebensbewältigung nicht mehr gelingen könnte, und zweitens, dass Anerkennungserfahrungen wegbrechen, diese jedoch durch keine ausreichenden Alternativen ersetzt werden. Für die Jugendlichen bestünde also die Gefahr nach einer erfolgreich durchgeführten Maßnahme in ihrer bisherigen Lebenswelt nicht mehr gelingend leben zu können.

Vor diesem Hintergrund wäre in diesem Beispiel eine weniger spezialisierte Arbeit mit Jugendlichen, die sich gegenüber der Gesamtheit der lebensweltlichen Bezüge öffnen würde, notwendig, um eine erfolgreiche Integration in die Gesellschaft anzustreben, die darüber auch weitaus mehr erreichen und gleichzeitig unbeabsichtigte Nebenfolgen vermeiden könnte. Eine vielleicht notwendige Spezialisierung für die Soziale Arbeit sollte sich folglich auf die Arbeit mit Jugendlichen beziehen, die gewalttätig handeln, nicht jedoch lediglich auf dieses Handeln selbst beziehen.

(b) Die Standardisierung Sozialer Arbeit

Damit Organisationen ihre Aufgaben rational bearbeiten können, entwickeln sie ein Bestreben, Arbeitsvorgänge möglichst beständig gleich vollziehen zu können. Dies soll auf der einen Seite einen Erfolg hinsichtlich der Zielerreichung garantieren, auf der anderen Seite kann ein standardisiertes Vorgehen personenunabhängig genutzt werden. Letzteres bedeutet, dass Wissen um standardisierte Vorgehensweisen an solche Personen weitergegeben werden, die neu in die Organisation eintreten. Austretende Personen nehmen dann kein Wissen mit, welches für die Bearbeitung von Aufgaben notwendig ist. Die Organisation macht sich damit unabhängig von den Menschen, die in ihnen tätig sind. Im Kontext von Organisations- und Personalentwicklung spricht man in diesem Zusammenhang auch von einem für das Funktionieren einer Organisation notwendigen Wissenstransfer (Kap. 2).

Eine solche Standardisierung sozialpädagogischen/sozialarbeiterischen Handelns hat in Maßen als methodisches Vorgehen Vorzüge, da auf bereits erprobtes und als erfolgreich betrachtetes Handeln zurückgegriffen wird, die

Arbeit strukturiert wird, wodurch die Fachkräfte Sicherheit in der Bearbeitung komplexer, unübersichtlicher Problem- und Lebenslagen erlangen, und ein solches Vorgehen nach Außen Professionalität signalisiert (Galuske 2013).

Eine solche Standardisierung kann jedoch je nach Grad und Ausrichtung für die Adressatinnen und Adressaten problematisch werden und zu unerwünschten Wirkungen aus der professionellen Perspektive der Sozialen Arbeit führen. Richtet sich eine Standardisierung von Problembearbeitungen zu stark an organisationalen Gesichtspunkten aus und im gleichen Zuge zu wenig an den zu bearbeitenden Aufgaben und den damit verbundenen Menschen, kann sie an diesen vorbeiführen, da sie diese Aufgaben nicht mehr ausreichend bearbeiten kann (ein ähnliches Problem ergibt sich in totalen Institutionen, s.u.).

Als Beispiel soll hier eine standardisierte Problemdiagnose herangezogen werden. Eine Verwaltung kann beispielsweise auf die Idee kommen, die Aktenführung zu digitalisieren und in diesem Zuge Daten von Adressatinnen und Adressaten weitestgehend standardisiert zu erfassen, also mit konkreten vorgegebenen Fragestellungen und Antwortmöglichkeiten (ähnlich eines Fragebogens der quantitativen Forschung oder auch eines BAföG-Formulars). Aus der Perspektive der bürokratischen Organisation entspricht ein solches Vorgehen dem Bestreben der Rationalisierung von Vorgängen: Es werden alle vermeintlich relevanten Daten für die Bearbeitung eines Falles erfasst, keine können von den jeweiligen Fachkräften vergessen werden und die Informationen sind unabhängig von der gerade bearbeitenden Fachkraft verfügbar, d.h., andere Fachkräfte können den Fall vermeintlich problemlos und fließend übernehmen.

Eine solche Standardisierung muss jedoch kritisch betrachtet werden. Nimmt diese überhand, steht sie in einem Widerspruch zu einer – wie oben beschriebenen – auf den jeweiligen Einzelfall bezogenen, lebensweltorientierten Sozialen Arbeit. Zudem wird auch die Tatsache verkannt, dass eine sich immer schneller wandelnde Gesellschaft (Rosa 2013) neue und veränderte Problem- und Lebenslagen hervorbringt, die mit den bestehenden standardisierten Instrumenten nicht mehr ausreichend erfasst werden können. Insofern können standardisierte Problemdiagnosen für die Soziale Arbeit immer der Wirklichkeit hinterherhinken.

Aus dieser hier beispielhaft skizzierten Problematik der Sozialen Arbeit zwischen der Anerkennung der Adressatinnen und Adressaten als Subjekte in ihrer je individuellen Lebenswelt einerseits (Lebensweltorientierung) und den Erfordernissen einer bürokratisch agierenden Organisation andererseits ergeben sich hohe Ansprüche an das professionelle Handeln der Fachkräfte (Dewe und Stüwe 2016: 86 f.). Sozialpädagogisches/sozialarbeiterisches Handeln in bürokratischen Organisationen ist ambivalent, nicht widerspruchsfrei und mit Herausforderungen verbunden, aber es ist auch ein genuiner Bestandteil professioneller Sozialer Arbeit.

Abgesehen davon, dass diese Ambivalenz seitens der Fachkräfte auszuhalten ist und eine Belastung im Arbeitsalltag darstellt, sind damit auch „Gefahren" für die Adressatinnen und Adressaten der Sozialen Arbeit verbunden:

- Überwiegen die organisationalen Bestrebungen zur Standardisierung, so besteht erstens die Gefahr, dass Problemlagen und damit zusammenhängende Bedarfe nicht ausreichend individualisiert und damit nicht optimal, also bedarfsgerecht bearbeitet werden.
- Ein zweites Problem, welches sich aus einer zu starken Standardisierung, jedoch im Übrigen auch aus einer zu starken Spezialisierung ergibt, ist die Möglichkeit, dass es für eher seltene oder auch neue Bedarfslagen von Adressatinnen und Adressaten keine passenden Vorgehensweisen oder Angebote gibt und diese somit unbearbeitet bleiben oder zumindest nicht passgenau bearbeitet werden können. Standardisierte Vorgehensweisen basieren in einer Organisation auf bisher aufgetretenen und kategorisierten Problem- bzw. Bedarfslagen. Fallkonstellationen, die zwischen oder außerhalb dieser Kategorien liegen, können im Extremfall nicht bearbeitet werden, da das bisherige Vorgehen diese Probleme nicht vorsieht, das jeweilige Problem damit nicht erfasst werden und sich die jeweilige Organisation als nicht zuständig ansieht.[49]

10.2 Totale Institutionen

Der Soziologe Erving Goffman (2014) hat für seine Veröffentlichung „Asyle. Über die soziale Situation psychiatrischer Patienten und anderer Insassen", die im Original 1961 erschien, verschiedene Organisationen untersucht, u.a. Psychiatrien und Strafvollzugsanstalten. Diese Einrichtungen weisen einige Gemeinsamkeiten hinsichtlich ihrer institutionalisierten Regeln und sozialen Verhältnisse auf, die Goffman unter den Begriff der *totalen Institution* zusammengefasst hat. In diesen Einrichtungen findet auch Soziale Arbeit statt. Gemeint sind damit die u.a. bereits genannten Psychiatrien und Strafvollzugsanstalten, bei denen es sich gleichwohl nicht um Organisationen der Sozialen Arbeit handelt.

Aber auch typische sozialpädagogische/sozialarbeiterische Einrichtungen wie Heime oder Wohngruppen im Rahmen stationärer Unterbringungen

49 Konkret könnte eine Einrichtung oder ein Dienst angesichts dieser „Gefahr" z.B. den Schluss ziehen, dass Adressatinnen und Adressaten mit einem Problem, das inhaltlich nicht zu den existierenden, mehr oder weniger spezialisierten Angeboten passt, mit einem allgemeinen Beratungsangebot zumindest die Möglichkeit haben, einen Zugang zu sozialarbeiterischen/-pädagogischen Hilfen zu bekommen.

weisen Merkmale „totaler Institutionen" auf. Gleichwohl sind diese weder mit Gefängnissen vergleichbar noch gelten diese Charakteristika für alle Einrichtungen der Sozialen Arbeit gleichermaßen, denkt man für die Heimerziehung beispielsweise an betreute Wohnformen einerseits und an geschlossene Unterbringungsformen andererseits. In die meisten Einrichtungen der Sozialen Arbeit begeben sich vielmehr die jeweiligen Adressatinnen und Adressaten, im Unterschied zu Zwangsunterbringungen im Strafvollzug oder teilweise in Psychiatrien, freiwillig.

Totale Organisationen in einen totalen Zugriff auf die Adressatinnen und Adressaten, auf deren Alltag und Handeln (Ferring und Willems 2014: 16). Im Folgenden werden diese Kombination von Merkmalen, die in totalen Institutionen auftritt, zugespitzt beschrieben und daraufhin diskutiert, wie sich diese Merkmale in Einrichtungen der Sozialen Arbeit (z.B. Wohnheimen), sowie in solchen, in denen Soziale Arbeit tätig ist (z.B. Strafvollzugsanstalten), auswirken und „gefährlich" sein können. In der Praxis der Sozialen Arbeit zeigen sich diese Merkmale nicht immer eindeutig, sondern können vielmehr latent vorhanden sein.

„Das Konzept „Totale Institution" kennzeichnet jene Extremfälle sozialer Institutionen, die einen allumfassenden Charakter annehmen, die alle Lebensäußerungen der Menschen und vor allem ihren Kontakt mit der Außenwelt vollkommen zu kontrollieren trachten, und durch räumliche und soziale Schließungen gekennzeichnet sind. Die Menschen in diesen Einrichtungen sind einer zentralen Autorität unterworfen und werden in der Regel zur Aufgabe ihrer bürgerlichen Rollen und Identitäten gezwungen" (Ferring und Willems 2014: 15–16).

In Kapitel 1 wurde dargestellt, dass wir uns in unserer Gesellschaft in verschiedenen Institutionen bewegen und in diesen verschiedene Rollen einnehmen können. Totale Institutionen zeichnen sich nun darin aus, dass der soziale Verkehr zwischen den Menschen in diesen Institutionen und denen außerhalb dieser weitestgehend eingeschränkt ist, häufig insbesondere durch bauliche Begebenheiten (Mauern, Zäune, verschlossene Tore etc.) oder durch ihre räumliche Lage weitab von anderen Menschen (Goffman 2014: 15 f.). Diese in totalen Institutionen deutlichere Trennung zwischen Innen und Außen trifft typischerweise jedoch nur auf einen Teil der Menschen in diesen Institutionen zu. Diese können mit verschiedenen Begriffen angesprochen werden: Insassen, Bewohnerinnen und Bewohner, Gefangene, Patientinnen und Patienten etc.

Im Folgenden sollen diese zunächst als Adressatinnen und Adressaten der Sozialen Arbeit in den Blick genommen werden (a). Der andere Teil der Menschen, nämlich die Fachkräfte der Sozialen Arbeit, die dort beruflich tätig sind, wird anschließend betrachtet. Sie – die Mitarbeiterinnen und Mitarbeiter – können zwischen ihren Tätigkeiten in den Institutionen im Gegensatz zu den Adressatinnen und Adressaten die Einrichtung verlassen (b). Abschließend werden einige Hinweise zur Weiterentwicklung von Einrichtungen der Sozialen Arbeit mit Merkmalen totaler Institutionen gemacht, die darauf abzielen, das Machtungleichgewicht zwischen Adressatinnen und Adressaten sowie den Fachkräften zu verringern (c).

(a) Adressatinnen und Adressaten

Für die Adressatinnen und Adressaten ergibt sich aus diesem Merkmal totaler Institutionen, dass sie keine anderen Rollen außerhalb der jeweiligen Einrichtung und der damit verbundenen Rolle einnehmen können. Sie verharren aufgrund der Trennung von der Außenwelt in ihrer jeweiligen einrichtungsbezogenen Rolle. Das heißt: Ihr gesamtes Handeln wird somit üblicherweise mit der Rolle, die sie in der Institution einnehmen, in Verbindung gebracht und als Ausdruck dieser Rolle gesehen. Von den Fachkräften der Einrichtung werden die Adressatinnen und Adressaten folgerichtig auf die jeweils einrichtungstypische Rolle reduziert.

Die Einnahme von verschiedenen Rollen macht es für Menschen notwendig, die „richtigen" Verhaltensweisen verschiedener Rollen kennenzulernen und diese zu übernehmen. Die Teilnahme an einer Gesellschaft, in der von den Menschen verlangt wird, differenzierte Rollen einzunehmen, ist somit sehr voraussetzungsvoll und erfordert entsprechende Interaktionserfahrungen in unterschiedlichen Institutionen und damit zusammenhängenden Rollen. In diesem Zusammenhang wird von Sozialisation gesprochen (Tillmann 2006). Eine zu starke Trennung zwischen Einrichtungen der Sozialen Arbeit, in denen Adressatinnen und Adressaten den ganzen oder nahezu den ganzen Alltag verbringen, und deren Umwelt kann folglich die Übernahme von Rollen, die nicht der vorgesehenen Rolle der Institution entsprechen, erschweren. Ein Übergang von der sozialpädagogischen/sozialarbeiterischen Institution in die Alltagswelt der Umwelt wird somit erschwert. In der Folge wären Adressatinnen und Adressaten sehr stark an die jeweilige Einrichtung gebunden. Eine erfolgreiche Integration oder auch Inklusion in die Gesellschaft kann somit erschwert oder verhindert werden. Gerade in Bezug auf Menschen mit Behinderung ist diese Problematik ans Licht gerückt und eine zunehmende Separierung in entsprechende Wohn- und Arbeitsstätten wird im Zuge der Inklusionsdebatte entsprechend kritisch betrachtet. Aber auch die schwierigen Übergänge aus stationären Unterbringungen wie Heimen oder die Resozialisierung aus dem Strafvollzug in den gesellschaftlichen Alltag außerhalb dieser Organisationen können mit dieser Erkenntnis teilweise nachvollzogen werden.

Ein weiteres Problem, welches sich aus der Reduzierung auf eine Rolle in einer totalen Institution ergibt, ist die Verhinderung eines Rückzuges für die Menschen in unterschiedliche Bereiche. Haben Sie beispielsweise im Rahmen Ihres Studiums einen Fehler an der Hochschule begangen, kann Ihr Privatbereich davon weitestgehend unberührt bleiben. Sie können sich auf die Routinen in Ihren privaten Institutionen verlassen und erhalten damit in Ihrem Leben einige Sicherheit. Anders ist dies in totalen Institutionen. Da die Adressatinnen und Adressaten dort nur eine einzige Rolle einnehmen, haben sie nahezu keine Rückzugsmöglichkeit auf Bereiche, die von anderen (Fachkräften oder Adressatinnen und Adressaten) unberührt bleiben. Begehen Adressatinnen und Adressaten in ihren Rollen einen Fehler, kann sich dies auf ihren gesamten Alltag ausdehnen. Abweichendes Handeln von Kindern oder Jugendlichen in Heimen kann z.B. dazu führen, dass die Fachkräfte deren Zimmer ausräumen und nur eine Schlafmöglichkeit zurücklassen[50]. Die Adressatinnen und Adressaten müssen also damit rechnen, dass sich ihr Handeln auf alle Bereiche ihres Lebens auswirken kann. Damit haben sie keine Rückzugsmöglichkeit aus dem Alltag der Organisation. Die Sicherheit, die solche Möglichkeiten für Menschen bieten kann, besteht für die Adressatinnen und Adressaten in totalen Institutionen somit nicht.

In totalen Institutionen treten einige Merkmale von Organisationen (Kap. 2) sehr deutlich und in ihren Auswirkungen auf das Individuum in intensiver Form auf. Im Unterschied zu vielen anderen Organisationen können sich die Adressatinnen und Adressaten in totalen Institutionen diesen nicht entziehen. In Organisationen werden Aufgaben arbeitsteilig vergeben und rationalisiert. Für totale Institutionen bedeutet dies, dass beispielsweise der Tagesablauf insofern rationalisiert wird, dass er für alle Adressatinnen und Adressaten gleich und unabhängig von individuellen Bedürfnissen abläuft. Alle Adressatinnen und Adressaten haben gleiche Zeiten zum Aufstehen, Waschen, Essen etc. Den Mitarbeiterinnen und Mitarbeitern der Organisationen kommen dann vermehrt Kontrollaufgaben zu, um die Einhaltung dieses vereinheitlichten Tagesablaufes zu garantieren:

> „Wenn Menschen in Blöcken bewegt werden, können sie durch Personal beaufsichtigt werden, dessen Hauptaufgabe nicht die Führung oder periodische Inspektion ist (wie in vielen Arbeitgeber-Arbeitnehmerverhältnissen), sondern Überwachung – wobei darauf geachtet wird, daß jeder das tut, was ihm

50 In diesem Zusammenhang sei kurz auf die Rolle privaten Besitzes für Menschen hingewiesen. Privater Besitz kann als Teil der Identität bzw. Identitätsbildung angesehen werden. Nicht zuletzt wird durch Besitz die je eigene Identität gegenüber anderen Menschen dargestellt. Eine „Enteignung" des privaten Besitzes ist somit eine folgenschwere Beeinflussung der Identität der betroffenen Menschen (Goffman 2014).

> klar und deutlich befohlen wurde, und zwar unter Bedingungen, unter denen ein Verstoß des einzelnen dich deutlich gegen die sichtbare, jederzeit überprüfbare Willfährigkeit der anderen abhebt" (Goffman 2014: 18).

Bezogen auf die Soziale Arbeit bedeutet dies, dass Fachkräfte in Einrichtungen, die durch eine sehr eng strukturierte Zeit- und damit auch Handlungseinteilung gekennzeichnet sind, entsprechend stark kontrollierend tätig sind. Eine hohe Strukturierung bedeutet dann auch, dass Adressatinnen und Adressaten einer hohen Regeldichte unterliegen. Dies wiederum führt dazu, dass auch vermehrt Regeln gebrochen werden können, was wiederum zu Sanktionen seitens der Fachkräfte führt. Diese Sanktionen können sich, wie oben bereits beschrieben, auf den kompletten Lebensbereich der Einrichtung beziehen. Dazu ergibt sich das Problem, dass die Tagesstruktur möglicherweise sehr an die Notwendigkeiten der Organisation angepasst ist. Dabei kann es darum gehen, alle Adressatinnen und Adressaten mit Nahrung zu versorgen, sie gemeinsam zur Schule oder zum Arbeitsplatz zu schaffen oder die Räumlichkeiten der Einrichtung sauber zu halten. Es ist evident, dass sich diese Strukturen der Organisation durchaus sehr stark von den Strukturen unserer je individuellen Lebenswelten unterscheiden können. Die Adressatinnen und Adressaten in totalen Institutionen müssen sich also an Strukturen anpassen, die außerhalb dieser Einrichtungen nicht auftreten und den alltäglichen Lebensführungsweisen der Menschen einer Gesellschaft weitestgehend nicht entsprechen. An dieser Stelle wird erneut deutlich, dass ein Übergang aus einer totalen Institution in die Umwelt schwierig ist. Der „strukturierte Tagesablauf" einer totalen Institution verhindert somit einen gelingenden Übergang. Aufgrund dieser Überlegungen muss jede Idee, auf Menschen einen „strukturierten Tagesablauf" zu übertragen, kritisch betrachtet und überprüft werden, insbesondere hinsichtlich einer Übertragbarkeit in den Alltag außerhalb von Einrichtungen.

(b) Mitarbeiterinnen und Mitarbeiter

Wie oben bereits beschrieben, hält sich neben den Adressatinnen und Adressaten in totalen Institutionen eine zweite Gruppe von Menschen auf, die Mitarbeiterinnen und Mitarbeiter. Hier lässt sich unterscheiden zwischen den Mitarbeitenden, die direkt mit den Adressatinnen und Adressaten arbeiten, in Heimen beispielsweise Erzieherinnen und Erzieher oder Sozialpädagoginnen und -pädagogen und Sozialarbeiterinnen und Sozialarbeitern, und den Mitarbeitenden, die auf einer höheren hierarchischen Ebene agieren, den Vorgesetzten (dazu auch Kap. 2).

Daraus ergeben sich mindestens drei Ebenen. Ein Blick auf die *Verhaltenswissenschaftliche Entscheidungstheorie* zeigt, dass die Kommunikation zwischen diesen Ebenen üblicherweise zwischen den beiden hierarchisch benachbarten Ebenen abläuft, also zwischen den Adressatinnen und Adressaten und den pädagogischen Fachkräften einerseits und andererseits zwischen den Fachkräften und der Leitung der Organisation (Abb. 10). Gleichzeitig findet auch eine Kommunikation auf den einzelnen Ebenen statt, also zwischen den Adressatinnen und Adressaten sowie zwischen den Fachkräften und natürlich auch zwischen den Personen in der Leitung der Organisation (die hierarchisch natürlich ebenfalls verästelt und spitz zulaufen kann). Diese Kommunikation erfolgt vorwiegend im Rahmen einer Organisationeinheit, also im Heim beispielsweise zwischen den Fachkräften einer Wohngruppe, darüber hinaus kann sie auch zwischen Organisationseinheiten stattfinden, also mit Fachkräften anderer Wohngruppen. Seltener erfolgt findet eine Kommunikation über eine Ebene hinweg.

Abbildung 10: Kommunikationswege in totalen Institutionen

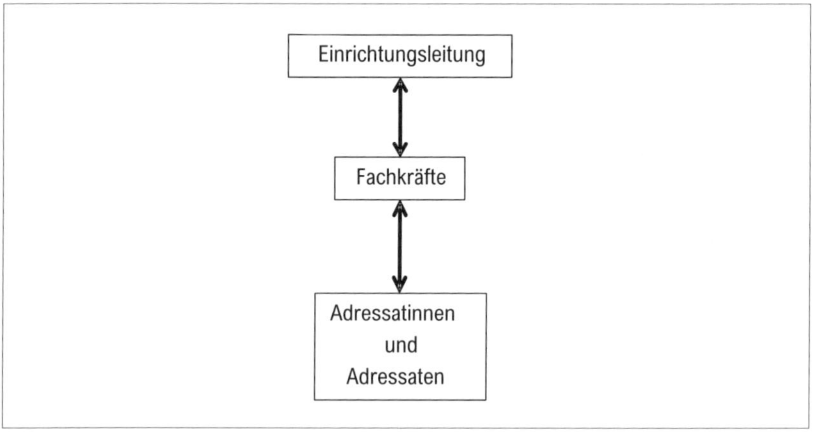

Quelle: eigene Darstellung

Bei dieser Darstellung in Abbildung 10 ist unschwer zu erkennen, dass die Fachkräfte eine wichtige Vermittlerfunktion zwischen den Adressatinnen und Adressaten einnehmen, indem Informationen zwischen den Ebenen der Organisation immer über sie transportiert werden. Sie kontrollieren also, welche Informationen von der unteren hierarchischen Ebene zur oberen gelangen – ebenso wie von der oberen zur unteren. Aus der Kontrolle des Informationsflusses ergibt sich für die Fachkräfte eine Machtposition im Rahmen der Organisationen, mindestens gegenüber den Adressatinnen und Adressaten. Die Fachkräfte kontrollieren Informationen über die Adressatinnen und Adressaten und können somit Entscheidungen auf der Leitungsebene, welche diese betreffen, beeinflussen.

In totalen Institutionen ergibt sich aus der Tatsache, dass Adressatinnen und Adressaten ihren gesamten Alltag in der Organisation verbringen und keine oder kaum eine Verbindung zur Außenwelt besitzen, nun die Gefahr, dass wichtige sie betreffende Informationen nicht, nur teilweise oder verfälscht weitergegeben werden. Die Macht der Fachkräfte über Adressatinnen und Adressaten wird dadurch vergrößert und ermöglich theoretisch einen „totalen" Zugriff auf sie. Ein Machtmissbrauch durch die Fachkräfte würde somit sehr verdeckt von der Außenwelt der totalen Institution wie auch von deren Leitungsebene geschehen können (Goffman 2014; Schrapper 2014: 51). Diese Mechanismen zeigen sich ganz konkret beispielsweise in der Heimerziehung. Ein Blick in die aktuelle Forschung zeigt, dass trotz einer zunehmenden Beteiligungsorientierung im Alltag der Heimerziehung in den letzten Jahren (Equit und Witzel 2017: 6f.) das Handeln der Kinder und Jugendlichen in Heimen an organisationale Strukturen angepasst wird, um Handlungsspielräume der Jugendlichen vorhersehbar zu machen und um damit eine Machtasymmetrie aufrecht zu erhalten (Equit 2018b).

In der Realität hat sich für Organisationen der Sozialen Arbeit, die Merkmale totaler Institutionen aufweisen, gezeigt, dass Fachkräfte ihre Macht missbraucht haben. In der Heimerziehung der 1950er- und 1960er-Jahre in der BRD haben Fachkräfte weit über das damals z.T. noch erlaubte Maß Handlungen in Form von beispielsweise körperlichen Züchtigungen, Arrest, Essenszwang und Essensentzug gegenüber den Adressatinnen und Adressaten durchgeführt (AGJ 2010: 14 ff.). Auch Formen sexueller Gewalt wurden durch die Mitarbeiterinnen und Mitarbeiter gegenüber den Adressatinnen und Adressaten ausgeübt. Kontaktsperren und Briefzensur wurden als Strafen eingesetzt, hatten zudem jedoch auch die Funktion, Adressatinnen und Adressaten von der Außenwelt der jeweiligen Heime weitestgehend abzuschneiden und damit ein wichtiges Element einer totalen Institution zu verfestigen (AGJ 2010: 19). Der Zugriff der Mitarbeiterinnen und Mitarbeiter wurde dadurch „totaler", die Adressatinnen und Adressaten hatten lediglich über sie Kontaktmöglichkeiten zu anderen Personen inner- und außerhalb der Einrichtung. Negative Folgen dieses kurz angerissenen Machtmissbrauchs in der Heimerziehung der 1950er- und 1960er-Jahre und damit auch von Organisationen im Rahmen der Sozialen Arbeit, die Elemente totaler Institutionen aufweisen, wurden im Abschlussberichts des „Runden Tischs Heimerziehung in den 50er und 60er Jahren" dokumentiert (AGJ 2010).

Dass sich die stationäre Unterbringung in Heimen in der Gegenwart deutlich von der von damals unterscheidet, ist evident. Doch die oben beschriebenen Merkmale totaler Institutionen, auch wenn diese zunehmend aufgeweicht werden, ermöglichen nach wie vor Machtmissbräuche der Mitarbeiterinnen und Mitarbeiter im Rahmen stationärer Unterbringung (Andresen und Heitmeyer 2012; Runder Tisch Sexueller Kindesmissbrauch 2012). So konnten z.B. Lorenz und Wittfeld (2016) zeigen, dass das Handeln von Kindern in stationären Einrichtungen oft auf deren Rolle als „schwieriges" Kind reduziert wird und Signale des Erlebens von Gewalt durch Mitarbeiterinnen und Mitarbeitern in der Folge nicht als solche gedeutet werden. Ebenso zeigt die Untersuchung, dass durch Unterteilung einer Einrichtung in parallele Organisationseinheiten Machtmissbrauch in einer der Organisationseinheiten möglich ist. Die Gründe dafür sind die oben beschriebene Kommunikation in den Organisationseinheiten sowie die strikte Trennung von Innen und Außen, sodass Mitarbeiterinnen und Mitarbeiter außerhalb der Organisationseinheit kaum Einblicke in die Abläufe erhalten.

Auch andere Einrichtungen der Sozialen Arbeit oder solche, in denen Soziale Arbeit stattfindet, müssen hinsichtlich ihrer Organisation als totale Institutionen und den damit verbundenen Wirkungen kritisch betrachtet werden. Exemplarisch sei hier beispielsweise auf Unterkünfte für Asylbewerberinnen und Asylbewerber verwiesen. Täubig (2009) konnte empirisch zeigen, dass durch die Differenzierung zwischen der Einrichtung selber – also der Organisation – und der Außenwelt bzw. Umwelt die Übernahme sozialer Rollen erschwert bzw. verhindert wird, die Menschen also auf ihre Rolle als Asylbewerberin bzw. Asylbewerber reduziert werden. Dies beeinträchtigt in der Folge eine Integration in die Gesellschaft außerhalb der Einrichtungen, da die Möglichkeit fehlt, weitere soziale Rollen einzunehmen.

(c) Weniger Machtungleichgewicht als Weiterentwicklung totaler Institutionen

Das Verhältnis zwischen Fachkräften der Sozialen Arbeit und den Adressatinnen und Adressaten ist durch ein Ungleichgewicht der Macht zugunsten der Professionellen geprägt (Messmer 2012: 6 f.). Daraus ergibt sich immer die Möglichkeit eines Missbrauchs dieser Macht. Mit Blick auf Organisationen der Sozialen Arbeit kann durch Veränderung dieser Organisationen zumindest versucht werden, sowohl dieses Ungleichgewicht der Macht als auch die Möglichkeiten eines Machtmissbrauchs einzuschränken.

Die oben beschriebenen Merkmale totaler Institutionen mit ihren negativen Auswirkungen auf die Adressatinnen und Adressaten sind aus dieser Perspektive hinsichtlich Einrichtungen der Sozialen Arbeit kritisch zu betrachten. Träger der Sozialen Arbeit sind somit aufgefordert, die Struktur der betriebenen Einrichtungen hinsichtlich ihrer Ausprägungen einer totalen Institution zu überprüfen und zu hinterfragen. Deutlich wird aufgrund der Ausführungen, dass eine Durchlässigkeit zur Außenwelt der Einrichtungen für die Adressatinnen und Adressaten ein wichtiger Aspekt sowohl für ihre eigene Entwicklung als auch hinsichtlich der organisationalen Machthierarchien ist. Für die eigene Entwicklung der Adressatinnen und Adressaten ermöglicht eine Durchlässigkeit die Übernahme sozialer Rollen jenseits der Rolle in der Organisation der Sozialen Arbeit. Ist es den Adressatinnen und Adressaten möglich, sich außerhalb der Einrichtungen in verschiedenen anderen Institutionen zu bewegen, können sie die Regeln verschiedener Rollen, ihrer und anderer Personen, im Rahmen einer Sozialisation erlernen und übernehmen (oder sich nicht von diesen distanzieren, sollten sie bereits zuvor bekannt sein). Nur dies kann eine erfolgreiche Integration in die Umwelt der jeweiligen Einrichtung, also der Gesellschaft, ermöglichen.

Solche Überlegungen liegen beispielsweise der Idee einer milieunahen Unterbringung im Rahmen stationärer Unterbringungen der Kinder- und Jugendhilfe zugrunde (Wolf und Freigang 2001: 111 ff.). Auch die gemeinsame Beschulung von Kindern und Jugendlichen mit und ohne Behinderung entspricht solchen Überlegungen, die sich aus einer organisationstheoretischen Perspektive mit Blick auf totale Institutionen ergeben können. Hier geht es darum, Kinder und Jugendliche aus totalen Institutionen oder einer aufeinanderfolgenden Kette solcher Institutionen, in denen sie lediglich in ihrer Rolle als „Behinderte" definiert werden, den Übergang in eine Umwelt zu ermöglichen, in der sie vielfältigere Rollen übernehmen können.

Gleichwohl kann eine Aufweichung der Grenzen zwischen Organisation und Umwelt aus einer sozialpädagogischen/sozialarbeiterischen Perspektive nicht grundsätzlich und ohne Weiteres befürwortet werden. In einigen Fällen kann eine soziale Grenze durchaus erwünscht sein, wenn dies den Adressatinnen und Adressaten die Möglichkeit gibt, sich aus bisher bestehenden Zwängen und Nöten zu lösen, um die Gegenwart neu zu arrangieren und sich zukünftig die Umwelt wieder gelingend anzueignen (Winkler 1988). Professionelle der Sozialen Arbeit, z.B. im Allgemeinen Sozialen Dienst, sind also gefordert, jeden Fall individuell zu überprüfen und fachlich zu entscheiden, welche Organisationsform ihm entgegenkommt. Kenntnisse über Organisationsformen der Sozialen Arbeit und deren Bedeutung für die jeweiligen Adressatinnen und Adressaten gehören folglich genauso zum Fachwissen, auf welches Professionelle zurückgreifen können müssen, wie das notwendige Wissen zur Diagnose und Bearbeitung von Problemlagen.

Hinsichtlich der organisationalen Machthierarchien in Einrichtungen der Sozialen Arbeit ist eine Aufweichung von Grenzen für die Adressatinnen und Adressaten zur Umwelt der Einrichtungen jedoch eine Möglichkeit, einen Machtmissbrauch einzuschränken. Durch Kommunikationswege zwischen Adressatinnen und Adressaten zu Personen aus der Umwelt der Einrichtungen kann sichergestellt werden, dass die Bedürfnisse und Belange der Adressatinnen und Adressaten Berücksichtigung finden, auch wenn die direkten Kommunikationspartnerinnen und -partner innerhalb der Organisation diese nicht bearbeiten oder im Rahmen der organisationalen Hierarchie nicht an andere Ebenen weitergeben.

Eine solche Möglichkeit wird den Adressatinnen und Adressaten aus der stationären Kinder- und Jugendhilfe beispielsweise mit der Errichtung sogenannter „Ombudsstellen" eröffnet (Runder Tisch Sexueller Kindesmissbrauch

2012: 22; AGJ 2010: 40; für den Bereich des Strafvollzugs Walter 2014). Dabei handelt es sich um organisationsunabhängige Beschwerdestellen, an die sich Kinder und Jugendliche aus der stationären Unterbringung wenden können. Durch die Unabhängigkeit dieser Stellen soll gewährleistet werden, dass sie sich eben nicht in den organisationalen Zusammenhängen der jeweiligen Einrichtung befinden und sich von diesen vereinnahmen lassen können (Abb. 11).

Eine zweite Gelegenheit, Kindern und Jugendlichen Beschwerdemöglichkeiten innerhalb von Organisationen, in denen sie untergebracht sind, einzuräumen, besteht darin, innerhalb der Organisation alternative Kommunikationswege zu schaffen (Abb. 11). Dabei geht es darum, innerhalb der jeweiligen Organisation Beteiligungs- und Beschwerdemöglichkeiten jenseits einer direkten Kommunikation mit den Fachkräften, die auch für den Alltag der Adressatinnen und Adressaten verantwortlich sind, zu organisieren (Wolff 2014: 158 f.). Der totale Zugriff der Fachkräfte auf die Adressatinnen und Adressaten könnte damit aufgeweicht werden, da die Adressatinnen und Adressaten offene Kommunikationswege zu anderen Mitarbeiterinnen und Mitarbeitern innerhalb der Organisation hätten. Auch hierdurch ergäbe sich eine Möglichkeit, einem Machtmissbrauch präventiv zu begegnen.

Abbildung 11: Alternative Kommunikationswege jenseits einer totalen Institution

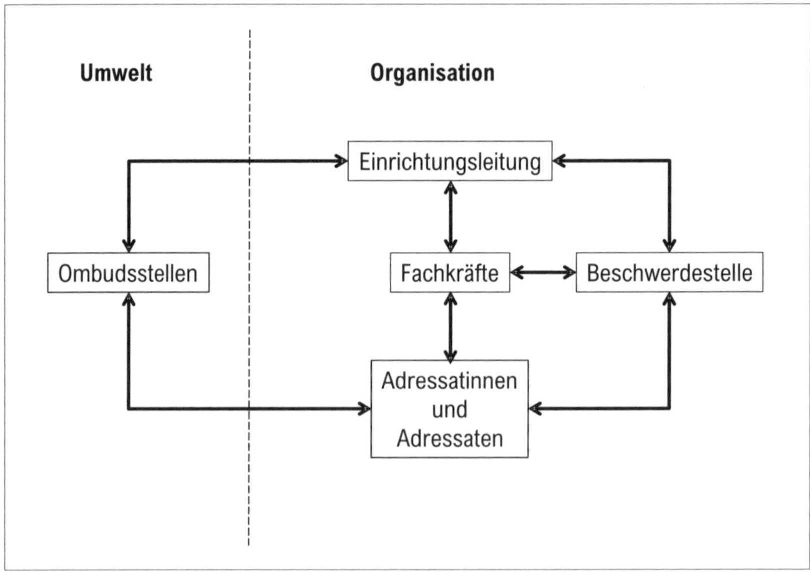

Quelle: eigene Darstellung

Die empirische Forschung zu Beteiligungs- und Beschwerdemöglichkeiten in stationären Unterbringungen zeigt jedoch, dass trotz einer strukturellen Einführung solcher Möglichkeiten diese nicht zwangsläufig in Anspruch genommen werden bzw. nicht unbedingt ihre erhoffte Wirkung entfalten. Equit (2018a) zeigt empirisch, dass Partizipation zwar in der Struktur von Heimorganisationen verankert werden kann, Kritik von Adressatinnen und Adressaten jedoch trotzdem ungehört bleiben kann. So weisen manche Heimorganisationen, in denen beispielsweise sogar Kinder- und Jugendparlamente installiert sind, tatsächlich kaum Beteiligung und sogar Bevormundung auf. Tatsächliche Partizipation ist jenseits von strukturell verankerten Partizipationsmöglichkeiten auch immer im Zusammenhang mit der Haltung der Fachkräfte einzuschätzen.

Beschwerdeverfahren in Organisationstrukturen mit repressiven Praktiken werden von den Kindern und Jugendlichen nicht genutzt. Im Sinne neoinstitutionalistischer Organisationstheorien (Kap. 2) stellen diese Verfahren häufig Scheinverfahren dar (Equit 2018b). Aus der Perspektive dieser Theorie wurden die beschriebenen Beschwerdeverfahren folglich erst eingerichtet, nachdem entsprechende Anforderungen aus der Umwelt an die Organisationen gerichtet wurden, in diesem Fall aufgrund der oben schon angesprochenen öffentlichen Skandalisierung und Bearbeitung entsprechender Fälle. Mit diesen in den offiziellen Organisationsstrukturen verankerten Verfahren geht jedoch keine wirkliche Veränderung der Sozialstruktur, der Technik oder der Ziele in der Organisation einher. Somit können Beschwerdeverfahren ins Leere laufen, während der Umwelt gegenüber signalisiert wird, dass den Ansprüchen und Anforderungen in Sachen Beteiligungs- und Beschwerdeverfahren genüge getan wird. Adressatinnen und Adressaten in Heimen nutzen zudem organisationsinterne Beschwerdesysteme in solchen Organisationen mitunter nicht, da sie darin keine Möglichkeit der Veränderung sehen und möglicherweise sogar Nachteile für ihre aktuelle Lebenssituation befürchten (Bochert und Jann 2017). Eine Nutzung anderer, externer Institutionen für Beschwerden, wie z.B. das Jugendamt oder auch eine Ombudsstelle, können schließlich zu einer Verhärtung der Fronten zwischen Fachkräften und Jugendlichen führen, sodass organisationsinterne Beschwerdesysteme immer weniger genutzt werden (Equit 2018b: 7).

Nachgefragt und zur Diskussion gestellt

1. Welche Merkmale von Institutionen können sich auf Adressatinnen und Adressaten ungünstig auswirken?
2. Welche Anforderungen werden durch die Rationalisierung in Organisationen an das professionelle Handeln der Fachkräfte der Sozialen Arbeit gestellt?
3. Was ist eine totale Institution?
4. Wie müssen sozialpädagogische/sozialarbeiterische Einrichtungen organisiert sein, damit negative Effekte totaler Institutionen nicht auftreten?

Weiterführende Literatur

Goffman, Erving (2014). Asyle: Über die soziale Situation psychiatrischer Patienten und anderer Insassen. 19. Aufl. Frankfurt am Main: Suhrkamp.

Willems, Helmut/Ferring, Dieter (Hrsg.) (2014): Macht und Missbrauch in Institutionen: Interdisziplinäre Perspektiven auf institutionelle Kontexte und Strategien der Prävention. Wiesbaden: Springer VS.

11. Organisationsentwicklung und Veränderung von Organisationen

Zielsetzungen des Kapitels

- Es ist bekannt, warum Organisationen sich verändern und was gemeint ist, wenn man bei Organisationen von einer „Veränderungsbereitschaft" spricht.
- Es sind Strategien zur Veränderung von Organisationen bekannt und diese können vor dem Hintergrund von Grundlagen der Organisationsentwicklung erläutert werden.
- Konzepte der Organisationsentwicklung können „kritisch-reflexiv" betrachtet werden.
- Eckpunkte für eine „gute" Organisationsentwicklung können benannt und übertragen werden auf das Konzept von den „lernfähigen Organisationen".

Das Thema „Veränderung von Organisationen" ist eines, das auch die Soziale Arbeit bewegt. Da es in diesem Band um eine Einführung in die Soziale Arbeit geht, wird nicht allgemein in das Thema „Veränderungen von Organisationen" eingeführt, sondern speziell in den Blick genommen wird das Thema für Organisationen der Sozialen Arbeit und damit verbundene Besonderheiten. Dass das lohnenswert ist, zeigen u.a. drei Beobachtungen:

- Ein Blick in die Historie der Sozialen Arbeit verdeutlicht, dass diese auch eine Geschichte ganz unterschiedlicher Organisationen und ihrer Entwicklung ist. Die Entwicklung der Sozialen Arbeit spiegelt sich jedoch nicht nur in den Veränderungen von Organisationen, sondern in Einführungs- und Lehrbüchern zur Sozialen Arbeit oder ihrer Teilbereiche werden historische Entwicklungen anhand der Entstehung und Veränderungen von Organisationen dargestellt. Dies gilt beispielsweise für die Einführungen zur Kinder- und Jugendhilfe von Jordan et al. (2012: 25 ff.) mit Blick auf die sogenannte „Rettungshausbewegung"[51] oder auch die Entstehung des Kindergartens sowie von Jugendorganisationen bzw. Jugendverbänden.

51 Die sogenannten „Rettungshäuser" waren Einrichtungen mit sozialpädagogischen Konzepten, die von einer christlich-sozialen Bewegung getragen wurden, der „Rettungshaus-

- Ferner ist es bemerkenswert, wie unterschiedlich Organisationen der Sozialen Arbeit bei vermeintlich gleichen oder ähnlichen Umweltbedingungen sind. So zeigt eine bundesweite Studie zu den Strukturen von regionalen Caritasverbänden eine beachtliche Heterogenität und macht darüber hinaus ein Strategiedefizit im Bereich Organisationsentwicklung deutlich (z.B. Mroß 2016).

- Schließlich besteht das Bestreben, Organisationen der Sozialen Arbeit aktiv und geplant unter bestimmten Gesichtspunkten umzugestalten, um beispielsweise effektiver und/oder effizienter Aufgaben bearbeiten zu können oder um veränderten Umweltbedingungen und damit oft verbundenen neuen Aufgaben besser gerecht zu werden.

Zum Thema „Veränderungen in Organisationen" werden im Folgenden zunächst systematisch Gründe und Ansatzpunkte für entsprechende Entwicklungsprozesse in Organisationen der Sozialen Arbeit herausgearbeitet (Kap. 11.1). Es wird ferner in einzelne Strategien zur Veränderung von Organisationen eingeführt (Kap. 11.2). Schließlich werden Eckpunkte oder auch geeignete Qualitätsmerkmale zur Ausgestaltung von Organisationsentwicklungsprozessen in Verbindung mit einer Vorstellung des Ansatzes von „lernfähigen Organisationen" dargestellt (Kap. 11.3).[52]

11.1 Gründe, Impulse und Ansatzpunkte für die Veränderungsbereitschaft von Organisationen

In Kapitel 2 ist herausgearbeitet worden, dass es sich bei Organisationen um soziale Orte handelt, „an denen Menschen regelmäßig arbeitsteilig, koordiniert und regelgeleitet strukturiert durch das Einbringen ihrer Ressourcen Ziele anstreben und erreichen". Zudem widmet sich insbesondere Kapitel 7 dem sozialpädagogischen/sozialarbeiterischen Handeln in Organisationen und den damit verbundenen Paradoxien und Unsicherheiten. Im Rahmen dieser Ausführungen deutet sich bereits an, dass Organisationen erstens strukturkonservativ sind. Damit ist also gemeint: Organisationen gelten mit Blick auf ihren Zweck einer Verstetigung oder auch Standardisierung von Aufgaben,

bewegung". Die Rettungshäuser nahmen ab dem 19. Jahrhundert junge Menschen in Armutslagen auf und unterstützten sie. Prominenter Vertreter der Rettungshausbewegung ist Johann Heinrich Wichern, einer der Urväter der Diakonie, der 1832 das „Rauhe Haus" in Horn bei Hamburg gründete.

52 Die Grundfigur des Kapitels entlehnt an den 2005 erschienenen Band von Joachim Merchel – emeritierter Professor für das Lehrgebiet „Organisation und Management der Sozialen Arbeit" an der Fachhochschule Münster – „Organisationsgestaltung in der Sozialen Arbeit".

Abläufen und Kommunikationen als strukturell konservativ oder auch sperrig gegen Veränderungen.[53] Damit sind Nachteile verbunden mit Blick auf beispielsweise notwendige Innovationen oder auch Anpassungen an die Organisationsumwelt. Doch es gibt nicht nur Nachteile, sondern - ganz im Gegenteil - erhalten hierüber die Beteiligten - insbesondere auch die Fachkräfte - Klarheit und Handlungssicherheit.

Das Strukturkonservative ist allerdings nur die eine Seite von Organisationen der Sozialen Arbeit. Gleichzeitig begreifen sich Organisationen auf der anderen Seite auch als offen, sensibel und grundsätzlich veränderungsbereit. Gerade Organisationen der Sozialen Arbeit sind also gleichermaßen partiell offene und partiell geschlossene Systeme. Es braucht eine Balance zwischen Offenheit und Geschlossenheit, um sich erstens den Veränderungen in den Umgebungen von Organisationen - damit ist nicht zuletzt auch der gesellschaftliche Wandel gemeint - anzupassen, aber auch um zweitens die Paradoxien und Unsicherheiten sozialpädagogischen/sozialarbeiterischen Handelns in einem organisatorischen Rahmen bearbeitbar zu machen (auch Kap. 7). Dieses Gleichgewicht wird innerhalb der verschiedenen Organisation stets anders austariert, immer wieder neu gefunden und ständig neu hergestellt.

Impulse und Ansatzpunkte ergeben sich aus einer bereits eingeführten wichtigen Unterscheidung, nämlich der Differenzierung zwischen der Organisation selbst und seiner Umwelt. So werden im Folgenden erstens Impulse zur Organisationsveränderung aufgrund von Veränderungen in der Organisationsumgebung (Kap. 11.1.1) und zweitens sogenannte „internen Diskrepanzerfahrungen" in Organisationen mit einer Impulswirkung für Organisationsveränderungen (Kap. 11.1.2) behandelt (Abb. 12).

53 Als Überzeichnung dessen könnte man die auch unter dem Label „Beamten-Dreisatz" bekannten folgenden Phrasen im Kontext einer Veränderung von bürokratischen Strukturen gelten lassen: „Das haben wir schon immer so gemacht! Das haben wir noch nie so gemacht! Da könnte ja jeder kommen."

Abbildung 12: Externe Veränderungsimpulse und interne Diskrepanzerfahrungen als Auslöser für Veränderungen von Organisationen in der Sozialen Arbeit (schematische Darstellung)

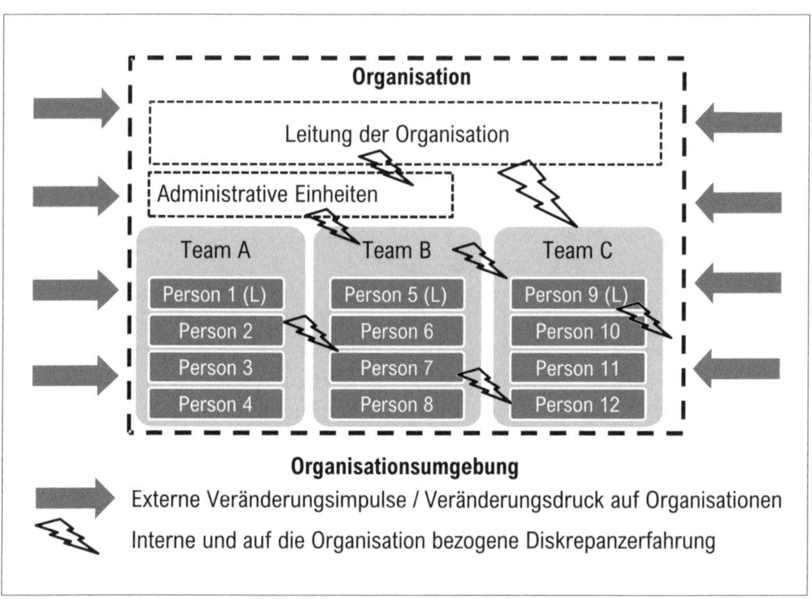

Quelle: eigene Darstellung

11.1.1 Wandel der Umwelten von Organisationen als Impulse für Veränderungen

Externe Faktoren erzeugen innerhalb einer Organisation einen mehr oder weniger großen „Veränderungsdruck" (Abb. 12). Dieser ist abhängig von der Intensität und Komplexität in der Organisationsumwelt, sowie auch davon, inwiefern die Veränderungen in der Umgebung der Organisation sich in das bestehende Sinnsystem der Organisation integrieren lassen. Wird eine bestimmte Schwelle überschritten, entsteht ein extern induzierter Veränderungsimpuls für Organisationen. Konkrete Gründe hierfür können Veränderungen in der Organisationsumgebung sein wie beispielsweise

- die Situation der öffentlichen Haushalte und neue fiskalische Realitäten,
- Veränderungen in den Legitimationsmustern mit Blick auf ein Zurückdrängen des Subsidiaritätsprinzips bei der Ausgestaltung von Strukturen und

- eine Ausweitung von Markt und Wettbewerb als Ordnungsrahmen für das Agieren von Organisationen im Feld der Sozialen Arbeit,
- eine Digitalisierung und eine Zunahme von Informationstechnologien in Bereichen der Sozialen Arbeit, aber auch
- eine wichtiger werdende Beteiligung von Adressatinnen und Adressaten der Sozialen Arbeit.

Veränderungen von Organisationen der Sozialen Arbeit oder auch die Bereitschaft von Organisationen, sich zu verändern, hängen nicht zuletzt in erheblichem Maße von Entwicklungen und Veränderungen in der Organisationsumgebung ab. Solche externen Veränderungsimpulse in der Organisationsumwelt können – hier allgemeiner und abstrakter formuliert – folgendermaßen zusammengefasst werden:

- gesellschaftliche Rahmenbedingungen einschließlich rechtlicher Grundlagen
- Fachdebatte und Professionswissen
- Kooperationen und Vernetzungsstrukturen (Beziehungen zwischen Organisationen oder auch „Interorganisationsbeziehungen")
- Anforderungen der Leistungsadressatinnen und -adressaten.

Der Fortbestand oder auch die Reproduktion von Organisationen der Sozialen Arbeit sind abhängig von der Anpassungsfähigkeit an eine sich verändernde Umwelt. Diese wiederum ist abhängig von der Beobachtung, Analyse und Bewertung der Veränderungen in der Organisationsumgebung seitens der Organisation. Allein die systematische Beobachtung ist jedoch nicht ausreichend, sondern die Organisation braucht wiederum Mitglieder, Gremien oder auch Stellen mit Macht und Autorität, die die äußeren Impulse bzw. den mehr oder weniger großen Veränderungsdruck als relevant für die Organisationsentwicklung definieren. Bei dieser Bewertung muss selbstreflexiv damit umgegangen werden, welche Art von Veränderungen und welche Tiefe der Veränderungen in den Organisationen notwendig sind (Kap. 11.3). Hierbei ist zu unterscheiden zwischen bloßen äußerlichen Anapassungen – auch als „Fassade" oder „Talk" bezeichnet – und Änderungen auf der Struktur und Handlungsebene – auch „Action" genannt (Merchel 2005: 19) (siehe dazu auch die Ausführungen zum Neoinstitutionalismus in Kap. 1.4 sowie zur Einführung eines Beschwerdemanagements in totalen Institutionen in Kap. 10.2).

11.1.2 Diskrepanzerfahrungen in Organisationen mit der Impulswirkung zu Veränderungen

In Organisationen der Sozialen Arbeit nehmen die handelnden Personen als Fachkräfte der Sozialen Arbeit eine Schlüsselrolle ein. Das bezieht sich nicht nur auf den hohen Anteil an Personalkosten einer Einrichtung, sondern die Qualifikation, die Motivation und die Qualität der Arbeit der Fachkräfte ist für die Erbringung der personenbezogenen sozialen Dienstleistungen von zentraler Bedeutung. Gleichzeitig gibt es jedoch gerade auch für die Soziale Arbeit ein grundsätzliches Spannungsverhältnis zwischen Organisation und Individuum.

Dieses Spannungsverhältnis drückt sich nach Joachim Merchel (2005: 19 ff.) in sogenannten „Diskrepanzerfahrungen" aus (Abb. 12). Diese sind – um das gleich vorweg zu nehmen – nicht in die eine oder andere Richtung auflösbar. Gegenüber stehen sich hier die Bedürfnisse des Individuums und die Organisationsziele. Ein solches Spannungsverhältnis wird für die Organisationsmitglieder im Rahmen der Sozialen Arbeit in unterschiedlicher Art und Weise erfahrbar. Solche „Spannungserfahrungen" oder auch „Diskrepanzerfahrungen" können sein:[54]

- Normen oder konkrete Regeln der Organisation stimmen nicht mit den Realitätswahrnehmungen der Organisationsmitglieder über Handlungsbedarf und -notwendigkeiten überein. Strukturen und festgelegte Abläufe in Organisationen der Sozialen Arbeit können in einem Spannungsverhältnis zu den berufsbezogenen Aufgaben und einem über die Ausbildung oder auch einem vorherigen Arbeitgeber vermittelten respektive entwickelten professionellen Selbstverständnis stehen.

  Im Rahmen der Einzelfallhilfe in Kontexten der Sozialen Arbeit könnten beispielsweise Organisationsregeln auf „Wenn-Dann-Beziehungen" basieren, also: Wenn Problem A vorliegt, dann ist Lösung 1 anzuwenden; wenn Problem B vorliegt, ist mit Lösung 2 zu reagieren usw. Ein solches Vorgehen steht allerdings in einem Widerspruch zu einer aus dem professionellen Selbstverständnis ableitbaren Haltung für die Soziale Arbeit, die den Anspruch hat, für den Einzelfall nach fachlichen Maßstäben eine passgenaue Hilfe auszugestalten. Das daraus resultierende Kredo für eine in der Organisation der Sozialen Arbeit agierende Fachkraft lautet also möglicherwei-

54 Bei der Darstellung von Diskrepanzerfahrungen geht es um Widersprüche und Spannungen in Organisationen, die aus dem Gegensatz einer organisationsbezogener und einer personenbezogenen Ebene resultieren. Für die personenbezogene Ebene wird hier und im Folgenden insbesondere auf die Fachkräfte rekurriert, während die Adressatinnen und Adressaten der Sozialen Arbeit in ihrer Rolle als Mitglieder in Organisationen der Sozialen Arbeit nicht weiter berücksichtigt werden (dazu insbesondere Kap. 9).

se im Gegensatz zu den Organisationsregeln: Keine Hilfe von der Stange! In diesen Fällen werden Organisationen der Sozialen Arbeit als zu starr und zu wenig am Menschen orientiert erlebt.

Innerhalb einer Organisation mit Aufgaben und Zielen im Bereich der Sozialen Arbeit können im Übrigen auch fachfremde Postulate aus den Bereichen Betriebswirtschaft, Medizin, Recht oder Verwaltung zu Diskrepanzerfahrungen aus Sicht der Fachkräfte der Sozialen Arbeit führen, zumal die genannten Bereiche den organisatorischen Rahmen mit beeinflussen und prägen können.

- Diskrepanzerfahrungen können auch aus nicht eingelösten Erwartungshaltungen von Organisationsmitgliedern untereinander und damit verbundenen gegenseitigen Enttäuschungen resultieren. Solche Erwartungshaltungen sind in der Regel nicht fixiert, weshalb man sie auch als informelle Regeln der Organisationen bezeichnen kann. In Kapitel 2 wurde dies als Sozialstruktur der Beteiligten als Elemente einer Organisation eingeführt. Hierzu gehört gerade auch in Organisationen der Sozialen Arbeit eine spezifische Organisationskultur sowie ein respektvoller und zugewandter Umgangston.

- Die beschriebenen Konflikte, die aus den Gegensätzen zwischen dem individuellen Selbstverständnis der beruflichen Rollen und den Regeln von Organisationen der Sozialen Arbeit oder auch aus nicht eingelösten Erwartungen im kollegialen Miteinander resultieren, können zu Konflikten mit Adressatinnen und Adressaten, mit Kolleginnen und Kollegen sowie mit der Leitungsebene führen. So werden die durch Organisationsregeln eingeschränkten Handlungsspielräume als fehlende Umsetzungs- und Verwirklichungsmöglichkeiten des eigenen professionellen Selbstverständnisses erlebt. Die Folgen für die Fachkräfte sind vielfältig und reichen von Distanzierungen über einen inneren Rückzug bis hin zu einem „Burnout".

Aus solchen Konflikten resultieren keineswegs automatisch Organisationsveränderungen. Das Gegenteil stimmt vielmehr: Zu Veränderungen von Organisationen der Sozialen Arbeit führen diese nur dann, wenn es Reflexionsmöglichkeiten und -räume für die genannten Diskrepanzen bzw. eine Sensibilität für diese Pathologien bestehen. Diskrepanzerfahrungen können somit Organisationsveränderungen auslösen, müssen sie aber nicht. Gleichwohl dürfte die Formel gelten:

> „Je intensiver Diskrepanzen empfunden werden und je breiter die Diskrepanzerfahrungen in einer Organisation geteilt und kommuniziert werden, desto größer ist die Motivation für einen Prozess der Organisationsveränderung" (Merchel 2005: 23).

Das grundsätzliche Spannungsverhältnis zwischen einer Organisation der Sozialen Arbeit und den Organisationsmitgliedern lässt sich nicht in eine Richtung auflösen. Diskrepanzen zwischen dem Organisationszweck und den individuellen Zielen der Fachkräfte sind somit nichts Außergewöhnliches, sondern gehören sowohl mit zu den Merkmalen einer Organisation als sie auch typisch für berufliches Handeln in Organisationen der Sozialen Arbeit sind. Diese Spannungsverhältnisse sind zwar genuiner Bestandteil von Organisationen, sind aber gleichwohl auch nicht ganz einfach. Vielmehr sind sie auch deshalb so kompliziert, weil beide Seiten – Organisation und Individuum – aufeinander angewiesen sind.

Diese fiktiven Szenarien verdeutlichen, dass solche Spannungsverhältnisse nicht aufgelöst werden können. Dennoch müssen sie thematisiert und bearbeitet werden, denn: Je höher Diskrepanz und Spannungen werden, desto mehr gerät die Effektivität einer Organisation in der Sozialen Arbeit in Gefahr. Die Organisationsziele werden verfehlt, denn Diskrepanzerfahrungen mit hoher Intensität führen zu pathogenen Mustern im Verhältnis von Individuum und Organisation. Solche Muster, die sich keineswegs gegenseitig ausschließen, können sein:

- *Von einer Überkomplizierung* kann man bei einer kognitiven und emotionalen Überforderung der Organisationsmitglieder durch die von der Organisation vorgegebenen Regularien sprechen. Es gibt in diesen Fällen eine Fülle von Wahrnehmungs-, Denk- und Handlungsanweisungen und es fehlt für diese womöglich noch eine innere Ordnung, was zu einer Unübersichtlichkeit bei den Regelungen führt. Damit steigt die Gefahr von Ambivalenzen und Widersprüchlichkeiten in den Regelungen, mit der Konsequenz einer Handlungsunsicherheit oder sogar Handlungsunfähigkeit.

- *Bei der Übersteuerung* handelt es sich, im Gegensatz zur „Überkomplizierung", um überzogene Vereinfachungen bei den von Organisationen vordefinierten Prozessen. Die Regularien der Organisation zeichnen sich durch Einfältigkeit oder auch eine strukturelle Simplizität aus. Diese stehen in einem Widerspruch zu den mitunter komplexen Wahrnehmungen und Handlungswünschen der Fachkraft in ihrer Rolle als Organisationsmitglieder. Die Freiräume und Ermessensspielräume für Fachkräfte werden durch die Organisation eingeschränkt. Es besteht eine „Verregelung" durch die Vorgabe von einfachen „Wenn-Dann-Handlungsmustern" und von Standardisierungen mit vorgegebenen Handlungsautomatismen. Die daraus resultierenden zu geringen Handlungsspielräume für die die Erbringung Sozialer Arbeit bzw. deren Unterdrückung stehen für eine „strukturelle Repressivität".

- *Eine Überstabilisierung* trifft als Charakteristikum bei einer Starrheit der Organisation der Sozialen Arbeit zu, die dem Individuum das Gefühl von Ohnmacht vermittelt. Es besteht eine Entfremdung zwischen Organisation und Individuum. Die Organisation der Sozialen Arbeit wird als „technokratisch“, „unmenschlich“ empfunden und die Organisation hat sich aus der Perspektive des Personals verselbstständigt. Das heißt auch: Gesamthandlungszusammenhang und Organisationsziele sind aus Blickfeld der Organisationsmitglieder – in dem Falle der handelnden Fachkräfte – geraten.

11.2 Strategien zur Veränderung von Organisationen und einführende Hinweise zur Organisationsentwicklung

Der erste Teil des Kapitels verdeutlicht die Anstöße für Organisationsveränderungen. Solche Impulse kommen von außen aus der Organisationsumgebung, aber sie können ihren Ausgangspunkt auch in der Organisation selber haben. Dabei spielen die Spannungsfelder zwischen Organisation und Individuum eine wichtige Rolle. Bei den hieraus resultierenden Veränderungen von Organisationen spricht man auch von einer „Organisationsentwicklung“.

Der Begriff „Organisationsentwicklung“ kann zweierlei bedeuten: Einerseits ist es eine beschreibende Kategorie für Beobachtungen auf der institutionellen Ebene, die die Entwicklung von Organisationen bezeichnet. Für die nachfolgenden Ausführungen weitaus interessanter ist jedoch, dass erstens Organisationsentwicklung Konzepte für die Entwicklung und Gestaltung von Organisationen umfasst und dass ein Kernthema der Organisationsentwicklung immer auch der Gegensatz von Individuum und Organisation ist (siehe Kasten). Oder anders formuliert: Organisationsentwicklungsprozesse zielen stets auf die Leistungsfähigkeit („Effektivität“ und „Effizienz“) von einerseits Organisationen sowie andererseits der in den Organisationen tätigen Personen.

Beim Begriff „Organisationsentwicklung“ (im engeren Sinne) handelt es sich um eine Sammelkategorie, die unterschiedliche Instrumente und Vorgehensweisen zu Optimierungsbestrebungen von Organisationen bündelt. „Organisationsentwicklung markiert organisationsbezogene Veränderungsstrategien,

— *die aus dem Gesamtsystem der Organisation heraus verstanden und gestaltet werden müssen,*

— *die geplant, gelenkt und systematisch vorgenommen werden,*

> — *die auf eine Einbeziehung eines möglichst großen Teils der betroffenen Organisationsmitglieder ausgerichtet sind,*
>
> — *die mit einer gewissen Intensität (Umfang und Tiefe) von Veränderungen verbunden sind,*
>
> — *die in einem vom üblichen Organisationsalltag abgehobenen Prozess stattfinden, und*
>
> — *bei deren prozesshaftem Vorgehen die strukturierte Diagnose von Problemen und erreichten (Zwischen-)Ständen der Problemlösung einen zentralen Stellenwert einnehmen" (Merchel 2005: 36).*

Die hier für „Organisationsentwicklung" zugrunde gelegte Definition verdeutlicht: Nicht jede Veränderung einer Organisation ist ein Organisationsentwicklungsprozess. Prozesse der Organisationsentwicklung sollten sich vielmehr durch folgende Qualitätsmerkmale auszeichnen (Abb. 13):

- *Ganzheitlicher Denkansatz:* Es ist bei den bisherigen Ausführungen bereits deutlich geworden, dass Organisationen Systeme mit verschiedenen Komponenten (bzw. Elementen) sind (Kap. 2). Folglich sollten im Rahmen einer Organisationsentwicklung die Umwelt/Umgebung einer Organisation, die Organisationsziele, die Strukturen der Organisation, das Verhalten der Organisationsmitglieder, die Kommunikation zwischen Organisationsmitgliedern und Organisationsteilen, sowie die Organisationskultur beachtet und mit in die Überlegungen einbezogen werden.

- *Prozessorientiertes Vorgehen:* Organisationsentwicklung sollte ein geplantes, systematisches und zielgerichtetes Vorgehen darstellen. Sie sollte immer als Prozess verstanden werden, bei dem die Gestaltung von Kommunikation stets eine zentrale Bedeutung haben sollte.

- *Beteiligung und aktive Mitwirkung der Betroffenen:* Organisationsentwicklungsprozesse brauchen eine aktive Beteiligung der Organisationsmitglieder. Prozesse zur Veränderung von Organisationen können nur gelingen, wenn die Mitglieder einer Organisation aktiv mitgestalten und Verantwortung für den Prozess selber mittragen. Das Inszenieren von Lernsituationen und Simulationen für die Mitglieder können in diesem Zusammenhang hilfreich unterstützen. Passive Haltungen von Organisationsmitgliedern zu Organisationsentwicklungsprozessen wie Dulden oder Ertragen haben in der Regel negative Einflüsse auf Organisationsentwicklungsprozesse.

- *Kontinuierliche Analyse und Diagnose:* Organisationsentwicklungsprozesse sollten als Ausgangspunkt eine Problemerhebung und Problemanalyse haben. Im Verlaufe des Prozesses ist es vor allem nach Erreichen einzelner Teilschritte notwendig, den Stand der Problembearbeitung wiederum zu analysieren und zu reflektieren. Es sollte ein kontinuierlicher Prozess zur Vergewisserung nach innen und außen über den Entwicklungsstatus der Organisationsveränderung gestaltet werden. Besonders herausfordernd ist dabei, Wirkungen und Nebenwirkungen von Maßnahmen im Rahmen der Organisationsentwicklung herauszuarbeiten.

Abbildung 13: Qualitätsmerkmale von Organisationsentwicklungsprozessen

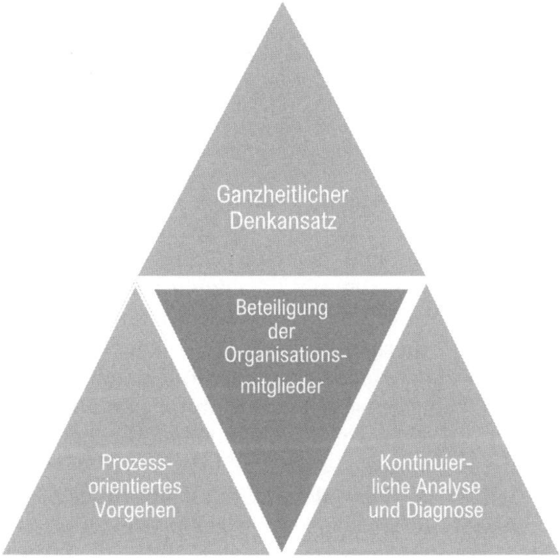

Quellen: eigene Darstellung in Anlehnung an Merchel (2005: 34 ff.)

Ganz verschieden sind hingegen konzeptionelle Ausrichtungen und Ansatzpunkte einer Organisationsentwicklung. So können beispielsweise unterschieden werden (Merchel 2005: 38 ff.):[55]

55 Externe Organisationsberatungen können für Organisationsentwicklungsprozesse eine notwendige oder auch förderliche Maßnahme sein. Hierauf wird im Folgenden nicht näher eingegangen, sondern es wird verwiesen auf u.a. die Ausführungen von Merchel (2005: 197 ff.).

- *Individuumsorientierte Ansätze:* Die Organisationsentwicklung basiert auf Veränderungen des Verhaltens der Organisationsmitglieder. Hierfür werden beispielsweise auch sogenannte „Laboratoriumstrainings“ in Anspruch genommen. Im Rahmen von Organisationsentwicklungsprozessen wird mitunter das Verhalten von Leitungspersonen betrachtet und als „förderlich“ oder „hinderlich“ bewertet.

- *Gruppenorientierte Ansätze:* Hierbei setzt Organisationsentwicklung auf die Gruppen- und Teamstrukturen in den Organisationen bzw. legt hierauf einen besonderen Fokus. Organisationsteile/-segmente sollen in die Lage versetzt werden, Probleme der Organisationen (Strukturen und Prozesse) zu erkennen und zu bearbeiten.

- *Strukturbezogene Ansätze*: Die Organisationsstrukturen stehen im Mittelpunkt der Organisationsentwicklung. Allerdings sollten auch bei diesen Ansätzen die Organisationsmitglieder aktiv in den Prozess mit einbezogen werden.

Der Verlauf einer Organisationsentwicklung lässt sich in unterschiedliche Phasen differenzieren. Es führt allerdings an dieser Stelle zu weit, die unterschiedlichen Ansätze und diversen Phaseneinteilungen eines Organisationsentwicklungsprozesses hierzu aufzubereiten. Vielmehr muss ein exemplarischer Blick auf Kurt Lewin genügen – einen Klassiker der Organisationsentwicklung, der bereits in den 1940er-Jahren das sogenannte „organisatorische Änderungsgesetz“ formuliert und damit Grundlagen für die Organisationsentwicklung gelegt hat (z.B. Cummings et al. 2015).

Die von Lewin vergleichsweise schlicht gehaltene Figur von organisatorischen Veränderungsprozessen basiert auf dem Verhältnis von Organisation und Individuum, also in der Regel den Organisationsmitgliedern, und umfasst drei Phasen: Auftauen, Verändern, Stabilisieren. In einem Organisationsentwicklungsprozess wird das Ausgangsgleichgewicht A „aufgetaut“ bzw. bewusst aufgelöst. Die Organisation und die Organisationsmitglieder werden in diesem Stadium auf die Veränderungen vorbereitet. Es folgt eine Phase der Veränderung, beispielsweise durch das Antrainieren eines anderen Verhaltens der Organisationsmitglieder und/oder durch Veränderungen von Strukturen und Prozessen in den Organisationen. Die Organisationsentwicklung endet mit einer Phase der Stabilisierung. Dies umfasst die Herstellung und Stabilisierung eines neuen Gleichgewichts von Organisation und Individuen (Bergmann und Garrecht 2016: 215 f.).

11.3 Eckpunkte zur Ausgestaltung von Organisationsentwicklungsprozessen und das Konzept von der „lernfähigen Organisation"

Ein „guter" Organisationsentwicklungsprozess ist alles andere als selbstverständlich. Für eine Bewertung solcher Vorhaben helfen verschiedene Kriterien, insbesondere: Absichten, Annahmen, Ansatzpunkte, Vorstellungen und Zielsetzungen. Allzu oft aber bleiben getroffene Annahmen für den Prozess zu sehr im Vagen, sind Annahmen und Vorstellungen nicht transparent genug, also nicht für alle Beteiligten in ausreichender Weise sichtbar, sind Zielsetzungen unzureichend formuliert sowie die Umsetzungsschritte für den Organisationsentwicklungsprozess mitunter nur unzureichend herausgearbeitet werden (Merchel 2005: 133 ff.).

Die bisherigen Ausführungen zur Organisationsentwicklung haben deutlich gemacht, dass das Verhältnis von Organisation und Individuum ein zentrales Thema der Organisationsentwicklung darstellt. An diesem Spannungsfeld setzen die Entwicklungsprozesse von und für Organisationen an. Ziel ist ein Ausgleich zwischen diesen beiden gegensätzlichen Dimensionen. Es geht allerdings überhaupt nicht darum, die damit verbundene Ambivalenz in die eine oder andere Richtung aufzulösen (Kap. 11.1). Es wäre also ein großer Irrtum, das Spannungsfeld von Organisation und Individuum beseitigen zu wollen.

Würde man diesen Gegensatz vollständig auflösen, beispielsweise in Richtung Individuum, so gerieten nicht nur die Organisationsziele in Gefahr, sondern der organisatorische Rahmen würde brüchig werden. Und andersherum: Löste man das Spannungsverhältnis in Richtung Organisation oder Organisationsziele auf, so entfremdete sich die Arbeit in und für die Organisation vom Individuum. Die Organisationsmitglieder können sich dann weder mit ihrer Tätigkeit noch mit der Organisation sowie ihren Zielsetzungen und Aufgaben identifizieren. Eine solche Organisationsentwicklung handelt sich damit den Vorwurf der Produktion von „Sozialtechnologie" ein. Solche Prozesse verfolgen Ansätze eines „Durchsteuerns" von Organisationen, beispielsweise auch mit Blick auf jegliche Art von Kommunikationsräumen und Formen von Ermessensspielräumen. So gut so etwas auch im Sinne einer effizienten Gestaltung, Lenkung und Anpassung von Organisationen an die sich verändernden Umweltbedingungen gemeint sein kann, so wenig erfolgversprechend sind solche Ansätze einer Organisationsentwicklung, die demokratische Aushandlungsprozesse und Mitbestimmung von Organisationsmitgliedern gar nicht oder zu wenig berücksichtigen (siehe Kasten).

Oder noch einmal anders als Gedankenexperiment formuliert: Löst man das geschilderte Spannungsverhältnis in Richtung Individuum auf, so geraten die Organisationsziele in Gefahr. Löst man das Spannungsverhältnis in Richtung Organisation/Organisationsziele auf, so haben wir es mit einer Entfremdung der Arbeit für die Fachkraft zu tun. Stimmen hingegen Organisationsziele jeweils zu 100% mit den persönlichen Zielen der Organisationsmitglieder überein, so müsste man sich über den Charakter dieser Organisation Gedanken machen. Organisationen, auf die das zutrifft, könnte man vereinfachend auch als „Sekten“ bezeichnen.

Organisationsentwicklung – die Arbeit im Spannungsfeld von Organisation und Individuum

Versteht man Organisationsentwicklung als kontinuierlichen Arbeitsprozess im Spannungsfeld von Organisation und Individuum, so sind Versuche einer Auflösung oder auch Harmonisierung in die eine oder andere Richtung wenig zielführend und zum Scheitern verurteilt. Wenn in Konzepten der Organisationsentwicklung davon ausgegangen wird, dass sich Organisationsziele und Interessen der Organisationsmitglieder vollständig in Einklang bringen lassen, wird man mit dieser harmonieorientierten Grundannahme stets scheitern. Ein Rest an Spannung und Widerspruch zwischen Organisation und Individuum wird und muss immer bleiben.

Versteht man Organisationsentwicklung tatsächlich als Arbeit an dem Spannungsfeld von Organisation und Individuum (siehe Kasten), so ist zu beachten, dass die Pole von Organisation und Individuum ständig in Bewegung sind. Es bedarf also einer kontinuierlichen Arbeit an den Polen „Organisation und Individuum“ und ihrem Binnenverhältnis. Organisationsentwicklung ist – so verstanden – ein zwar nicht immer gleichförmig verlaufender, jedoch dennoch ein kontinuierlicher Prozess. Der Wandel von Organisationen ist also eher die Norm als die Ausnahme – es ist ein „kontinuierlicher Arbeitsprozess“ (siehe Kasten). Der Wandel von Organisationen darf somit nicht als separates Problem isoliert betrachtet werden, sondern es braucht ein Verständnis von einem endogenen (von innen heraus, aus der Organisation heraus) und auf Kontinuität ausgerichteten Prozess.

Die herausgearbeiteten Eckpunkte für einen guten Organisationsentwicklungsprozess finden sich im Konzept von einer „lernfähigen Organisation“ wieder (Merchel 2005: 143ff.). Eine lernfähige Organisation befindet sich in einem ständigen Organisationsentwicklungsprozess. Organisationsentwicklung meint in diesem Zusammenhang auch immer „Organisationslernen“. Der Ausgangspunkt von Veränderungsprozessen ist dabei nicht mehr allein manifeste oder befürchtete Krise, sondern die Organisation entwickelt sich kontinuierlich weiter und lernt. Es gibt, so der Organisationsforscher und Organisationsberater Peter M. Senge, bei lernenden Organisationen kein Endziel und keinen Endzustand, „es ist vielmehr ein lebenslanger Prozess" (Senge 2011: 8). Das Konzept von der „lernfähigen Organisation" ist das Label einer bestimmten Form einer Organisationskultur.

Voraussetzungen für diese Form einer Organisationskultur sind Veränderungsbereitschaft und Lernfähigkeit. Und auch hier sind wiederum die beiden Ebenen Organisationsmitglieder, also die Individuen, auf der einen sowie die Organisation selbst auf der anderen Seite zu unterscheiden und sollten aufeinander bezogen werden. Im Fokus steht ein planvolles Herstellen von Verbindungen zwischen Lernvorgängen auf einer individuellen und einer organisatorischen Ebene.

> „Lernfähige Organisationen zeichnen sich also dadurch aus, dass sie die Wirkungen der individuellen Lernprozesse nicht allein dem Zufall überlassen wollen, sondern bestrebt sind, die individuellen Lernprozesse und Lernergebnisse aufeinander zu beziehen und in prozessual verankerten, also institutionalisierten Verfahren Lernprozesse zu initiieren, die die gesamte Organisation erfassen und die mehr sind als die Summe der jeweils individuellen Lernvorgänge" (Merchel 2005: 147).

Die Idee der lernfähigen Organisation greift also bewusst den Prozess der selbstständigen Veränderung von Organisationen auf, der auf der Entwicklung bzw. Veränderung der einzelnen Organisationsmitglieder beruht. In der Organisationsentwicklung sollen diese Veränderungen gesteuert werden.

Lernfähige Organisationen müssen dabei eine weitere Ambivalenz beachten, und zwar die von Dynamik und Veränderungsbereitschaft auf der einen sowie Bewahrung und Stabilität auf der anderen Seite. Gerade Organisationen grenzen sich von ihrer Umwelt dadurch ab, dass sich in institutionellen Kontexten bestimmte Routinen und Strukturen herausbilden, um Aufgaben und Zielsetzungen effektiv zu erfüllen (Kap. 11.1). Lernen oder auch Organisationsentwicklung stellen vor diesem Hintergrund nicht nur eine Destabilisierung dar, sondern auch eine Art von Entwertung bislang gültiger Routinen und Strukturen. Hieraus resultieren Abwehrhaltungen und Widerstände gegenüber Veränderungen. Lernfähige Organisationen müssen als Teil ihrer Organisationskultur eine Veränderungsbereitschaft als ein Gegengewicht herausarbeiten. Die Organisation muss Irritationen nicht nur verarbeiten können, sondern sie muss auch irritierbar werden, ohne sich allerdings permanent um der Veränderung willen zu verändern.

Lernfähige Organisationen müssen also mit ganz unterschiedlichen Ambivalenzen umgehen. Nach den vorangegangenen Ausführungen sind dies die Spannungsfelder von Organisationsumwelt und Organisation selbst, von Individuum bzw. Organisationsmitglied und Organisation selbst sowie das von Stabilität und Dynamik. Vor dem Hintergrund dieser Spannungsfelder benötigen lernfähige Organisationen ein Qualitätsmanagement mit u.a. folgenden Instrumenten:

- eine Personalentwicklung, die die Mitarbeiterschaft und ihre Kompetenzen stärkt;
- ein institutionell verankertes Wissensmanagement;
- reflektierte Leitbildprozesse und gemeinsame Zielsetzungen für die Organisation;
- eine systematische Unterscheidung der Lernebenen Individuum, Gruppe bzw. Team, Organisation und Netzwerk;
- ein Beschwerdemanagement sowie eine Kultur im Umgang mit Fehlern;
- Dokumentationssysteme;
- Formen der systematischen Beobachtung der Organisationsumwelt.

Nachgefragt und zur Diskussion gestellt

1. Warum verändern sich Organisationen und inwiefern sind solche Prozesse steuerbar?
2. Was versteht man unter Organisationsentwicklung und welche Strategien zur Veränderung von Organisationen können unterschieden werden?
3. Welche Ebenen und auszugleichenden Widersprüche müssen bei Organisationsentwicklungsprozessen bearbeitet werden?
4. Was zeichnet einen guten Organisationsentwicklungsprozess aus und in welchem Zusammenhang stehen diese Qualitätsmerkmale mit dem Konzept von der „lernfähigen Organisation"?
5. Was könnten konkrete Anlässe für eine Veränderung einer Organisation der Sozialen Arbeit sein und wie würden Sie damit umgehen?

Weiterführende Literatur

Merchel, Joachim (2005): Organisationsgestaltung in der Sozialen Arbeit. Grundlagen und Konzepte zur Reflexion, Gestaltung und Veränderung von Organisationen, Weinheim und München: Juventa.

Senge, Peter M. (2011): Die fünfte Disziplin. Kunst und Praxis der lernenden Organisation. 11. Aufl. Stuttgart: Schäfer-Poeschel Verlag.

12. Organisationen und Gesellschaft

Zielsetzungen des Kapitels

- Organisationen der Sozialen Arbeit werden unter Rückgriff auf organisationssoziologische Überlegungen als Bindeglied zwischen Individuum (Mikroebene) und Gesellschaft (Makroebene) verstanden.
- Bezüge und Wechselwirkungen zwischen Organisation und Gesellschaft sind bekannt. Die Thesen „Gesellschaft verändert Organisationen" sowie „Organisationen verändern Gesellschaft" können erläutert werden.
- Es können gesellschaftliche Entwicklungen mit ihren Auswirkungen auf die Organisationen Sozialer Arbeit dargestellt werden, beispielsweise mit Blick auf den gesellschaftlichen Wandel der Bedingungen des Aufwachsens und die Organisationen der Kinder- und Jugendhilfe.
- „Integration" als Schlüsselkategorie des Beitrags von Organisationen zu einer gesellschaftlichen Ordnung und zum gesellschaftlichen Wandel ist bekannt und kann mit den Begriffen „Sozialintegration" und „Systemintegration" näher erläutert werden.

„Die Aufgaben und Funktionen der Kinder- und Jugendhilfe sind immer im Wechselspiel mit gesellschaftlichen Entwicklungen zu bestimmen. Einerseits gestaltet die Kinder- und Jugendhilfe diese in Ansätzen mit (vor allem hinsichtlich des Ziels, positive Lebenslagen von jungen Menschen mitzugestalten oder zu erhalten, wie es der Gesetzgeber formuliert), andererseits reagiert sie vor allem auf die Lebenslagen der Adressaten und den darin entstehenden Unterstützungs- und Förderbedarfen" (Jordan et al. 2012: 10).

Wir beginnen das Kapitel zu „Organisationen und Gesellschaft" mit diesem Zitat aus einer Einführung zur Kinder- und Jugendhilfe. Hier ist vom wechselseitigen Zusammenhang zwischen gesellschaftlichen Entwicklungen und dem sich daraus ergebenden Auftrag der Kinder- und Jugendhilfe die Rede. Diese Bezüge werden nach einigen notwendigen, grundlegenderen, ebenso auch kurz gehaltenen soziologischen Überlegungen näher in den Blick genommen. Einerseits wird im weiteren Verlauf des Kapitels analog zum Zitat die Soziale Arbeit als Akteurin dargestellt, die gesellschaftliche Entwicklungen mitgestaltet – nicht vollständig und umfassend, jedoch soweit es das Agieren der Organisationen der Sozialen Arbeit angeht. Andererseits wird auch beleuchtet, wie gesellschaftliche Entwicklungen sich auf die Organisationen der Sozialen Arbeit auswirken – teilweise direkt, aber – wie im Zitat oben auch angedeutet – auch indirekt über Lebens- und Bedarfslagen der Adressatinnen und Adressaten, die ihrerseits wiederum auch das Ergebnis eines gesellschaftlichen Wandels sind.

Um hier genauer hinschauen zu können, sollen einige soziologische Grundbegriffe helfen. Die Soziologie unterscheidet die im Kontext des Eingangszitats und seiner Ausdeutung herausgearbeiteten Ebenen, differenziert also zwischen einerseits der Gesellschaft und andererseits den Individuen. Dabei wird die gesellschaftliche Ebene auch als Makroebene und die der Individuen als Mikroebene bezeichnet. Darüber hinaus wird als mittlere Ebene die der Organisationen berücksichtigt; sie wird auch Mesoebene[56] genannt (Abb. 14). Soziologische Betrachtungen, die sich insbesondere mit dieser mittleren Ebene befassen, können dem Bereich der „Organisationssoziologie“ zugeordnet werden.

Abbildung 14: Schematische Darstellung einer gesellschaftlichen Brückenfunktion von Institutionen zwischen Mikro-, Meso- und Makroebene

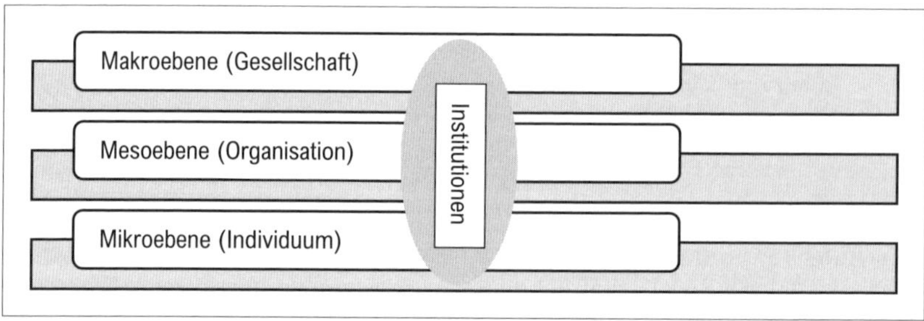

Erläuterung: Es handelt sich hierbei um eine stark vereinfachende Darstellung, die beispielsweise Überschneidungen und „Kommunikationsprozesse“ zwischen den Ebenen grafisch nicht darstellt. Sie dient zur Orientierung für die Ausführungen in diesem Kapitel zu wechselseitigen Impulsen insbesondere zwischen Meso- und Makroebene.

Quelle: eigene Darstellung in Anlehnung an Preisendörfer (2011: 157)

In diesem Bild (Abb. 14) stehen also Organisationen zwischen Gesellschaft und Individuum und übernehmen dabei die Funktion eines Bindegliedes oder einer Brücke zwischen den beiden anderen genannten Ebenen (Preisendörfer 2011: 154 ff.).

56 „Meso“ kommt aus dem Griechischen und bedeutet so viel wie „mittig“, „mittlere“ oder auch „in der Mitte zwischen“.

Institutionen sind nicht mit Organisationen gleichzusetzen. Das gilt auch hier. Institutionen können keiner dieser Ebenen eineindeutig zugeordnet werden, sondern sind – erinnert man sich auch an die Ausführungen des ersten Kapitels – auf allen den in Abbildung 14 dargestellten Ebenen zu finden. So sind nicht nur Organisationen jeweils auch Institutionen, sondern der gesellschaftliche Teilbereich „Soziale Arbeit" stellt auf der Makroebene genauso eine Institution dar wie die routinisierten Handlungskoordinationen von Individuen in wiederkehrenden Situationen auf der Mikroebene, beispielsweise von Fachkräften der Sozialen Arbeit im Rahmen des Case Managements (Kap. 1). So gesehen kann man bei Makro-, Meso- und Mikroebene auch von unterschiedlichen institutionellen Ebenen und deren Verortung sowie ihrem jeweiligen Gültigkeitsbereich sprechen.

Zurück zu den Organisationen und ihrer gesamtgesellschaftlichen Verortung auf der Mesoebene: Wenn zur Illustration hierfür die Metapher vom Bindeglied oder der Brücke verwendet wird, verdeutlicht dies die bereits eingangs über das Zitat aus der Einführung zur Kinder- und Jugendhilfe von Jordan et al. (2012) sich andeutenden Zusammenhänge bzw. Wechselwirkungen zwischen den drei Ebenen Individuum, Organisation und Gesellschaft. Und auch weitere Betrachtungen zu den Organisationen der Sozialen Arbeit in diesem Band bestätigen diese Hypothese, wenn beispielsweise in Kapitel 7 das professionelle Handeln von Fachkräften in „Sozialpädagogischen Organisationen" behandelt oder auch in Kapitel 9 das Handeln von Adressatinnen und Adressaten in diesen Organisationen betrachtet wird.

In diesem Kapitel geht es nun nicht primär um das Beziehungsgeflecht zwischen Organisation und Individuum, sondern um das Verhältnis von Organisation und Gesellschaft. Dabei wird in Anlehnung an den an der Johannes Gutenberg-Universität Mainz lehrenden und forschenden Peter Preisendörfer (2011) davon ausgegangen, dass auf der einen Seite die Gesellschaft – oder genauer der gesellschaftliche Wandel – Organisationen der Sozialen Arbeit verändert und dass auf der anderen Seite Organisationen der Sozialen Arbeit Gesellschaft verändern bzw. einen eigenen Beitrag zum gesellschaftlichen und sozialen Wandel leisten. Oder in Kurzform: Gesellschaft verändert Organisationen (Kap. 12.1) und Organisationen verändern Gesellschaft (Kap. 12.2). Diese Beziehungen werden im Folgenden jeweils für und aus der Perspektive der Sozialen Arbeit skizziert.

12.1 Gesellschaft verändert Organisationen der Sozialen Arbeit

Es ist in den vorangegangenen Kapiteln dieses Bandes deutlich geworden, dass Organisationen als besondere Form der Institutionalisierung für die Soziale Arbeit von zentraler Bedeutung sind. So ist es kein Zufall, dass für geschichtliche Darstellungen zur Sozialen Arbeit die Entwicklungen in und von Organisationen zentrale Referenzpunkte darstellen (z.B. Schilling und Klus 2015; Sachße und Tennstedt 2012). Historische Rückschauen zeigen, dass in der Geschichte der Sozialen Arbeit zahlreiche und ganz unterschiedliche Organisationen entstanden und wieder verschwunden sind bzw. an Bedeutung gewonnen und wieder an Relevanz verloren oder sich auch möglicherweise hinsichtlich ihrer Qualitäten grundlegend verändert haben. Natürlich werden auch im 21. Jahrhundert gesellschaftliche Themen von Organisationen der Sozialen Arbeit aufgenommen und stellen Veränderungsimpulse dar (z.B. Völz und Komorek 2016).[57] Kurzum: Der sogenannte „gesellschaftliche Wandel" hat Folgen für die „Organisationslandschaft" oder abstrakter formuliert: Die Makroebene wirkt auf die Mesoebene.

Die Organisationssoziologie berücksichtigt in besonderer Weise solche Wechselwirkungen zwischen der gesellschaftlichen Ebene und ihren Einfluss auf die Organisationen und betrachtet Gesellschaft aus der Perspektive der Organisationen. Mitunter wird mit Blick auf unsere Gesellschaft auch von einer „Organisationsgesellschaft" gesprochen (Jäger und Schimank 2005). Einige Hinweise dazu haben wir bereits im Rahmen der vorherigen Kapitel dieses Bandes aufgegriffen. Auf zwei dieser Hinweise soll hier noch einmal gesondert verwiesen werden:

- Die ersten beiden Kapitel befassen sich u.a. mit dem Neoinstitutionalismus, wenn hier die Begrifflichkeiten „Institutionen" und „Organisationen" eingeführt werden. Der Neoinstitutionalismus fragt explizit nach gesellschaftlichen Bedingungen (z.B. kulturelle, politische und ökonomische), die Institutionen hervorbringen – wie beispielsweise die Soziale Arbeit –, die aber auch die „Organisationslandschaft" von Institutionen verändern können. Der Ansatz des Neoinstitutionalismus hilft als Folie, Themen und Trends in Institutionen wie der Sozialen Arbeit zu erklären und einzuordnen, und erklärt darüber hinaus die Entwicklung der Organisationen in Feldern wie dem der Sozialen Arbeit (Kap. 1.4). Es ist quasi eine Art

57 In einem Organisationsentwicklungsprojekt für die Arbeiterwohlfahrt wird „Inklusion" als Leitprinzip für die Organisationsentwicklung verankert. Es geht dabei um einen Transformationsprozess, in dem „Inklusion" als Leitkategorie gesellschaftlichen Wandels organisational für einen Wohlfahrtsverband mit seinen Untergliederungen verankert werden soll (Völz und Komorek 2016).

„Wirkungskette". So können aufgrund äußerer Einflüsse bzw. des gesellschaftlichen Wandels im Rahmen der Institutionen neue Organisationen entstehen, alte verschwinden und wieder andere sich verändern.

- In Kapitel 2 wird mithilfe des Modells von James Scott verdeutlicht, dass zum Verständnis von Organisationen auch die Organisationsumwelt gehört. Organisationen können grundsätzlich nicht losgelöst vom Rest der Gesellschaft existieren. Sie sind zugleich ein Produkt des gesellschaftlichen Wandels, wenn – wie in Kapitel 11 gesehen – gesellschaftliche Entwicklungen als Veränderungen in der Organisationsumgebung in den Organisationen selber mindestens eine Veränderungsbereitschaft erzeugen und damit Impulse für Organisationsentwicklung gesetzt werden. Folglich sollten Organisationen analytisch nicht betrachtet werden, ohne die jeweilige „gesellschaftliche Dimension" mitzuberücksichtigen.

Beispiele dafür, wie sich gesellschaftliche Veränderungen auf Organisationen bzw. in diesem Falle vor allem auf die „Organisationslandschaft" auswirken, sind im 14. Kinder- und Jugendbericht nachzulesen.[58] Der 14. Kinder- und Jugendbericht beschreibt auf der gesellschaftlichen Ebene einen Wandel der Lebenswelten und ein verändertes Aufwachsen von jungen Menschen und ihren Familien und stellt parallel dazu auch die Leistungen und Strukturen der Kinder- und Jugendhilfe als Teil der Sozialen Arbeit in ihrer Entwicklung dar.

Die für den jeweiligen Kinder- und Jugendbericht verantwortlichen Sachverständigen beschreiben Veränderungen des Aufwachsens von jungen Menschen dahingehend, dass eine größer werdende Zahl von „pädagogischen Profis" das Aufwachsen begleitet, die junge Menschen unterstützen, Entwicklungen anregen und fördern (Deutscher Bundestag 2014: 54ff.). Junge Menschen werden damit groß, dass

> „sie von einer Vielzahl von Personen umgeben (sind), die sich von Berufs wegen um sie kümmern, sie betreuen, beaufsichtigen, erziehen, beraten, unterrichten, trainieren. Die pädagogische Inszenierung, Planung und Gestaltung größer werdender Teile der Lebenswelt und des Alltags von Kindern und Jugendlichen gehört mehr und mehr zu den Selbstverständlichkeiten des Aufwachsens des 21. Jahrhunderts" (ebd.: 55).

58 Die Kinder- und Jugendberichte werden von einer unabhängigen Sachverständigenkommission erstellt und werden einmal pro Legislaturperiode für das zuständige Bundesministerium erstellt sowie dem Deutschen Bundestag mit einer Stellungnahme der Bundesregierung vorgelegt. Sie haben den Anspruch, das aktuelle Wissen zu den Lebenslagen und Lebenswelten junger Menschen und ihrer Familie sowie zu den Leistungen und Strukturen der Kinder- und Jugendhilfe darzustellen (ausführlicher Kap. 3.1).

Bei den pädagogischen Profis und Fachkräften, von denen hier die Rede ist, handelt es sich jeweils um Agentinnen und Agenten[59] der Organisationen der Sozialen Arbeit. Hinter dieser Entwicklung stehen also Organisationen. Damit findet das Aufwachsen nunmehr zu einem geringeren Teil als früher im Privaten statt, sondern mehr im öffentlichen Raum.

Dieser gesellschaftliche Wandel hat – so der 14. Kinder- und Jugendbericht weiter – Konsequenzen für die Institutionen, die das Aufwachsen begleiten (Deutscher Bundestag 2013: 56 ff.). Das öffentliche Bildungs-, Betreuungs- und Erziehungswesens gewinnt für diese Sozialisationsinstanzen für nachwachsende Generationen an Bedeutung. Beispiele hierfür sind die Rechtsansprüche auf Plätze in der Kindertagesbetreuung, der Ausbau von Ganztagsschulen oder die Entwicklung von Bildungslandschaften. Diese Beispiele stehen jeweils für eine Ausweitung von Bildungs-, Betreuungs- und Erziehungs- sowie Unterstützungsangeboten unter dem „Dach" der sogenannten „öffentlichen Verantwortung". Dieser gesellschaftliche Anspruch wiederum wird eingelöst durch Organisationen wie Kindertageseinrichtungen, Schulen, Jugendzentren oder Soziale Dienste, nicht ausschließlich, aber auch durch die Soziale Arbeit sowie die Kinder- und Jugendhilfe. Speziell am Beispiel der Kinder- und Jugendhilfe zeigt sich dabei, dass „öffentliche Verantwortung" nicht gleichzusetzen ist mit einer staatlichen Verantwortung, sondern mit Blick auf die korporatistischen Strukturen (Kap. 5) Staat und Zivilgesellschaft gleichermaßen gemeint sind (Deutscher Bundestag 2013: 38).

Hierfür gibt es mehrere auf einer übergeordneten gesellschaftlichen Ebene liegende Gründe, wie das Beispiel Kindertagesbetreuung zeigt. So stellte bereits die erste DJI-Kinderbetreuungsstudie Mitte der 2000er-Jahre dazu fest, dass die gesellschaftlich überwiegend gewollte Zunahme der Inanspruchnahme und der dahinterstehende erhöhte Bedarf an Angeboten der Kindertagesbetreuung zurückgeht auf die Verbesserungen von Möglichkeiten zur Vereinbarkeit von Familie und Beruf, um die Sozialsysteme zu entlasten, die Zahl der Geburten zu erhöhen und um vor allem Frauen bessere Zugänge zum Arbeitsmarkt zu verschaffen. Dies geht mit einem veränderten Bildungsverständnis einher, und zwar das vom lebenslangen Lernen. Demnach endet die Bildungsbiografie keineswegs am Ende der Schulzeit, sondern sie beginnt schon vor der Schule. Die Kindertagesbetreuung wird damit zu einem Feld der frühkindlichen Betreuung, Erziehung, aber eben auch der Bildung. Schließlich spielt eine Rolle, dass über die Kindertagesbetreuung gerechtere Teilhabechance für Kinder und damit mittelbar für ihre Familien ermöglicht und organisiert werden sollen, um auf diese Weise soziale Ungleichheiten kompensieren zu können (Bien et al. 2006: 282 ff.).

59 Agentinnen oder Agenten meinen in diesem Zusammenhang Personen, die eine Organisation vertreten bzw. in ihrem Namen oder auch Auftrag handeln.

Dieses Beispiel verdeutlicht: Es gibt einen Zusammenhang zwischen dem gesellschaftlichen Wandel der Bedingungen des Aufwachsens in Form eines Wandels des Verhältnisses von öffentlicher und privater Verantwortung für das Aufwachsen nachwachsender Generationen sowie den dafür zuständigen Institutionen und Organisationen. Insgesamt ist in diesem Kontext eine gesellschaftliche Aufwertung der Sozialen Arbeit als Institution im Allgemeinen sowie der Kinder- und Jugendhilfe als Teilbereich im Besonderen – jeweils einschließlich ihrer Organisationen – zu konstatieren. Der 14. Kinder- und Jugendbericht spricht in diesem Zusammenhang von einer „Vergesellschaftung des Aufwachsens" (Deutscher Bundestag 2013: 63) oder auch einer „Vergesellschaftung der Lebensphasen Kindheit und Jugend" (ebd.: 171). Dabei ist nicht zu unterschätzen – und dies ist ebenfalls Teil des gesellschaftlichen Wandels –, dass es eine erhöhte öffentliche Aufmerksamkeit für das Aufwachsen von Kindern und Jugendlichen und die dafür zuständigen Institutionen gibt. Politisch und medial haben damit verbundene Themen nicht nur sporadisch Konjunktur, sondern insgesamt ist diesbezüglich die gesellschaftliche Aufmerksamkeit hierfür gestiegen (ebd.: 59 ff.).

12.2 Organisationen der Sozialen Arbeit verändern Gesellschaft

Nachdem wir die Wirkungen des gesellschaftlichen Wandels auf die Institutionen der „Sozialen Arbeit" und ihre Organisationen am Beispiel der Kinder- und Jugendhilfe näher betrachtet haben, wechseln wir die Perspektive und schauen umgekehrt nach gesellschaftlichen Veränderungen durch Organisationen. Es werden im Folgenden die Einflüsse von Organisationen – also der Mesoebene (Abb. 14) – auf die Makroebene eingehender betrachtet.

Rufen wir uns hierzu zunächst vom Anfang dieses Bandes in Erinnerung, wie „gesellschaftliche Ordnung" über Prozesse der Institutionalisierung und über die Herausbildung von Organisationen entsteht:

- In Kapitel 1 haben wir herausgearbeitet, dass Prozesse der Institutionalisierung anlassbezogen koordiniertes Handeln und Routinen erzeugen, die dann wiederum an Dritte weitergegeben werden. Mit dieser Form der Institutionalisierung sind Handlungs- und Normalitätserwartungen verbunden; sie sind in Verbindung mit den hierüber entstehenden Normalitätserwartungen letztendlich Teil einer gesellschaftlichen Ordnung. Institutionen schaffen hierüber gesellschaftliche Wirklichkeit, indem beispielsweise sogenannte „Rollen" entstehen.

- Mit Organisationen haben wir uns in Kapitel 2 befasst und festgestellt, dass Organisationen als eine Art Aggregatzustand von Institutionen betrachtet werden können, oder konkreter: „Organisationen sind soziale Orte, an denen Menschen regelmäßig arbeitsteilig, koordiniert und regelgeleitet strukturiert durch das Einbringen ihrer Ressourcen Ziele anstreben und erreichen" (Kap. 2). Diese stellen jeweils Beiträge für eine gesellschaftliche Ordnung dar.

Sowohl bei der Institutionalisierung als auch bei den Organisationen geht es um eine Einbeziehung von Personen und Gruppen bzw. deren Handlungen oder auch Interaktionen in eine gesellschaftliche Ordnung. Der Beitrag von Organisationen für den gesellschaftlichen Wandel lässt sich somit kurz und knapp auf einer abstrakten Ebene auf den Begriff der „Integration" zusammenfassen. Dies erfordert jedoch eine genauere Betrachtung, zumal „Integration" ein schillernder und terminologisch nicht festgelegter Begriff in den Sozialwissenschaften ist. Das heißt, es gibt hierzu zwar zahlreiche, aber keine einheitlichen und untereinander widerspruchsfreien Definitionen. So formuliert das Taschenwörterbuch Soziale Arbeit eher zurückhaltend:

> „Zentrale Elemente (der Integration, HS/JP) beziehen sich auf Prozesse der Herstellung eines Zusammenhalts unterschiedlicher aufeinander verwiesener Gruppen in einer Gesellschaft, der umso schwieriger wird, je heterogener die einzelnen Teilbereiche sind" (Brückner 2015: 141).

Die hier benannte Herstellung eines Zusammenhalts unterschiedlicher gesellschaftlicher Gruppen ist demnach ein Beitrag von Organisationen für die Gesellschaft. So ist in den Überlegungen von Peter Preisendörfer (2011: 164 ff.) nachzulesen: Organisationen ermöglichen „gesellschaftliche Integration" (Fußnote 60). Dabei wird im Folgenden mit Blick auf die Soziale Arbeit zwischen einer „Sozialintegration" (Kap. 12.2.1) und einer „Systemintegration" (Kap. 12.2.2) unterschieden.[60]

60 Peter Preisendörfer (2011) differenziert Effekte von Organisationen auf die Makroebene der Gesellschaft – unter Rückgriff auf die gesellschaftstheoretischen Arbeiten von Uwe Schimank. Er führt allerdings nicht nur positive Effekte im Sinne eines Beitrags von Organisationen zur gesellschaftlichen Integration auf, sondern verweist auch auf negative Effekte im Sinne eines Beitrags zur gesellschaftlichen Desintegration (ebd.: 157). Hierauf wird an dieser Stelle nicht weiter eingegangen, gleichwohl beispielsweise die Sachverständigenkommission zum 14. Kinder- und Jugendbericht die Frage aufwirft, inwiefern das Agieren der Kinder- und Jugendhilfe und ihrer Organisationen zu einer Reproduktion sozialer Ungleichheiten führen kann (Deutscher Bundestag 2013: 75 ff.).

12.2.1 Sozialintegration durch Organisationen

Unter Sozialintegration ist die Einbindung von Personen in Gesellschaft oder auch die Teilhabe an Gesellschaft zu verstehen. Dies funktioniert in modernen Gesellschaften zu einem beträchtlichen Teil über Organisationsmitgliedschaften. Hierzu formuliert der Organisationssoziologe:

> „Noch immer zentral ist dabei die berufliche Eingliederung, die zumeist eine Mitgliedschaft in Arbeitsorganisationen impliziert. Aber auch das Leben außerhalb der beruflichen Arbeit ist, soweit es sich nicht auf die Familie und die Verwandtschaft beschränkt, in hohem Maße durch Mitgliedschaften in Vereinen, Vereinigungen und Organisationen bestimmt" (Preisendörfer 2011: 164).

Mithilfe dieses Zitats können die unterschiedlichen Beiträge von Organisationen der Sozialen Arbeit für eine gelingende Sozialintegration zumindest angedeutet werden. Hierzu reicht beispielsweise ein kleiner Streifzug durch das eben schon erwähnte Wörterbuch Soziale Arbeit – einem der Standardnachschlagewerke:

- Eine zentrale Kategorie für Sozialintegration ist dem Zitat nach die „berufliche Eingliederung". Die Sozialen Berufe sind wiederum ein Beschäftigungsfeld mit einer hohen und weiterwachsenden Bedeutung (Rauschenbach 2017). Die Organisationen der Sozialen Arbeit, also die Träger, sind relevante Arbeitgeber für das Gelingen beruflicher Eingliederung. Sie sind somit selbst wichtige Akteure für die sogenannte „berufliche Eingliederung" (auch Kap. 4.1 und 7).

- Träger der Sozialen Arbeit sind auch einer der zentralen Akteure zur Unterstützung „beruflicher Eingliederung". Immerhin unterbreiten sie zumindest zum Teil auch Angebote zur Ermöglichung der beruflichen Eingliederung, beispielsweise die „Beratung für Bildung, Beruf und Beschäftigung (BBB-Beratung)" im Rahmen der Berufsberatung durch die Agenturen für Arbeit und die Jobcenter oder auch die Jugendberufshilfe sowie Beratungsangebote für Personen mit besonderen Bedarfslagen von z.B. einer Straffälligkeit bis zu Teilhabebeeinträchtigungen von Menschen mit Behinderungen (Schober 2017).

- Schließlich bieten Träger der Sozialen Arbeit oftmals Möglichkeiten der Mitgliedschaft sowie eines freiwilligen oder auch bürgerschaftlichen Engagements. Auch hierüber wird „Sozialintegration" hergestellt, zumal die Organisationsformen des Engagements vielfältig sind, denkt man an Kirchen und andere religiöse Vereinigungen, Selbsthilfegruppen, Initiativen,

Projekte, (Jugend-)Verbände oder auch ganz einfach an die zahlreichen eingetragenen Vereine als eine der am häufigsten vorkommenden Rechtsformen für Träger der Sozialen Arbeit (Olk 2017).

12.2.2 Systemintegration durch Organisationen

Während „Sozialintegration" für die Einbindung von Personen in Gesellschaft bzw. die Teilhabe an Gesellschaft steht, ist unter „Systemintegration" die Bündelung und Vertretung von individuellen Anliegen und Interessen durch Organisationen gemeint. Die Organisationen leisten also einen Beitrag zur gesellschaftlichen Entwicklung durch die Vertretung von spezifischen Interessen (Preisendörfer 2011: 164 f.).

Das ist keineswegs ein ganz neuer Gedanke, sondern bereits in Kapitel 4 in diesem Band haben wir uns mit den Aufgaben von Verbänden der Sozialen Arbeit auseinandergesetzt und festgestellt, dass hiesige verbandliche Strukturen eine wichtige Bedeutung als Organisationsform haben, zumal hierüber bestimmte Interessen gebündelt und vertreten werden können. Solche Organisationen – wie für die Soziale Arbeit beispielsweise die Wohlfahrtsverbände, der Deutsche Verein, die Arbeitsgemeinschaf für Kinder- und Jugendhilfe und andere mehr – haben eine für die Gesellschaft wichtige Publizitäts- und Politisierungsfunktion. Sie leisten einen Beitrag zur gesellschaftlichen Entwicklung und können diese mit beeinflussen, wenn sich beispielsweise eingesetzt wird für den Erhalt der Kinder- und Jugendarbeit, eine Finanzierung von Schulsozialarbeit, aber auch für günstige Mittagsverpflegung in Kindertageseinrichtungen und Schulen oder für eine Verbesserung sozioökonomischer Lebenslagen von jungen Menschen und ihren Familien.

Diese Beispiele zeigen, dass sich das politische Mandat keineswegs ausschließlich auf Angebote, Strukturen und eine finanzielle Auskömmlichkeit der Sozialen Arbeit und ihrer Institutionen bezieht, sondern dieses auch die Lebenslagen und -bedingungen ihrer potenziellen Adressatinnen- und Adressatengruppen umfasst. Damit verbunden ist ein gesellschaftspolitischer Anspruch, der sich im Übrigen auch empirisch in den Leitbildern von Wohlfahrtsverbänden wiederfindet – wie dem Deutschen Caritasverband, der Arbeiterwohlfahrt oder auch dem Diakonischen Werk (zusammenfassend Benz und Rieger 2015: 37). Der Politikbezug dieser Organisationen der Sozialen Arbeit ist jedoch nicht nur empirisch nachweisbar, sondern lässt sich auch theoretisch herleiten, blickt man beispielsweise im Folgenden – wenn auch nur kursorisch – auf Soziale Arbeit im Sinne einer Menschenrechtsprofession oder auch auf die lebensweltorientierte Soziale Arbeit:

- Im Verständnis einer Sozialen Arbeit als „Menschenrechtsprofession", wie es insbesondere von Silvia Staub-Bernasconi entwickelt wurde, wird eine gesellschaftsbezogene Funktion mitgedacht. Es gehört zu den Aufgaben der Sozialen Arbeit und ihrer Organisationen, „sich in die (sozial)politischen Entscheidungsprozesse über mögliche Problemlösungen einzumischen“ (Staub-Bernasconi 2012: 277). Die politische Einflussnahme zielt dabei in besonderer Weise auf die Durchsetzung von menschenrechtlichen Standards.

- Für die sogenannte „lebensweltorientierte Soziale Arbeit“ (z.B. Thiersch 2000) ist die Wahrnehmung eines politischen Mandats angesichts der gesellschaftlichen Bedingtheit von Lebensverhältnissen potenzieller Adressatinnen- und Adressatengruppen der Sozialen Arbeit zwingend geboten. Das heißt: „Das „Prinzip Einmischung als parteiliche Vertretung lebensweltlicher Erfahrungen und Probleme in z.B. Arbeitsmarkt-, Familien-, Sozial- und Wohnungsbaupolitik auf den unterschiedlichsten politischen Ebenen von Bund, Ländern, Kommunen und Stadtteilen ist ein konstitutives Moment des Konzepts Lebensweltorientierung“ (Grunwald und Thiersch 2008: 23).

In der Einführung „Politikwissenschaft für die Soziale Arbeit“ schreiben die Autoren Benjamin Benz und Günter Rieger der Sozialen Arbeit ein umfassendes politisches Mandat zu, und zwar sowohl für die eigenen Institutionen und damit vor allem auch die Trägerorganisationen als auch für potenzielle Adressatinnen- und Adressatengruppen, also insbesondere für die Teile der Bevölkerung, die beispielsweise aufgrund von Armut oder auch wegen anderer Benachteiligungen von gesellschaftlicher Exklusion zumindest bedroht sind (Benz und Rieger 2015: 35 ff.). Damit übernehmen die Soziale Arbeit und ihre Organisationen eine zentrale Aufgabe in einem demokratisch organisierten Wohlfahrtsstaat, wie auch am folgenden Zitat von Thomas Olk und Maksim Hübenthal in dem Sammelband „Soziale Arbeit und Demokratie“ deutlich wird:

> „Der Wohlfahrtsstaat ist (...) auf das Ziel verpflichtet, (...) Formen der Deprivation und Ausgrenzung nachhaltig zu bekämpfen und die Inklusion aller Bürgerinnen und Bürger in die gesellschaftlichen Teilsysteme zu ermöglichen. Soziale Arbeit ist ein spezifischer Teil des wohlfahrtsstaatlichen Institutionensystems, der sich historisch als eine Antwort auf die soziale Frage des 19. Jahrhunderts herausgebildet hat“ (Olk und Hübenthal 2013: 270).

Gleichwohl diskutiert die Soziale Arbeit das Ob und Wie eines politischen Mandates. Hierbei unterscheiden Benz und Rieger (2015: 37 ff.) neben der eben schon dargestellten Position der „Mandatsbefürworter“ die der Mandatsgegnerinnen und -gegner sowie die der Mandatsskeptikerinnen und -skeptiker. Die Gegnerinnen und Gegner sprechen der Sozialen Arbeit jeglichen politischen Auftrag ab. Die Funktion der Sozialen Arbeit liegt demnach ausschließlich in der Erbringung von bedarfsgerechten personenbezogenen sozialen Dienstleistungen. Dies schließt ein berufspolitisches Engagement von einzelnen Fachkräften nicht aus, aber das sollte keineswegs verwechselt werden mit einem Mandat für die Soziale Arbeit als gesellschaftliche Institution oder auch ihrer Organisationen zur allgemeinen politischen Einmischung. Die Skeptikerinnen und Skeptiker gestehen der Sozialen Arbeit zwar kein eigenständiges politisches Mandat zu, sie sprechen jedoch von der Aufgabe der „Politikberatung". Darüberhinausgehende Ansprüche und Aufträge führen allerdings zu einer strukturellen Überforderung für die Soziale Arbeit und können zudem mit einer Instrumentalisierung bzw. Bevormundung der potenziellen Adressatinnen- und Adressatengruppen einhergehen.

Nachgefragt und zur Diskussion gestellt

1. Welche Bezugspunkte bestehen zwischen Organisationen und Gesellschaft?
2. Formulieren Sie Beispiele für Veränderungen von Organisationen durch gesellschaftlichen Wandel aus!
3. Erarbeiten Sie Beispiele für gesellschaftliche Veränderungen, die von Organisationen der Sozialen Arbeit mitgetragen oder sogar angestoßen werden!
4. Wie bedeutsam ist aus Ihrer Sicht ein politisches Mandat für die Soziale Arbeit?

Weiterführende Literatur

Benz, Benjamin/Rieger, Günter (2015): Politikwissenschaft für die Soziale Arbeit. Eine Einführung. Wiesbaden: Springer VS.

Deutscher Bundestag (2013): Bericht über die Lebenssituation junger Menschen und die Leistungen der Kinder- und Jugendhilfe in Deutschland – 14. Kinder- und Jugendbericht. Unterrichtung durch die Bundesregierung. Bundestagsdrucksache 17/12200. Berlin: Bundesanzeiger Verlag.

Preisendörfer, Peter (2011): Organisationssoziologie. Grundlagen, Theorien und Problemstellungen. 3. Aufl. Wiesbaden: VS Verlag für Sozialwissenschaften.

Literaturverzeichnis[61]

[AGJ] Arbeitsgemeinschaft für Kinder- und Jugendhilfe (1995): Das Jugendamt als Dienstleistungsunternehmen. Steuerungsmechanismen in der Jugendhilfe. Dokumentation der Fachtagung am 21./22. Juni in Nürnberg. Bonn: AGJ.

[AGJ] Arbeitsgemeinschaft für Kinder- und Jugendhilfe (2010): Runder Tisch – Heimerziehung in den 50er und 60er Jahren. Abschlussbericht. Berlin: AGJ.

[AGJ] Arbeitsgemeinschaft für Kinder- und Jugendhilfe (2014): Stellungnahme der Arbeitsgemeinschaft für Kinder- und Jugendhilfe – AGJ zur Vorbereitung des XX. Hauptgutachtens der Monopolkommission gemäß § 44 Abs. 1 Satz 1 GWB. Berlin: AGJ.

[AGJ] Arbeitsgemeinschaft für Kinder- und Jugendhilfe (2018): Öffentliche und Freie Jugendhilfe in den Hilfen zur Erziehung: Verantwortungsgemeinschaft im Sinne der Adressatinnen und Adressaten gestalten. Positionspapier. Berlin: AGJ.

[AGJ] Arbeitsgemeinschaft für Kinder- und Jugendhilfe (2020): Was lange währt, wird endlich gut: Referentenentwurf eines Gesetzes zur Stärkung von Kindern und Jugendlichen. Stellungnahme zum KJSG-RefE 2020 der Arbeitsgemeinschaft für Kinder- und Jugendhilfe – AGJ. Berlin: AGJ.

[AKJStat] Arbeitsstelle Kinder- und Jugendhilfestatistik (2014): Entwicklungslinien zu Strukturen, Angeboten und Leistungen der Kinder- und Jugendhilfe. Expertise der Arbeitsstelle Kinder- und Jugendhilfestatistik für die Arbeitsgemeinschaft für Kinder-und Jugendhilfe – AGJ. Unter Mitarbeit von Sandra Fendrich, Julia von der Gathen-Huy, Thomas Mühlmann, Jens Pothmann, Matthias Schilling, Eva Strunz und Agathe Tabel. Berlin: Eigenverlag Arbeitsgemeinschaft für Kinder- und Jugendhilfe.

[AKJStat] Arbeitsstelle Kinder- und Jugendhilfestatistik (2017): Die Kinder- und Jugendhilfe im Spiegel der Statistik. Empirische Analysen in elf Thesen zum Leitthema des 16. Deutschen Kinder- und Jugendhilfetages „22 Mio. junge Chancen – gemeinsam. gesellschaft. gerecht. gestalten". Dortmund: Eigenverlag Forschungsverbund DJI/TU Dortmund.

Anderson, Elijah (2000): Code of the street. Decency, violence, and the moral life of the inner city. London: Norton.

Andresen, Sabine/Heitmeyer, Wilhelm (Hrsg.) (2012): Zerstörerische Vorgänge. Missachtung und sexuelle Gewalt gegen Kinder und Jugendliche in Institutionen. Internationale Tagung Missachtung und Sexuelle Gewalt gegenüber Kin-

61 Die im Literaturverzeichnis „fett" hervorgehobenen Literaturtitel markieren die Empfehlungen für die Rubrik „Weiterführende Literatur" in den einzelnen Kapiteln.

dern und Jugendlichen in Gesellschaftlichen Institutionen. Weinheim, Basel: Beltz Juventa.

Backhaus-Maul, Holger (2000): Wohlfahrtsverbände als korporative Akteure. Über eine traditionsreiche sozialpolitische Institution und ihre Zukunftschancen. In: Aus Politik und Zeitgeschichte, Korporatismus – Verbände, B 26-27, S. 22–30. http://www.bpb.de/apuz/25545/wohlfahrtsverbaende-als-korporative-akteure?p=1#footnodeid20-20 [Zugriff: 15.08.2021].

Backhaus-Maul, Holger/Olk, Thomas (1994): Von Subsidiarität zu „outcontracting": Zum Wandel der Beziehungen von Staat und Wohlfahrtsverbänden in der Sozialpolitik. In: Streek, W. (Hrsg.): Staat und Verbände. Opladen: Westdeutscher Verlag, S. 100–135.

Bauer, Rudolph/Dahme, Heinz-Jürgen/Wohlfahrt, Norbert (2012): Freie Träger. In: Thole, W. (Hrsg.): Grundriss Soziale Arbeit. Ein einführendes Handbuch. 4. Aufl. Wiesbaden: VS Verlag für Sozialwissenschaften, S. 813–829.

Beck, Ulrich (2006): Risikogesellschaft. Auf dem Weg in eine andere Moderne. 18. Aufl. Frankfurt am Main: Suhrkamp.

Beierle, Sarah/Hoch, Carolin (2017): Straßenjugendliche in Deutschland. Forschungsergebnisse und Empfehlungen. München: Deutsches Jugendinstitut.

Benz, Benjamin/Rieger, Günter (2015): Politikwissenschaft für die Soziale Arbeit. Eine Einführung. Wiesbaden: VS Verlag für Sozialwissenschaften.

Berger, Peter L./Luckmann, Thomas (2004): Die gesellschaftliche Konstruktion der Wirklichkeit. Eine Theorie der Wissenssoziologie. 20. Aufl. Frankfurt am Main: Fischer.

Berger, Ulrike/Bernhard-Mehlich, Isolde/Oertel, Simon (2014): Die Verhaltenswissenschaftliche Entscheidungstheorie. In: Kieser, A./Ebers, M. (Hrsg.): Organisationstheorien. 7. Aufl. Stuttgart: Kohlhammer, S. 118–163.

Berg-Lupper, Ulrike (2013): Evaluation des Kinder- und Jugendplans des Bundes. Endbericht zum KJP-Förderprogramm „Kinder- und Jugendhilfe der freien Wohlfahrtspflege". München: Eigenverlag Deutsches Jugendinstitut. http://www.dji.de/kjp-evaluation [Zugriff: 15.08.2021].

Bergmann, Rainer/Garrecht, Martin (2016): Organisation und Projektmanagement. 2. Aufl. Berlin, Heidelberg: Springer Gabler.

Bettmer, Franz (2012): Die öffentlichen Träger der Sozialen Arbeit. In: Thole, W. (Hrsg.): Grundriss Soziale Arbeit. Ein einführendes Handbuch. 4. Aufl. Wiesbaden: VS Verlag für Sozialwissenschaften, S. 795–812.

Bieker, Rudolf (2011): Träger Sozialer Arbeit. In: Flörecke, P./Bieker, R. (Hrsg.): Träger, Arbeitsfelder und Zielgruppen der Sozialen Arbeit. Stuttgart: Kohlhammer, S. 13–22.

Bien, Walter/Rauschenbach, Thomas/Riedel, Birgit (Hrsg.) (2006): Wer betreut Deutschlands Kinder? DJI-Kinderbetreuungsstudie. Weinheim, Basel: Cornelsen.

Bitzan, Maria/Bolay, Eberhard (2018): Adressatin und Adressat. In: Otto, H.-U./Ziegler, H./Thiersch, H./Treptow, R. (Hrsg.): Handbuch Soziale Arbeit. 6. Aufl. München: Ernst Reinhardt Verlag, S. 42–48.

Bitzan, Maria/Bolay, Eberhard (2017): Soziale Arbeit – die Adressatinnen und Adressaten. Opladen, Toronto: Verlag Barbara Budrich.

[BMFSFJ] Bundesministerium für Familie, Senioren, Frauen und Jugend (2015): Demokratie leben! Förderperiode 2015-2019. https://www.demokratie-leben.de/das-programm/foerderperiode-2015-2019 [Zugriff: 15.08.2021].

[BMFSFJ] Bundesministerium für Familie, Senioren, Frauen und Jugend (2016): Richtlinien über die Gewährung von Zuschüssen zur Förderung der Kinder- und Jugendhilfe durch den Kinder- und Jugendplan des Bundes (KJP) vom 29. September 2016. In: Gemeinsames Ministerialblatt 67, 41, S. 801–822.

[BMFSFJ] Bundesministerium für Familie, Senioren, Frauen und Jugend (2020): Entwurf eines Gesetzes zur Stärkung von Kindern und Jugendlichen (Kinder- und Jugendstärkungsgesetz – KJSG). Referentenentwurf. https://igfh.de/referatsentwurf-sgb-viii [Zugriff: 15.08.2021].

Bochert, Susan/Jann, Nina (2017): „Also man halt Angst, wenn man sich beschweren will." Einrichtungsinterne Beschwerdeverfahren aus der Sicht von Kindern und Jugendlichen. In: Equit, C./Flößer, G./Witzel, M. (Hrsg.): Beteiligung und Beschwerde in der Heimerziehung. Frankfurt am Main: IGFH-Eigenverlag, S. 226–243.

Bock, Karin (2012): Kinder- und Jugendhilfe. In: Thole, W. (Hrsg.): Grundriss Soziale Arbeit. Ein einführendes Handbuch. 4. Aufl. Wiesbaden: VS Verlag für Sozialwissenschaften, S. 439–459.

Boecker, Michael (2015): Erfolg in der Sozialen Arbeit. Im Spannungsfeld mikropolitischer Interessenkonflikte. Wiesbaden: Springer VS.

Boeßenecker, Karl-Heinz/Vilain, Michael (2013): Spitzenverbände der Freien Wohlfahrtspflege. Eine Einführung in Organisationsstrukturen und Handlungsfelder sozialwirtschaftlicher Akteure in Deutschland. 2. überarb. Aufl. Weinheim: Beltz Juventa.

Boetticher, Arne von/Münder, Johannes (2011): Rechtliche Fragen sozialer Dienste – zentrale Entwicklungen und Eckpunkte der Diskussion. In: Evers, A./Heinze, R. G./Olk, T. (Hrsg.): Handbuch Soziale Dienste. Wiesbaden: VS Verlag für Sozialwissenschaften, S. 206–225.

Böhnisch, Lothar (2012): Sozialpädagogik der Lebensalter. Eine Einführung. 6. Aufl. Weinheim, Basel: Beltz Juventa.

Böhnisch, Lothar/Lösch, Hans (1973): Das Handlungsverständnis des Sozialarbeiters und seine institutionelle Determination. In: Otto, H.-U./ Schneider, S. (Hrsg.): Gesellschaftliche Perspektiven der Sozialarbeit. Band 2. 2. Aufl. Neuwied, Berlin: Luchterhand, S. 21–40.

Böhnisch, Lothar/Lösch, Hans (1979): Das Handlungsverständnis des Sozialarbeiters und seine institutionelle Determination. In: Otto, H.-U./Schneider, S. (Hrsg.): Gesellschaftliche Perspektiven der Sozialarbeit. Zweiter Halbband. Neuwied und Darmstadt: Luchterhand, S. 21-40.

Böhnisch, Lothar/Schröer, Wolfgang/Thiersch, Hans (2005): Sozialpädagogisches Denken. Wege zu einer Neubestimmung. Weinheim: Juventa.

Bommes, Michael/Scherr, Albert (2012): Soziologie der Sozialen Arbeit. Eine Einführung in Formen und Funktionen organisierter Hilfe. 2. Aufl. Weinheim: Juventa.

Braches-Chyrek, Rita (2019): Soziale Arbeit – die Methoden und Konzepte, Opladen, Toronto: Verlag Barbara Budrich.

Brown, Wendy (2018): Die schleichende Revolution: Wie der Neoliberalismus die Demokratie zerstört. Berlin: Suhrkamp Verlag.

Brückner, Margit (2015): Integration. In: Thole, W./Höblich, D./Ahmed, S. (Hrsg.): Taschenwörterbuch Soziale Arbeit. 2. Aufl. Bad Heilbrunn: Verlag Julius Klinkhardt, S. 141–142.

Bruhns, Kirsten/Wittmann, Svendy (2002): „Ich meine, mit Gewalt kannst du dir Respekt verschaffen". Mädchen und junge Frauen in gewaltbereiten Jugendgruppen. Opladen: Leske + Budrich.

Bundesarbeitsgemeinschaft, der freien Wohlfahrtspflege e.V. (2012): Satzung der Bundesarbeitsgemeinschaft der Freien Wohlfahrtspflege e.V. (in der Fassung vom 27.11.2012). Berlin. http://www.bagfw.de/ueber-uns/satzung/ [Zugriff: 15.08.2021].

Bundesjugendkuratorium (Hrsg.) (2016): Herzlich Willkommen auf der Seite des Bundesjugendkuratoriums! Bundesjugendkuratorium. München. http://www.bundesjugendkuratorium.de/ [Zugriff: 15.08.2021].

Bundesverwaltungsgericht. Urteil vom 24. August 2017. Aktenzeichen BVerwG 5 C 1.16.

Cummings, Stephen/Bridgman, Todd/Brown, Kenneth G. (2015): Unfreezing change as three steps. Rethinking Kurt Lewin's legacy for change management. In: Human Relations 69, 1, S. 33-60.

Deutscher Berufsverband für Soziale Arbeit e. V. (Hrsg.) (2014): Berufsethik des DBSH. Ethik und Werte. In: Forum Soziale. Die Berufliche Soziale Arbeit 4. https://www.dbsh.de/media/dbsh-www/redaktionell/pdf/Sozialpolitik/DBSH-Berufsethik-2015-02-08.pdf [Zugriff: 15.08.2021]

Deutscher Bundestag (Hrsg.) (2013): 14. Kinder- und Jugendbericht. Bericht über die Lebenssituation junger Menschen und die Leistungen der Kinder- und Jugendhilfe in Deutschland. Bundestagsdrucksache 17/12200. Berlin.

Deutscher Bundestag (Hrsg.) (2017): 15. Kinder- und Jugendbericht. Bericht über die Lebenssituation junger Menschen und die Leistungen der Kinder- und Jugendhilfe in Deutschland. Drucksache 18/11050. Berlin.

[DJI] Deutsches Jugendinstitut (2020): Stellungnahme des Deutschen Jugendinstituts zum Referentenentwurf des Kinder- und Jugendstärkungsgesetzes – KJSG. Referentenentwurf zur Stärkung von Kindern und Jugendlichen des BMFSFJ vom 05.10.2020. https://www.dji.de/[Zugriff 15.08.2021].

Dewe, Bernd/Stüwe, Gerd (2016): Basiswissen Profession: Zur Aktualität und kritischen Substanz des Professionskonzeptes für die Soziale Arbeit. In memoriam Wilfried Ferchhoff. Weinheim, Basel: Beltz Juventa.

Dollinger, Bernd (2010): Wie punitiv ist die Soziale Arbeit? Anmerkungen zu einer notwendigen Debatte. In: Sozial Extra 34, 7-8, S. 6–10.

Dollinger, Bernd/Schabdach, Michael (2013): Jugendkriminalität. Wiesbaden: Springer VS.

Drepper, Thomas (2010): Soziale personenbezogene Dienstleistungsorganisationen aus neoinstitutionalistischer Perspektive. In: Klatetzki, T. (Hrsg.): Soziale Dienstleistungsorganisationen. Soziologische Perspektiven. Wiesbaden: VS Verlag für Sozialwissenschaften, S. 129–165.

Duerdoth, Rupert/Freund, Thomas (2009): Umgang mit Alkohol in der offenen und verbandlichen Jugendarbeit. In: Deutsche Jugend 57, 7-8, S. 337–344.

Elias, Norbert (2007): Über den Prozeß der Zivilisation. Soziogenetische und psychogenetische Untersuchungen. Erster Band. Wandlungen des Verhaltens in den weltlichen Oberschichten des Abendlandes. 28. Aufl. Frankfurt am Main: Suhrkamp.

Enders, Sonja (2013): Das Jugendamt im Spiegel der Medien. Zerrbild zwischen Verantwortung und Versagen? Weinheim: Beltz Verlagsgruppe.

Equit, Claudia (2012): Der Kampf um Anerkennung in Gewaltkarrieren von Mädchen. In: Soziale Probleme 23, 2, S. 216–249.

Equit, Claudia (2018a): Organisationskulturen der Aneignung, Fürsorge und Compliance im Bereich Heimerziehung. Neue Praxis 48, 1, S. 16–29.

Equit, Claudia (2018b): Partizipation und Schutz in Organisationskulturen der Heimerziehung. Unveröffentlichtes Manuskript, o.O.

Equit, Claudia/Witzel, Marc (2017): Beteiligung und Beschwerde in der Heimerziehung, eine Einführung. In: Equit, C./Flößer, G./Witzel, M. (Hrsg.): Beteiligung und Beschwerde in der Heimerziehung. Frankfurt am Main: IGFH-Eigenverlag, S. 5–10.

Evers, Adalbert/Heinze, Rolf G./Olk, Thomas (Hrsg.) (2011): Handbuch Soziale Dienste. Wiesbaden: VS Verlag für Sozialwissenschaften.

Eyßell, Tim (2015): Vom lokalen Korporatismus zum europaweiten Wohlfahrtsmarkt. Der Wandel der Governance sozialer Dienste und zugrundeliegende Strategien. Wiesbaden: Springer VS Verlag.

Ferring, Dieter/Willems, Helmut (2014): Macht und Missbrauch in Institutionen. Konzeption, Begriffsbestimmung und theoretische Perspektiven. In: Willems, H./Ferring, D. (Hrsg.): Macht und Missbrauch in Institutionen. Interdisziplinäre Perspektiven auf institutionelle Kontexte und Strategien der Prävention. Wiesbaden: Springer VS, S. 13–26.

Flösser, Gaby/Oechler, Melanie (2010): Einführung in die Theorie der sozialpädagogischen Dienste. Darmstadt: WBG (Grundwissen Erziehungswissenschaft).

Flösser, Gaby/Rosenbauer, Nicole/Witzel, Marc (2018): Theorie Sozialer Dienste. In: Otto, H.-U./Ziegler, H./Thiersch, H./Treptow, R. (Hrsg.): Handbuch Soziale Arbeit. 6. Aufl. München: Ernst Reinhardt Verlag, S. 1710–1719.

Foucault, Michel (2007): Die Ordnung des Diskurses. 10. Aufl. Frankfurt am Main: Fischer.

Füssenhäuser, Cornelia/Thiersch, Hans (2018): Theorie und Theoriegeschichte Sozialer Arbeit. In: Otto, H.-U./Ziegler, H./Thiersch, H./Treptow, R. (Hrsg.): Handbuch Soziale Arbeit. 6. Aufl. München: Ernst Reinhardt Verlag, S. 1720–1733.

Galuske, Michael (2013): Methoden der Sozialen Arbeit. Eine Einführung. Unter Mitarbeit von Karin Bock und Jessica Fernandez Martinez. 10. Aufl. Weinheim, Basel: Beltz Juventa.

Garland, David (2008): Kultur der Kontrolle. Verbrechensbekämpfung und soziale Ordnung in der Gegenwart. Frankfurt, New York: Campus Verlag (Frankfurter Beiträge zur Soziologie und Sozialphilosophie, 12).

Gissel-Palkovich, Ingrid (2015): Case Management im ASD. In: Merchel, J. (Hrsg.): Handbuch Allgemeiner Sozialer Dienst (ASD). 2. Aufl. München: Ernst Reinhardt Verlag, S. 199–217.

Glaeßner, Gert-Joachim (2006): Politik in Deutschland. 2. aktual. Aufl. Wiesbaden: VS Verlag für Sozialwissenschaften.

Goffman, Erving (2007): Wir alle spielen Theater. Die Selbstdarstellung im Alltag. 5. Aufl. München: Piper.

Goffman, Erving (2014): Asyle. Über die soziale Situation psychiatrischer Patienten und anderer Insassen. 19. Aufl. Frankfurt am Main: Suhrkamp.

Göhlich, Michael (2014): Institution und Organisation. In: Wulf, C./Zirfas, J. (Hrsg.): Handbuch Pädagogische Anthropologie. Wiesbaden: Springer Fachmedien Wiesbaden, S. 65–75.

Graßhoff, Gunther (2015): Adressatinnen und Adressaten der Sozialen Arbeit. Eine Einführung. Wiesbaden: Springer VS.

Groenemeyer, Axel (2010): Doing Social Problems – Doing Social Control. Mikroanalysen der Konstruktion sozialer Probleme in institutionellen Kontexten – Ein Forschungsprogramm. In: Groenemeyer, A. (Hrsg.): Doing Social Problems. Mikroanalysen der Konstruktion sozialer Probleme und sozialer Kontrolle in institutionellen Kontexten. Wiesbaden: VS Verlag für Sozialwissenschaften, S. 13–56.

Groenemeyer, Axel/Rosenbauer, Nicole (2010): Soziale personenbezogene Dienstleistungsorganisationen im Dispositiv der Kontrolle und Disziplinierung. In: Klatetzki, T. (Hrsg.): Soziale Dienstleistungsorganisationen. Soziologische Perspektiven. Wiesbaden: VS Verlag für Sozialwissenschaften, S. 61–102.

Große-Kracht, Hermann-Josef/Hagedorn, Jonas (2014): Relaunching corporatism? Bericht über die 4. Heppenheimer Tage zur christlichen Gesellschaftsethik. In: Heimbach-Steins, M. (Hrsg.): Jahrbuch für Christliche Sozialwissenschaften (Band 55) Münster: Aschendorff Verlag, S. 247–255.

Grunwald, Klaus (2018): Organisation und Organisationsgestaltung. In: Otto, H.-U./Ziegler, H./Thiersch, H./Treptow, R. (Hrsg.): Handbuch Soziale Arbeit. 6. Aufl. München: Ernst Reinhardt Verlag, S. 1105–1116.

Grunwald, Klaus/Thiersch, Hans (Hrsg.) (2008): Praxis lebensweltorientierter Sozialer Arbeit. Handlungszugänge und Methoden in unterschiedlichen Arbeitsfeldern. 2. Aufl. Weinheim, München: Beltz Juventa (Grundlagentexte Pädagogik).

Hamberger, Matthias (2008): Erziehungshilfekarrieren. Belastete Lebensgeschichte und professionelle Weichenstellungen. Frankfurt am Main: IGfH (Erziehungshilfe-Dokumentation, 29).

Hammerschmidt, Peter (2011): Kommunale Selbstverwaltung und kommunale Sozialpolitik – ein historischer Rückblick. In: Dahme, H.-J./Wohlfahrt, N. (Hrsg.): Handbuch kommunale Sozialpolitik. Wiesbaden: VS Verlag für Sozialwissenschaften, S. 21–40.

Hammerschmidt, Peter/Weber, Sascha/Seidenstücker, Bernd (2017): Soziale Arbeit – die Geschichte, Opladen, Toronto: Verlag Barbara Budrich.

Häussling, Roger/Lipp, Wolfgang (2006): Institution. In: Schäfers, B./Kopp, J. (Hrsg.): Grundbegriffe der Soziologie. 9. überarb. und aktual. Aufl. Wiesbaden: VS Verlag für Sozialwissenschaften, S. 112–114.

Häussling, Roger/Zimmermann, Gunter E. (2006): Organisation. In: Schäfers, B./Kopp, J. (Hrsg.): Grundbegriffe der Soziologie. 9. überarb. und aktual. Aufl. Wiesbaden: VS Verlag für Sozialwissenschaften, S. 218–221.

Hillmann, Karl-Heinz (2007): Wörterbuch der Soziologie. 5. überarb. und erweiterte Aufl. Stuttgart: Kröner.

Höfer, Sven (2007): Subsidiarität. In: Deutscher Verein für öffentliche und private Fürsorge e.V. (Hrsg.): Fachlexikon der Sozialen Arbeit. 6. Aufl. Baden-Baden: Nomos Verlagsgesellschaft, S. 951.

Höhler, Carsten (2009): Zwangselemente in der Heimerziehung und ihre Bewertung durch die Kinder und Jugendlichen. In: Widersprüche. Zeitschrift für sozialistische Politik im Bildungs-, Gesundheits- und Sozialbereich 31,113, S. 89–102.

Honneth, Axel (2007): Kampf um Anerkennung. Zur moralischen Grammatik sozialer Konflikte. Mit einem neuen Nachwort. 4. Aufl. Frankfurt am Main: Suhrkamp.

Hünersdorf, Bettina (2015): Securitization: Zur Kommunikation von Sicherheit in den Frühen Hilfen und der Kinder- und Jugendhilfe. In: Neue Praxis 45, 6, S. 613–625.

Imbusch, Peter (2002): Der Gewaltbegriff. In: Heitmeyer, W. /Hagan, J. (Hrsg.): Internationales Handbuch der Gewaltforschung. 1. Aufl. Wiesbaden: Westdeutscher Verlag, S. 26–57.

Internationaler Bund (2015): Jahresbericht 2014/2015. Frankfurt am Main.

Jäger, Wieland/Schimank, Uwe (Hrsg.) (2005): Organisationsgesellschaft. Facetten und Perspektiven. Wiesbaden: VS Verlag für Sozialwissenschaften.

Jordan, Erwin/Maykus, Stephan/Stuckstätte, Eva C. (2012): Kinder- und Jugendhilfe. Einführung in Geschichte und Handlungsfelder, Organisationsformen und gesellschaftliche Problemlagen. 3. Aufl. Weinheim, Basel: Beltz Juventa (Teil III: Organisation, Finanzierung, Planung).

Kantel, H.-Dieter (2008): Grundsicherungsarbeit. Armuts- und Arbeitsmarktpolitik nach Hartz IV. Wiesbaden: VS Verlag für Sozialwissenschaften.

Kessl, Fabian/Otto, Hans-Uwe (2011): Soziale Arbeit und soziale Dienste. In: Evers, A./Heinze, R. G./Olk, T. (Hrsg.): Handbuch Soziale Dienste. Wiesbaden, S. 389–403.

Kieser, Alfred (2014): Managementlehren – von Regeln guter Praxis über den Taylorismus zur Human Relations-Bewegung. In: Kieser, A./Ebers, M. (Hrsg.): Organisationstheorien. 7. Aufl. Stuttgart: Kohlhammer, S. 73–117.

Kieser, Alfred/Walgenbach, Peter (2007): Organisation. 5. Aufl. Stuttgart: Schäffer-Poeschel.

Kievel, Winfried/Lehmann-Franßen, Nils (2012): Ausgewählte sozialrechtliche Bestimmungen. In: Thole, W. (Hrsg.): Grundriss Soziale Arbeit. Ein einführendes Handbuch. 4. Aufl. Wiesbaden: VS Verlag für Sozialwissenschaften, S. 899–928.

Kindler, Heinz/Sann, Alexandra (2011): Das kontrollierte Kind. Gefahr erkannt – Gefahr gebannt? Über die Nachteile und unbeabsichtigten Wirkungen, die Frühe Hilfen und Frühwarnsysteme haben können, wenn sie falsch verstanden werden. In: DJI Impulse 2/2011, 94, S. 7–8.

Klatetzki, Thomas (Hrsg.) (2010): Soziale personenbezogene Dienstleistungsorganisationen. Soziologische Perspektiven. Wiesbaden: VS Verlag für Sozialwissenschaften.

Klatetzki, Thomas (2018): Organisation. In: Böllert, K. (Hrsg.): Kompendium Kinder- und Jugendhilfe. Wiesbaden: Springer VS, S. 1259–1280.

Klimke, Daniela (2013): Die Politische Ökonomie der Sicherheit. In: Soziale Probleme 24, 1, S. 137–162.

Knoblauch, Hubert (2009): Phänomenologische Soziologie. In: Kneer, G./Schroer, M. (Hrsg.): Handbuch Soziologische Theorien. Wiesbaden: VS Verlag für Sozialwissenschaften, S. 299–322.

Kotthaus, Jochem (2012): Strafe in der Kinder- und Jugendhilfe. „Wehe dem, der Wehe tut!" – Karl May, Im Lande des Mahdi. In: Heinz, S./Berner, K. (Hrsg.): Vergeltung ohne Ende? Über Strafe und ihre Alternativen im 21. Jahrhundert. Lahnstein: Verlag Neue Praxis, S. 189–212.

Kreft, Dieter (2013a): Träger der Sozialen Arbeit. In: Kreft, D./Mielenz, I. (Hrsg.): Wörterbuch Soziale Arbeit. Aufgaben, Praxisfelder, Begriffe und Methoden der Sozialarbeit und Sozialpädagogik. 7. Aufl. Weinheim, Basel: Juventa Beltz, S. 975–979.

Kreft, Dieter (2013b): Der Allgemeine Soziale Dienst. Ein Überblick zum Stand von Praxis und Theorie des kommunalen Basisdienstes Sozialer Arbeit und eine Einladung zum Weiterlesen. In: unsere jugend 65, 5, S. 194–197.

Lamnek, Siegfried (1997): Neue Theorien abweichenden Verhaltens. 2. Aufl. München: UTB Wilhelm Fink Verlag.

Lamnek, Siegfried (2007): Theorien abweichenden Verhaltens I. „Klassische" Ansätze. 8. überarb. Aufl. Stuttgart: UTB.

Landes, Benjamin/Keil, Eva (2012): Organisatorische Verortung des ASD. In: Merchel, J. (Hrsg.): Handbuch Allgemeiner Sozialer Dienst (ASD). München, Basel: Ernst Reinhardt Verlag, S. 34–46.

Lang, Katrin/Brand, Christian/Renner, Ilona/Neumann, Anna/Schreier, Andrea/Eickhorst, Andreas/Sann, Alexandra (2015): Wie werden Angebote der Frühen Hilfen genutzt? In: Nationales Zentrum Frühe Hilfen (NZFH)/Forschungsverbund Deutsches Jugendinstitut Technische Universität Dortmund (Hrsg.): Datenreport Frühe Hilfen. Ausgabe 2015. Köln: Bundeszentrale für gesundheitliche Aufklärung, S. 6–21.

Liebig, Reinhard (2011): Was bleibt für das Ehrenamt? Analysen und Forschungsbefunde zum Wandel der Führungsstrukturen im Sozialbereich. In: Rauschenbach, T./Zimmer, A. (Hrsg.): Bürgerschaftliches Engagement unter Druck?

Analysen und Befunde aus den Bereichen Soziales, Sport und Kultur. Opladen u.a.: Verlag Barbara Budrich, S. 29–163.

Lorenz, Frederike/Wittfeld, Meike (2016): Wenn Kolleginnen und Kollegen gewalttätig werden, Gewalt denken, wahrnehmen, thematisieren. In: Equit, C./Groenemeyer, A./Schmidt, H. (Hrsg.): Situationen der Gewalt. Weinheim, Basel: Beltz Juventa, S. 174–192.

Lüttringhaus, Maria (2015): Fachkonzept Sozialraumorientierung: Grundlagen und Methoden der fallunspezifischen und fallübergreifenden Arbeit. In: Merchel, J. (Hrsg.): Handbuch Allgemeiner Sozialer Dienst (ASD). 2. Aufl. München: Ernst Reinhardt Verlag, S. 298–308.

Macsenaere, Michael (2013): Wirkungsforschung ist machbar. In: Sozialwirtschaft 12, 5, S. 7–10.

Macsenaere, Michael/Knab, Eckhart (2004): Evaluationsstudie erzieherischer Hilfen (EVAS). Eine Einführung. Freiburg im Breisgau: Lambertus.

Maly, Dieter (2017): Allgemeiner Sozialdienst (ASD). In: Deutscher Verein für öffentliche und private Fürsorge (Hrsg.): Fachlexikon der Sozialen Arbeit. 8. überarb. und aktual. Aufl. Baden-Baden: Nomos, S. 12–14.

Marquard, Peter (2016): Jugendamt. In: Schröer, W./Struck, N./Wolff, M. (Hrsg.): Handbuch Kinder- und Jugendhilfe. 2. Aufl. Weinheim, Basel: Beltz Juventa, S. 683–701.

Marquard, Peter/Trede, Wolfgang (2018): Das zweigliedrige Jugendamt. In: Böllert, K. (Hrsg.): Kompendium Kinder- und Jugendhilfe. Wiesbaden: Springer VS, S. 115–129.

Matys, Thomas (2014): Macht, Kontrolle und Entscheidungen in Organisationen. Eine Einführung in organisationale Mikro-, Meso- und Makropolitik. 2. aktual. Aufl. Wiesbaden: Springer VS.

Mairhofer, Andreas/Peucker, Christian/Pluto, Liane/van Santen, Eric/Seckinger, Mike (2020): Kinder- und Jugendhilfe in Zeiten der Corona-Pandemie. DJI-Jugendhilfeb@rometer bei Jugendämtern. München: DJI-Eigenverlag. http://www.dji.de/jhsw [Zugriff 15.08.2021].

Mayrhofer, Hemma (2009): Organisationen der Sozialen Arbeit aus soziologischer Perspektive. In: soziales_kapital, 4. Organisationen der Sozialen Arbeit aus soziologischer Perspektive | soziales_kapital (soziales-kapital.at) [Zugriff am: 15.08.2021].

Mead, George Herbert (2005): Geist, Identität und Gesellschaft. Aus der Sicht des Sozialbehaviorismus. 14. Aufl. Frankfurt am Main: Suhrkamp.

Merchel, Joachim (2003): Trägerstrukturen in der sozialen Arbeit. Eine Einführung. Weinheim: Juventa.

Merchel, Joachim (2004): Qualität als Verhandlungssache. Kontraktsteuerung und Professionalisierung sozialer Dienste. In: Beckmann, C./Otto, H.-U./Richter, M./Schrödter, M. (Hrsg.): Qualität in der Sozialen Arbeit. Wiesbaden: VS Verlag für Sozialwissenschaften, S. 133–154.

Merchel, Joachim (2005): Organisationsgestaltung in der Sozialen Arbeit. Grundlagen und Konzepte zur Reflexion, Gestaltung und Veränderung von Organisationen. Weinheim: Juventa (Reihe Votum).

Merchel, Joachim (2018): Trägerstrukturen und Organisationsformen in der Kinder- und Jugendhilfe. In: Böllert, K. (Hrsg.): Kompendium Kinder- und Jugendhilfe. Wiesbaden: Springer VS, S. 93–114.

Messmer, Heinz (2012): Moralstrukturen professionellen Handelns. In: Soziale Passagen 4, 1, S. 5–22.

Monopolkommission (2014): Eine Wettbewerbsordnung für die Finanzmärkte. Zwanzigstes Hauptgutachten der Monopolkommission gemäß § 44 Abs. 1 Satz 1 GWB. – 2012/2013 –. https://monopolkommission.de/de/gutachten/hauptgutachten/89-hauptgutachten-xx.html [Zugriff: 15.08.2021].

Monopolkommission: Monopolkommission. Aufgaben. https://monopolkommission.de/de/monopolkommission/aufgaben.html [Zugriff 15.08.2021].

Mörsberger, Thomas/Wiesner, Reinhard (2015a): § 45 Erlaubnis für den Betrieb einer Einrichtung. In: Wiesner, R. (Hrsg.): SGB VIII. Kinder- und Jugendhilfe: Kommentar. 5. überarb. Aufl. München: Beck, S. 913–973.

Mörsberger, Thomas/Wiesner, Reinhard (2015b): § 48a Sonstige betreute Wohnformen. In: Wiesner, R. (Hrsg.): SGB VIII. Kinder- und Jugendhilfe: Kommentar. 5. überarb. Aufl. München: Beck, S. 988–990.

Mroß, Michael (2016): Die Ortsverbände: heterogen und selbstständig. In: Neue Caritas 2016, 19, S. 26-29.

Mühlmann, Thomas (2014): Aufsicht und Vertrauen. Der Schutz von Kindern und Jugendlichen in stationären Einrichtungen der Jugendhilfe als Aufgabe überörtlicher Behörden. Münster: Monsenstein und Vannerdat. http://www.pedocs.de/volltexte/2014/8698/pdf/Muehlmann_2014_Aufsicht_und_Vertrauen.pdf [Zugriff am: 15.08.2021].

Mühlmann, Thomas/Pothmann, Jens/Kopp, Katharina (2015): Wissenschaftliche Grundlagen für die Evaluation des Bundeskinderschutzgesetzes. Bericht der wissenschaftlichen Begleitung der Kooperationsplattform Evaluation Bundeskinderschutzgesetz. Dortmund.http://www.forschungsverbund.tu-dortmund.de/fileadmin/Files/Aktuelles/Publikationen/Wissenschaftliche_Grundlagen_Eval_BKiSchG_Bericht_AKJStat_2015.pdf [Zugriff: 15.8.2021].

Müller, Burkhard (2013). Professionelle Handlungsungewissheit und professionelles Organisieren Sozialer Arbeit. In: Neue Praxis, 43, 3, S. 246–262.

National Coalition Deutschland (2013): Satzung der National Coalition Deutschland. Netzwerk zur Umsetzung der UN-Kinderrechtskonvention e.V. Berlin. https://netzwerk-kinderrechte.de/netzwerk/ueber-uns/satzung/ [Zugriff: 15.08.2021].

Nationales Zentrum Frühe Hilfen (Hrsg.) (2012): Frühe Hilfen. Gesundes Aufwachsen ermöglichen. Frühe Kindheit. Die ersten sechs Jahre. Sonderausgabe 2012. Berlin: Deutsche Liga für das Kind in Familie und Gesellschaft.

Nikles, Bruno W. (2008): Institutionen und Organisationen der sozialen Arbeit. Eine Einführung. München, Basel: Ernst Reinhardt Verlag.

Nunner-Winkler, Gertrud (2004): Überlegungen zum Gewaltbegriff. In: Heitmeyer, W./Soeffner, H.-G. (Hrsg.): Gewalt. Entwicklungen, Strukturen, Analyseprobleme. Frankfurt am Main: Suhrkamp, S. 21–61.

Oberloskamp, Helga (2012): Ausgewählte kinder- und jugendbezogene Rechtsvorschriften. In: Thole, W. (Hrsg.): Grundriss Soziale Arbeit. Ein einführendes Handbuch. 4. Aufl. Wiesbaden: VS Verlag für Sozialwissenschaften, S. 883–898.

Oechler, Melanie (2018): Dienstleistungsorientierung. In: Otto, H.-U./Ziegler, H./Thiersch, H./Treptow, R. (Hrsg.): Handbuch Soziale Arbeit. 6. Aufl. München: Ernst Reinhardt Verlag, S. 263–272.

Oelkers, Nina (2013): Punitive Haltungen in der Sozialen Arbeit. In: Sozial Extra 37, 9, S. 34–38.

Olk, Thomas (1995): Jugendhilfe als Dienstleistung – Fachlichkeit contra Marktorientierung? In: Arbeitsgemeinschaft für Jugendhilfe (Hrsg.): Das Jugendamt als Dienstleistungsunternehmen. Steuerungsmechanismen in der Jugendhilfe. Bonn: Arbeitsgemeinschaft für Jugendhilfe, S. 17–39.

Olk, Thomas (2001): Träger der Sozialen Arbeit. In: Otto, H.-U./Thiersch, H. (Hrsg.): Handbuch Sozialarbeit Sozialpädagogik. 2. Aufl. Neuwied, Kriftel: Luchterhand, S. 1910–1926.

Olk, Thomas (2017): Bürgerschaftliches Engagement. In: Kreft, D./Mielenz, I. (Hrsg.): Wörterbuch Soziale Arbeit. Aufgaben, Praxisfelder, Begriffe und Methoden der Sozialarbeit und Sozialpädagogik. 8. überarb. und aktual. Aufl. Weinheim, Basel: Beltz Juventa, S. 218–222.

Olk, Thomas (2018): Freie Träger in der Sozialen Arbeit. . In: Otto, H.-U./Ziegler, H./Thiersch, H./Treptow, R. (Hrsg.): Handbuch Soziale Arbeit. 6. Aufl. München: Ernst Reinhardt Verlag, S. 403–416.

Olk, Thomas/Hübenthal, Maksim (2013): Soziale Arbeit und Demokratie – Skizzen zu einem komplexen Wechselverhältnis. In: Geisen, T./Kessl, F./Olk, T./Schnurr, S. (Hrsg.): Soziale Arbeit und Demokratie. Wiesbaden: VS Verlag für Sozialwissenschaften. S. 267–296.

Parsons, Talcott (1964): The Social Systems. 4. Aufl. Glencoe: Free Press of Glencoe.

Pfadenhauer, Björn (2009): Entwicklungslinien öffentlicher und freier Wohlfahrtspflege. Eine Vorstudie zum Wunsch- und Wahlrecht des Kinder- und Jugendhilferechts im Kontext des deutschen Sozialleistungssystems. Norderstedt: Books on Demand GmbH (Schriften und Werkstattpapiere aus dem Institut für Soziale Arbeit und Sozialpolitik, 1/2009).

Pfadenhauer, Björn (2011): Das Wunsch- und Wahlrecht der Kinder- und Jugendhilfe. Wiesbaden: VS Verlag für Sozialwissenschaften.

Pluto, Liane/Seckinger, Mike (2013): Trägerstrukturen der Arbeit mit Jugendlichen. In: Kaiser, Y./Spenn, M./Freitag, M./Rauschenbach, T./Corsa, M. (Hrsg.): Handbuch Jugend. Evangelische Perspektiven. Opladen/Berlin/Toronto: Verlag Barbara Budrich, S. 267–272.

Popitz, Heinrich (1980): Die normative Konstruktion von Gesellschaft. Tübingen: Mohr Siebeck.

Popitz, Heinrich (1986): Phänomene der Macht. Autorität, Herrschaft, Gewalt, Technik. Tübingen: J.C.B. Mohr.

Pothmann, Jens (2019): Kinder- und Jugendhilfeausgaben 2018. Entschleunigung des Anstiegs, aber 50 Mrd.-Marke genommen. In: KomDat Jugendhilfe 22, 3, S. 5–8.

Preisendörfer, Peter (2011): Organisationssoziologie. Grundlagen, Theorien und Problemstellungen. 3. Aufl. Wiesbaden: VS Verlag für Sozialwissenschaften.

Rätz, Regina/Schröer, Wolfgang/Wolff, Mechthild (2014): Lehrbuch Kinder- und Jugendhilfe. Grundlagen, Handlungsfelder, Strukturen und Perspektiven. 2. Aufl. Weinheim: Beltz.

Rauschenbach, Thomas (2017): Soziale Berufe. In: Kreft, D./Mielenz, I. (Hrsg.): Wörterbuch Soziale Arbeit. Aufgaben, Praxisfelder, Begriffe und Methoden der Sozialarbeit und Sozialpädagogik. 8. überarb. und aktual. Aufl. Weinheim, Basel: Beltz Juventa, S. 871–878.

Rehder, Britta/Winter, Thomas von/Willens, Ulrich (Hrsg.) (2009): Interessenvermittlung in Politikfeldern. Vergleichende Befunde der Policy- und Verbändeforschung. Wiesbaden: VS Verlag für Sozialwissenschaften.

Retkowski, Alexandra (2015): Biografie. In: Thole, W./Höblich, D./Ahmed, S. (Hrsg): Taschenwörterbuch Soziale Arbeit. Bad Heilbrunn: Verlag Julius Klinkhardt, S. 45-47.

Rosa, Hartmut (2013): Beschleunigung und Entfremdung. Auf dem Weg zu einer kritischen Theorie spätmoderner Zeitlichkeit. Berlin: Suhrkamp.

Rosenbauer, Nicole (2011): Gemeinsam geteilte Fachlichkeit. Flexibilisierungsprozesse und Ordnungsbildung in sozialpädagogischen Organisationen. In: Arbeitskreis Jugendhilfe im Wandel (Hrsg.): Jugendhilfeforschung – Kontroversen – Jugendhilfeforschung. Kontroversen, Transformationen, Adressierungen. Wiesbaden: VS Verlag für Sozialwissenschaften, S. 113–125.

Rössner, Lutz (1973): Theorie der Sozialarbeit. Ein Entwurf. München, Basel: Ernst Reinhardt Verlag.

Runder Tisch Sexueller Kindesmissbrauch (2012): Sexueller Kindesmissbrauch in Abhängigkeits- und Machtverhältnissen in privaten und öffentlichen Einrichtungen und im familiären Bereich. Abschlussbericht. Herausgegeben v. Bundesministerium d. Justiz, Bundesministerium f. Familie, Senioren, Frauen u. Jugend, Bundesministerium f. Bildung u. Forschung. Berlin. https://www.bmfsfj.de/bmfsfj/service/publikationen/sexueller-kindesmissbrauch/86342 [Zugriff: 15.08.2021].

Sachße, Christoph (2005): Subsidiarität. In: Kreft, D./Mielenz, I. (Hrsg.): Wörterbuch Soziale Arbeit. Aufgaben, Praxisfelder, Begriffe und Methoden der Sozialarbeit und Sozialpädagogik. 5. überarb. und ergänzte Aufl. Weinheim: Beltz Juventa, S. 931–935.

Sachße, Christoph/Tennstedt, Florian (2012): Geschichte der Armenfürsorge in Deutschland. Band 4: Fürsorge und Wohlfahrtspflege in der Nachkriegszeit 1945–1953. Stuttgart: Kohlhammer.

Schaarschuch, Andreas (1999): Theoretische Grundelemente Sozialer Arbeit als Dienstleistung. Ein analytischer Zugang zur Neuorientierung Sozialer Arbeit. In: Neue Praxis 29, 6, S. 543–560.

Schaarschuch, Andreas (2003): Die Privilegierung des Nutzers. Zur theoretischen Begründung sozialer Dienstleistung. In: Olk, T./Otto, H.-U. (Hrsg.): Soziale Arbeit als Dienstleistung. Grundlegungen, Entwürfe und Modelle. Neuwied: Luchterhand, S. 150–169.

Schierz, Sascha (2010): Fragmente postmoderner Lebensformen jenseits der Kneipe. Eine Topographie städtischer Sozialräume bei Nacht und ihrer Problematisierung anhand des öffentlichen Trinkens. In: Soziale Probleme 21, 1, S. 73–96.

Schilling, Johannes/Klus, Sebastian (2015): Soziale Arbeit. Geschichte – Theorie – Profession. 6. Aufl. München, Basel: Ernst Reinhardt Verlag.

Schilling, Matthias (2018): Kinder- und Jugendhilfe im Überblick. In: Autorengruppe Kinder- und Jugendhilfestatistik (Hrsg.): Kinder- und Jugendhilfereport 2018. Eine kennzahlenbasierte Analyse. Opladen u.a.: Verlag Barbara Budrich, S. 23–38.

Schmidt, Holger (2014): „Das Gesetz bin ich". Verhandlungen von Normalität in der Sozialen Arbeit. Wiesbaden: Springer VS Verlag.

Schober, Karen (2017): Beratung für Bildung, Beruf und Beschäftigung (BBB-Beratung). In: Kreft, D./Mielenz, I. (Hrsg.): Wörterbuch Soziale Arbeit. Aufgaben, Praxisfelder, Begriffe und Methoden der Sozialarbeit und Sozialpädagogik. 8. überarb. und aktual. Aufl. Weinheim, Basel: Beltz Juventa, S. 180–187.

Schrapper, Christian (2014): Heimerziehung als Exempel für Macht und Missbrauch in Institutionen. Die Auseinandersetzung mit der Heimerziehung in den 1950/60er Jahren in Westdeutschland. In: Willems, H./Ferring, D. (Hrsg.): Macht und Missbrauch in Institutionen. Interdisziplinäre Perspektiven auf institutionelle Kontexte und Strategien der Prävention. Wiesbaden: Springer VS, S. 43–70.

Schrapper, Christian (2017): Allgemeiner Sozialdienst. In: Kreft, D./Mielenz, I. (Hrsg.): Wörterbuch Soziale Arbeit. Aufgaben, Praxisfelder, Begriffe und Methoden der Sozialarbeit und Sozialpädagogik. 8. überarb. und aktual. Aufl. Weinheim, Basel: Beltz Juventa, S. 66–72.

Schrödter, Mark (2018): Subjekt und Autonomie. In: Otto, H.-U./Thiersch, H./Treptow, T./Ziegler, H. (Hrsg.): Handbuch Soziale Arbeit. 6. Aufl. München: Ernst-Rheinhardt, S. 1674-1683.

Schubert, Klaus/Klein, Martina (2016): Das Politiklexikon. 6. Aufl. Bonn: Bundeszentrale für Politische Bildung.

Schütz, Alfred (2003): Strukturen der Lebenswelt. In: Endreß, M./Srubar, I. (Hrsg.): Theorie der Lebenswelt 1. Die pragmatische Schichtung der Lebenswelt. Konstanz: UVK Verlagsgesellschaft mbH, S. 327–342.

Schütz, Alfred/Luckmann, Thomas (2003): Strukturen der Lebenswelt. Stuttgart: UVK Verlagsgesellschaft.

Schütze, Fritz (1997): Organisationszwänge und hoheitsstaatliche Rahmenbedingungen im Sozialwesen. In: Combe, A./Helsper, W. (Hrsg.): Pädagogische Professionalität. Untersuchungen zum Typus pädagogischen Handelns. Frankfurt am Main: Suhrkamp, S. 183-275.

Scott, William Richard (1986): Grundlagen der Organisationstheorie. Frankfurt am Main: Campus-Verlag.

Searle, John R. (2009): Was ist eine Institution? In: Diaz-Bone, R./Krell, G. (Hrsg.): Diskurs und Ökonomie. Wiesbaden: VS Verlag für Sozialwissenschaften, S. 85–107.

Searle, John R. (2012): Wie wir die soziale Welt machen. Die Struktur der menschlichen Zivilisation. Berlin: Suhrkamp.

Senge, Peter M. (2011): Die fünfte Disziplin. Kunst und Praxis der lernenden Organisation. Stuttgart: Schäffer-Poeschel Verlag.

Staub-Bernasconi, Silvia (2012): Soziale Arbeit und soziale Probleme. In: Thole, W. (Hrsg.): Grundriss Soziale Arbeit. Ein einführendes Handbuch. 4. Aufl. Wiesbaden: VS Verlag für Sozialwissenschaften, S. 267–282.

Staub-Bernasconi, Silvia (2018): Soziale Arbeit als Handlungswissenschaft. Soziale Arbeit auf dem Weg zu kritischer Professionalität (2., vollständig überarbeitete u. aktualisierte Ausgabe). Opladen, Toronto: Verlag Barbara Budrich.

Stegmann, Franz Josef/Langhorst, Peter (2005): Geschichte der sozialen Ideen im deutschen Katholizismus. In: Grebing, H. (Hrsg.): Geschichte der sozialen Ideen in Deutschland. Sozialismus – Katholische Soziallehre – Protestantische Sozialethik. Ein Handbuch. 2. Aufl. Wiesbaden: VS Verlag für Sozialwissenschaften, S. 596–863.

Struck, Norbert (2015): 25 Jahre SGB VIII – Das Verhältnis freier und öffentlicher Träger. In: Zeitschrift für Kindschaftsrecht und Jugendhilfe 10, 9-10, S. 381–384.

Struck, Norbert (2016): Kinder- und Jugendhilfegesetz/SGB VIII. In: Schröer, W./Struck, N./Wolff, M. (Hrsg.): Handbuch Kinder- und Jugendhilfe. 2. Aufl. Weinheim, Basel: Beltz Juventa, S. 666–682.

Szafranski, Nadine (2009): Jugendalkoholismus und Suchtprävention. Prävention in der Sozialarbeit: Sinn – Wirkungsweise – Erfolgsfaktoren. Frankfurt am Main: Lang.

Täubig, Vicki (2009): Totale Institution Asyl. Empirische Befunde zu alltäglichen Lebensführungen in der organisierten Desintegration. Weinheim, München: Juventa.

Thiersch, Hans (1992): Das sozialpädagogische Jahrhundert. In: Rauschenbach, T./Gängler, H. (Hrsg.): Soziale Arbeit und Erziehung in der Risikogesellschaft. Kriftel, Berlin: Luchterhand, S. 9–23.

Thiersch, Hans (2000): Lebensweltorientierung in der Sozialen Arbeit – ein radikalisiertes Programm. Eine Skizze. In: Müller, S./Sünker, H./Olk, T./Böllert, K. (Hrsg.): Soziale Arbeit. Gesellschaftliche Bedingungen und professionelle Perspektiven. Neuwied, Kriftel: Luchterhand, S. 529–545.

Thiersch, Hans (2009): Lebensweltorientierte Soziale Arbeit. Aufgaben der Praxis im sozialen Wandel. 7. Aufl. Weinheim: Beltz Juventa.

Thiersch, Hans (2014): Lebensweltorientierte Soziale Arbeit. Aufgaben der Praxis im sozialen Wandel. 9. Aufl. Weinheim, Basel: Beltz Juventa.

Thole, Werner (2012a): Die Soziale Arbeit – Praxis, Theorie, Forschung und Ausbildung. Versuch einer Standortbestimmung. In: Thole, W. (Hrsg.): Grundriss

Soziale Arbeit. Ein einführendes Handbuch. 4. Aufl. Wiesbaden: VS Verlag für Sozialwissenschaften, S. 19–70.

Thole, Werner (Hrsg.) (2012b): Grundriss Soziale Arbeit. Ein einführendes Handbuch. 4. Aufl. Wiesbaden: VS Verlag für Sozialwissenschaften.

Tillmann, Klaus-Jürgen (2006): Sozialisationstheorien. Eine Einführung in den Zusammenhang von Gesellschaft, Institution und Subjektwerdung. 14. Aufl. Reinbek bei Hamburg: Rowohlt.

Völz, Christiane/Komorek, Michael (2016): Inklusion und Organisationsentwicklung. Verknüpfungsversuche für die Freie Wohlfahrtspflege. In: TUP – Theorie und Praxis der Sozialen Arbeit 67, 3, S. 227–236.

Wabnitz, Reinhard (2015): Rückblick auf 25 Jahre SGB VIII: die Diskussion und die Reformen. Berlin: AGJ Arbeitsgemeinschaft für Kinder- und Jugendhilfe.

Walter, Michael (2014): Möglichkeiten der Gefängniskontrolle durch einen externen Beauftragten. In: Willems, H./Ferring, D. (Hrsg.): Macht und Missbrauch in Institutionen. Interdisziplinäre Perspektiven auf institutionelle Kontexte und Strategien der Prävention. Wiesbaden: Springer VS, S. 213–225.

Weigel, Georg (2013): Dritter Sektor. In: Kreft, D./Mielenz, I. (Hrsg.): Wörterbuch Soziale Arbeit. Aufgaben, Praxisfelder, Begriffe und Methoden der Sozialarbeit und Sozialpädagogik. 7. Aufl. Weinheim, Basel: Juventa Beltz, S. 215–217.

Werse, Bernd (2011): Die Mär von der immer besoffenen Jugend. Zu den tatsächlichen Alkohol-Konsumtrends unter Heranwachsenden am Beispiel einer lokalen Drogen-Monitoring-Studie aus Frankfurt am Main und anderer Erhebungen. In: Soziale Probleme 22, 1, S. 7–26.

Weßels, Bernhard (2000): Die Entwicklung des deutschen Korporatismus. In: Aus Politik und Zeitgeschichte, B 26-27, S. 7-15. http://www.bpb.de/apuz/25543/die-entwicklung-des-deutschen-korporatismus?p=0 [Zugriff: 15.08.2021].

Wiesner, Reinhard (Hrsg.) (2015): SGB VIII. Kinder- und Jugendhilfe: Kommentar. 5. überarb. Aufl. München: Beck.

Willems, Helmut/Ferring, Dieter (Hrsg.) (2014): Macht und Missbrauch in Institutionen. Interdisziplinäre Perspektiven auf institutionelle Kontexte und Strategien der Prävention. Wiesbaden: Springer VS.

Winkler, Michael (1988): Eine Theorie der Sozialpädagogik. Stuttgart: Klett-Cotta.

Wohlgemuth, Katja (2009): Prävention in der Kinder- und Jugendhilfe. Annäherung an eine Zauberformel. Wiesbaden: VS Verlag für Sozialwissenschaften.

Wolf, Klaus (2010): Machtstrukturen in der Heimerziehung. In: Neue Praxis 40, 6, S. 539–557.

Wolf, Klaus/Freigang, Werner (2001): Heimerziehungsprofile. Sozialpädagogische Porträts Weinheim, Basel: Beltz Verlag.

Wolff, Mechthild (2014): Missbrauch von Kindern und Jugendlichen in Institutionen. Perspektiven der Prävention durch Schutzkonzepte. In: Willems, H./Ferring, D. (Hrsg.): Macht und Missbrauch in Institutionen. Interdisziplinäre Perspektiven auf institutionelle Kontexte und Strategien der Prävention. Wiesbaden: Springer VS, S. 151–166.

Ziegler, Holger/Scherr, Albert (2013): Hilfe statt Strafe? Zur Bedeutung punitiver Orientierungen in der Sozialen Arbeit. In: Soziale Probleme 24, 1, S. 118–135.

Abbildungsverzeichnis

Eigene Notizen

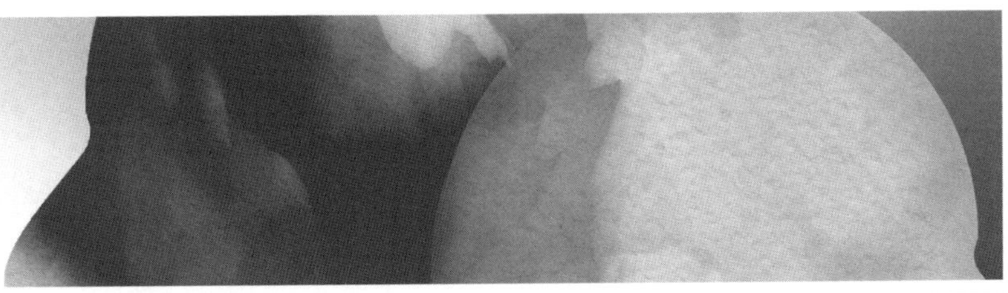

Sven Trabandt

Hans-Jochen Wagner

Psychologisches Grundwissen für die Soziale Arbeit

utb M basics • 2021 • 280 Seiten • Kart. • 19,90 € (D) • 20,50 € (A)

ISBN 978-3-8252-5605-0 • auch als eBook

In den ersten Kapiteln werden klassische und neuere Richtungen der Psychologie dargestellt. Es folgen Entwicklungspsychologie in ausgewählten Bereichen sowie im Lebensalter, Sozialpsychologie mit den Schwerpunkten Gruppenpsychologie und Einstellungen. Weiter geht es um Kommunikation (z. B. nach Schulz von Thun, Rosenberg oder Watzlawick) und auffälliges Verhalten. Einen Schwerpunkt bildet die Bedeutung dieser Begriffe für das Handeln in der Sozialen Arbeit. Neben vielen Schaubildern und Tabellen, gibt es am Ende der Kapitel jeweils vertiefende, reflexions- und diskussionsanregende Aufgabestellungen.

www.utb-shop.de

Julia Franz
Ursula Unterkofler (Hrsg.)

Forschungsethik in der Sozialen Arbeit

Prinzipien und Erfahrungen

2021 • 285 Seiten • Kart. • 28,00 € (D) • 28,80 € (A)
ISBN 978-3-8474-2493-2 • eISBN 978-3-8474-1637-1
Theorie, Forschung und Praxis der Sozialen Arbeit, Band 23

Zum Kern der empirischen Forschung Sozialer Arbeit gehören die Methoden der Befragung und Beobachtung von Menschen. Dabei sind ethische Kriterien anzulegen, die vielfältige Fragen und Dilemmata in der Planung und Umsetzung von Forschung sowie im Umgang mit Forschungsergebnissen aufwerfen.

Der Sammelband legt einen Schwerpunkt auf forschungspraktische ethische Herausforderungen. In den Beiträgen wird der Forschungsethikkodex der DGSA präsentiert und kommentiert, disziplinär eingeordnet und ethisch reflektiert.

www.shop.budrich.de

Thomas Schäfer

Ethik für die Soziale Arbeit und helfende Berufe

Eine Einführung in ethisches Denken, Handeln und philosophische Reflexion

utb M • 2021 • 143 Seiten • Kart. • 12,90 € (D) • 13,30 € (A)

ISBN 978-3-8252-5608-1 • eISBN 978-3-8385-5608-6

Wie verhalte ich mich, wenn ich vor einem beruflichen Dilemma stehe? Wie werde ich meinen Klientinnen und Klienten gerecht – und auch mir selbst? Ethisch kompetentes Denken und Handeln ist im Alltag Sozialer Arbeit und Sozialer Berufe immer wieder gefragt. Dieses Lehrbuch präsentiert wichtige Grundlagen für professionell-verantwortliches und philosophisch fundiertes ethisches Denken und Handeln im Bereich Sozialer Berufe. Neben ethischen Grundbegriffen und Theorien erläutert der Autor auch Themen wie Menschenrechte und Achtsamkeit, immer zugeschnitten auf die beruflichen Herausforderungen angehender Sozialarbeiter*innen.

www.utb-shop.de

Soziale Arbeit und Menschenrechte

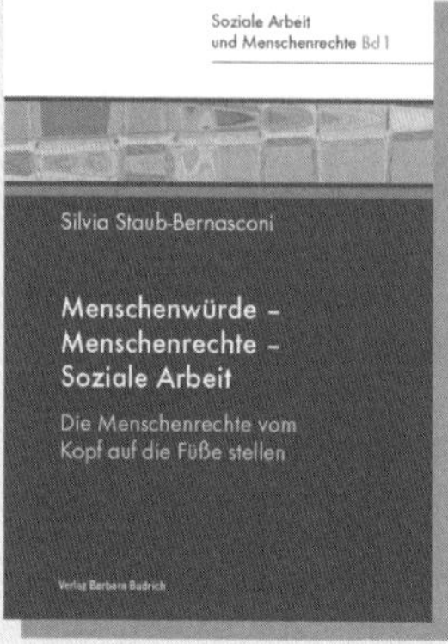

Band **1**

2019 • 450 Seiten • Kart. •

29,90 € (D) • 30,80 € (A)

ISBN 978-3-8474-0166-7

eISBN 978-3-8474-0438-5

Band **3**

2016 • 341 Seiten • Kart. •

39,90 € (D) • 41,10 € (A)

ISBN 978-3-8474-0799-7

eISBN 978-3-8474-0927-4

Der Anstoss, sich mit der Menschenrechtsthematik in der Sozialen Arbeit auseinanderzusetzen, kam von der UNO. Unübersehbar ist, dass deren AdressatInnen fast identisch sind mit dem, was in den UNO-Dokumenten als „verletzbare Individuen und Gruppen" bezeichnet wird, u.a. diskriminierte Arme, Menschen mit Behinderungen, MigrantInnen und ihre Familien, Flüchtlinge, Gefolterte, kulturelle Minderheiten usw. Die Reihe „Soziale Arbeit und Menschenrechte" ist kein Aufruf zur Moralisierung. Sie möchte eine Plattform für die Auseinandersetzung zur Frage sein, was „kritische Professionalität" unter dem Dach der Menschenrechte sein könnte.

www.shop.budrich.de